A Gazeta Musical

FUNDAÇÃO EDITORA DA UNESP

Presidente do Conselho Curador
Mário Sérgio Vasconcelos

Diretor-Presidente
José Castilho Marques Neto

Editor-Executivo
Jézio Hernani Bomfim Gutierre

Superintendente Administrativo e Financeiro
William de Souza Agostinho

Assessores Editoriais
João Luís Ceccantini
Maria Candida Soares Del Masso

Conselho Editorial Acadêmico
Áureo Busetto
Carlos Magno Castelo Branco Fortaleza
Elisabete Maniglia
Henrique Nunes de Oliveira
João Francisco Galera Monico
José Leonardo do Nascimento
Lourenço Chacon Jurado Filho
Maria de Lourdes Ortiz Gandini Baldan
Paula da Cruz Landim
Rogério Rosenfeld

Editores-Assistentes
Anderson Nobara
Jorge Pereira Filho
Leandro Rodrigues

CLARISSA LAPOLLA
BOMFIM ANDRADE

A G̲azeta M̲usical

POSITIVISMO E MISSÃO CIVILIZADORA NOS PRIMEIROS ANOS DA REPÚBLICA NO BRASIL

© 2013 Editora Unesp

Direitos de publicação reservados à:
Fundação Editora da UNESP (FEU)

Praça da Sé, 108
01001-900 – São Paulo – SP
Tel.: (0xx11) 3242-7171
Fax: (0xx11) 3242-7172
www.editoraunesp.com.br
www.livrariaunesp.com.br
feu@editora.unesp.br

CIP – Brasil. Catalogação na publicação
Sindicato Nacional dos Editores de Livros, RJ

A566g

    Andrade, Clarissa Lapolla Bomfim
      A Gazeta Musical: positivismo e missão civilizadora nos primeiros anos da República no Brasil / Clarissa Lapolla Bomfim Andrade. – 1.ed. – São Paulo: Editora Unesp, 2013.

    ISBN 978-85-393-0495-0

    1. Gazeta Musical. 2. Periódicos brasileiros – História. 3. Música – História – Brasil. 4. Nacionalismo. I. Título.

13-05209   CDD: 079.81
                                                                                                           CDU: 070(81)

Esta publicação contou com apoio da Association Internationale La Maison d'Auguste Comte e foi contemplada com o Prêmio Funarte de Produção Crítica em Música 2012.

Editora afiliada:

Asociación de Editoriales Universitarias de América Latina y el Caribe   Associação Brasileira de Editoras Universitárias

Ao Paulo

Agradecimentos

À professora doutora Maria Alice Volpe, por todo o incentivo, orientação e por ter compartilhado o objeto de estudo, as fontes históricas e o aparato crítico para este trabalho.

Aos professores doutores Marcelo Verzoni e Carlos Alberto Figueiredo, membros de minha banca de mestrado, pelas sugestões que apresentaram para o aprimoramento da investigação que fundamenta este livro.

Aos professores doutores André Cardoso e Marcos Vinício Nogueira, pelas orientações iniciais e pelo incentivo para que eu cursasse o mestrado na Escola de Música da UFRJ.

À professora doutora Cida Mota, pelas inspiradoras aulas no IFCS da UFRJ.

À Valéria Gauz, da biblioteca do Museu do Catete, por sua atenção e interesse no desenvolvimento de minha pesquisa.

A toda a equipe da Biblioteca Alberto Nepomuceno da Escola de Música da UFRJ, que muito me ajudou na pesquisa e propiciou os exemplares da *Gazeta Musical*.

Ao capitão Alcemar Ferreira Júnior, ao tenente Mauro Antonio de Oliveira Pereira e ao primeiro-sargento Marcelo de Albuquerque Fontes, zelosos servidores do Arquivo Histórico do Exército, gostaria de agradecer a gentileza e todo o auxílio que prestaram em minha pesquisa.

À CAPES, pelo apoio financeiro que recebi durante o período da pesquisa.

À Funarte e à Association Internationale La Maison d'Auguste Comte, assim como ao seu presidente, professor Jean-François Braunstein, pelo reconhecimento e apoio financeiro para a publicação deste livro.

Ao querido colega Mario Dantas Barbosa, pelas dicas nos estudos, pelo incentivo e pelo companheirismo.

Às amigas Bárbara e Beth Villela, minhas "fiéis escudeiras", e aos amigos Ivan Yasuda e Mihai Cauli, pelo apoio e auxílio tecnológico.

Aos amigos Manu e Cyro, pelo companheirismo e pela música.

Ao Paulo, meu marido, que jamais deixou de apoiar este trabalho.

Ao meu pai, o Tito, e ao primo Nani, porque suas "discussões filosóficas", que acompanhei desde a infância, estimularam a minha curiosidade e a minha vontade de aprender; a eles devo também o incentivo e o apoio para a realização e publicação deste livro.

À minha mãe Cida, pelo carinho e pela paciência.

Ao Adriano, à Luli e ao Minuit, meu irmão, minha irmã e meu gato, pelas horas de diversão nas madrugadas de estudo.

Aos sogros Dr. Pedro e Dora, ao Pedrinho e à Rê, à Teresa e ao Antonio e aos sobrinhos Julinho e Giulia, que compreenderam meus humores e ausências.

Por fim, gostaria de agradecer ao editor Leandro Rodrigues, à Jennifer Rangel de França e a toda a equipe editorial, pela paciência e dedicação que tiveram, assim como a todos os membros da Editora Unesp que tornaram possível a publicação deste trabalho.

Sumário

Introdução   11

1   A *Gazeta Musical* (1891-1893)   25
2   Positivismo e posturas estéticas no meio musical fluminense   109
3   Positivismo e institucionalização da música na primeira década da República   183

Conclusão   235
Referências bibliográficas   239

Anexo 1 – Eduardo de Borja Reis   243
Anexo 2 – Antonio Frederico Cardoso de Menezes   245
Anexo 3 – Oscar Guanabarino   249
Anexo 4 – Trechos de Folhetos publicados pela Igreja Positivista do Rio de Janeiro   253

Introdução

O presente trabalho propõe analisar os textos contidos no periódico *Gazeta Musical*, demonstrando como o positivismo comtiano constituiu um elemento norteador das ideias de civilização e nacionalismo na formação do pensamento musical brasileiro nos primeiros anos da República.

O periódico – cuja coleção completa de exemplares, doada em 1902,[1] encontra-se na Biblioteca Alberto Nepomuceno da Escola de Música da Universidade Federal do Rio de Janeiro – foi publicado por três anos consecutivos, de 1891 a 1893. Relevantes trabalhos musicológicos lançaram mão dele, como Corrêa de Azevedo (1956), Cristina Magaldi (1994) e Maria Alice Volpe (2010), além de constar do Projeto RIPM-Brazil (2007), coordenado por Maria Alice Volpe e ao qual esta pesquisa se encontra vinculada.

A análise dos textos da *Gazeta Musical* leva-nos a uma melhor compreensão dos objetivos que uma elite de artistas e intelectuais republicanos tinham em mente para a renovação do meio musical, quando assumiram o poder, em 1890.

---

1 A página da dedicatória contém uma assinatura e um carimbo com o nome "D. de Carvalho" (Delgado de Carvalho) e a inscrição "Ao Instituto Nacional de Música do Rio de Janeiro/ Rio, novembro de 1902".

Em nosso estudo, verificamos que a história do distanciamento entre a prática musical erudita e a popular no Brasil foi incentivada, no início da era republicana, por um projeto de música que assimilou padrões estéticos, políticos e morais da França após a guerra franco--prussiana de 1870, adaptados no Brasil pelos republicanos da linha positivista comtiana.

A análise dos artigos do periódico seguiu, neste trabalho, o referencial conceitual formulado por Volpe (2001) para a definição das ideias que nortearam o meio musical fluminense entre 1870 e 1930. O quadro interpretativo proposto por ela, desenvolvido em estudos posteriores (2008; 2009; 2011; 2012), foi fundamental para a análise e a compreensão dos textos da *Gazeta Musical*.

Volpe propõe, ainda, o redimensionamento conceitual do nacionalismo musical brasileiro pelo reconhecimento de outros parâmetros de construção de identidade nacional, indo além do uso do folclore comumente aceito pela historiografia musical para demonstrar o papel ideológico fundamental do indianismo, vinculado ao mito de fundação nacional. Também a questão da miscigenação e a descrição da paisagem local, na recepção coeva das obras musicais associadas a esses dois parâmetros, são contempladas por ela.

Volpe (2001) defende que os principais símbolos de identidade nacional do período imperial – o indianismo e a paisagem – somente vingaram devido ao fracasso do regime republicano em criar seus próprios símbolos. Esse insucesso na música é corroborado por ela em estudo posterior (2012), que aborda a crítica musical da época e analisa o testemunho de Coelho Neto (1864-1934), um dos principais membros do Centro Artístico fundado por intelectuais e artistas republicanos e wagnerianos durante a Primeira República, que pregava um ideal cosmopolita de civilização e progresso norteado pelas teorias científicas. Tal "cientificismo" sofreu discussões polarizadas no âmbito do pensamento moderno da Escola do Recife, chamada de "Geração de 1870", no que tange ao evolucionismo, ao determinismo (racial, geográfico e histórico), ao positivismo, à psicologia social, à crítica literária e ao conceito de identidade nacional, o que teria impactado substancialmente a historiografia musical brasileira. Ainda segundo Volpe,[2] a renovação estético-pedagógica da instituição oficial de ensino musical, a ampliação do repertório sinfônico (de compositores franceses, alemães, russos e brasileiros) e a adesão à "música do futuro" e ao wagnerismo como tentativa de afirmação simbólica do novo regime político (republicano) evidenciavam a busca de uma dissociação da simbologia daquele que haviam deposto (monarca). Daí, portanto, o surgimento de uma *intelligentsia* musical brasileira que assumiu uma função educativa, atribuindo-se a missão de civilizar o país com uma contribuição patriótica – a despeito da disseminação da cultura alemã e do wagnerismo no Brasil ter se dado predominantemente por intermédio da França (Volpe, 1994/1995; 2001).

O conceito de moderno vinculado ao wagnerismo e à "música do futuro" na crítica musical periódica discutido pela autora (2001 e 2009) considera as atuais categorias historiográficas que distinguem "moderno" de "modernismo" e de "modernista", levando em consideração a terminologia dos escritos literários associados à Geração de 1870 e suas sucessivas reformulações até o movimento da Semana de Arte Moderna de 1922.

No presente trabalho, a metodologia adotada buscou uma sistematização de indicadores que pudessem ser associados à corrente positivista comtiana nos textos da *Gazeta Musical*, sendo esses indicadores expressos na defesa de determinadas ideias e na utilização de certa terminologia. Buscou-se ainda a identificação de ideias adequadas às especificidades do caso brasileiro ou do meio musical fluminense da época.

---

2 A influência das teorias científicas, ou do "cientificismo", na historiografia musical brasileira foi proposta e discutida amplamente por Volpe (2001, cap. 1). Sobre a relação entre as teorias evolucionistas e o pensamento musical brasileiro, ver Volpe (2001, p.15, 96, 110 e 150; 2008; 2009, p.32; e 2011). A influência do pensamento moderno da Escola do Recife e de sua crítica literária moderna na historiografia musical brasileira também foi apontada por ela (2001, p.21, 31-2, 165; 2008; e 2011). Ver, ainda, para o conceito de "moderno" vinculado ao wagnerismo e à "música do futuro" na crítica musical periódica, 2001, p.79 e 82; e 2009.

A confrontação das traduções de artigos estrangeiros contidos nesse periódico com os textos escritos por autores brasileiros atuantes no meio musical daquele período revela-nos que não havia a intenção de meramente imitar ou copiar os modelos europeus sem uma avaliação crítica dos mesmos. A necessidade de adaptação das ideias estrangeiras às condições sociais, históricas e climáticas de nosso país é sempre frisada em diversos artigos de autores nacionais na *Gazeta Musical*. Essa necessidade de adaptação pode ser uma das causas de a *Gazeta Musical* publicar artigos estrangeiros que forneciam opiniões diversas a respeito de um mesmo assunto, incitando o leitor a avaliá-lo de forma crítica. Por isso, apesar de defender o wagnerismo em grande parte de seus artigos, a *Gazeta Musical* publicou textos que contestavam a corrente wagneriana, dando espaço, por exemplo, a uma severa crítica que o colunista conhecido como "B. R." fez à desvalorização dos elementos da música popular brasileira pelos próprios brasileiros, na qual afirma que era mais importante "ser brasileiro antes de ser wagneriano e alemão" (*GM*, 1892, n.14, p.212).

Nos textos da *Gazeta Musical* verificamos a importância que se atribuía aos periódicos no século XIX: eles ajudavam a "delinear identidades culturais e políticas", representando uma "força ativa, não mero registro de acontecimentos" (Morel e Barros, 2003, p.8-9). A opinião pública, elemento imprescindível para o desenvolvimento das nações, deveria ser formada por duas vias principais: a educação e os periódicos (Ibid., p.28). Nesse sentido, os textos da *Gazeta Musical* oferecem a oportunidade de observarmos as estreitas relações entre a prática musical e os direcionamentos políticos da época, assim como a importância que seus autores davam a esse periódico enquanto um veículo de propagação de suas ideias, com a finalidade de "educar e melhorar o gosto musical do povo brasileiro".

A corrente positivista comtiana trouxe um preceito moral que se unia ao cívico como um dos fatores que contribuiu para a valorização da "música como arte elevada" e da "música autenticamente nacional", levando à recriminação da "música de entretenimento", conforme explicaremos neste trabalho.

Os textos da *Gazeta Musical* tornam imperativa uma reflexão sobre o que tem sido delimitado como música erudita e popular. Augusto (2008, p.5-8) afirma que o intercâmbio entre os universos da música popular e erudita ocorreu com frequência durante o período monárquico, pois muitos compositores e músicos da área popular daquele período tinham sólida formação erudita. Defende, ainda, a hipótese de que tal intercâmbio não era bem-visto pela elite republicana que assumira a direção do Instituto Nacional de Música.

Sobre as implicações de tal hipótese, é preciso fazer uma distinção entre os diversos gêneros musicais que comporiam a categoria "popular" nas categorias de "música autêntica" (popular brasileira) e "música de entretenimento" (popularesca). Alguns textos da *Gazeta Musical* demonstram simpatia por manifestações da música popular urbana, como as modinhas e as serestas, e uma total aversão às operetas e às mágicas. Ainda no último capítulo deste trabalho, abordaremos os valores morais do positivismo comtiano unidos a seus preceitos estéticos como um dos principais motivos que originaram os parâmetros de julgamento definidores do "mau" e do "bom" gosto. Tais parâmetros eram os alicerces da "missão civilizadora" do país, da qual se encarregaram os republicanos positivistas no poder.

Gêneros populares como as operetas e as mágicas tinham função recreativa, de lazer, de crítica a costumes, sendo portanto vistos como gênero musical "menor" pela elite musical republicana fluminense, que os julgavam, inclusive, perniciosos à moral e à formação de um gosto artístico mais refinado entre o povo brasileiro. Na *Gazeta Musical* encontramos textos que consideram o gosto musical do povo "pervertido" pela "exibição de peças sem valor", incluídas aí a opereta e a mágica, "obrigada a jongos e rebolados de ancas [...] que prejudicaram de tal forma o sentimento estético do público fluminense que muito difficilmente conseguiremos encarreirá-lo de novo" (*GM*, 1892, p.283, artigo assinado por B.R.).

Em suas páginas, a *Gazeta Musical* condenou sempre os gêneros descritos acima e também as músicas tocadas em sociedades de dança, poupando, porém, outros gêneros populares urbanos considerados mais próximos às raízes populares, como as serestas e as modinhas.³ A modinha abordava o amor entre homens e mulheres de uma forma mais idealizada e não acarretava "prejuízos morais" às jovens, enquanto a seresta pertencia a uma tradição considerada mais "autêntica", mais próxima às raízes do povo. O aspecto moral será um importante parâmetro, ao lado dos padrões estéticos, para classificar a música do período em gêneros "maiores" ou "menores", "decadentes" ou "modernos", de "bom gosto" ou de "mau gosto".

Apreende-se na *Gazeta Musical* um esforço constante para a imposição de um projeto de música, que incluía a adoção de padrões estéticos que se relacionavam a padrões morais e cívicos associados às ideias positivistas da época.⁴

Apesar de os três maiores colaboradores da *Gazeta Musical* – B. R.⁵ (1859-1896), Antonio Cardoso de Menezes (1849-?) e Assis Pacheco (1865-1937) – terem sido, durante os tempos do Império, colaboradores assíduos do teatro, da música de salão, das operetas e das mágicas, nesse novo momento político republicano eles alteram seus discursos e assumem o papel de "sacerdotes" da missão civilizadora republicana, tomando por base, em seus artigos na *Gazeta Musical*, as ideias do positivismo comtiano, expressando um juízo de valor estético depreciativo de tais gêneros como "menores" e de "mau gosto". Seguindo essa mesma atitude, Alfredo Fertin de Vasconcellos, proprietário da *Gazeta Musical* e de uma loja de pianos e editora, a casa Fertin de Vasconcellos & Morand, continuará a

---

3 Embora as críticas às operetas e às mágicas sejam constantes na *Gazeta Musical*, o elogio à tradição de modinhas e de serestas é raro, destacando-se, nesse sentido, o artigo de B. R. de 1892 (*GM*, 1892, n.14, p.210).

4 Carvalho ([1990] 2009) e Sevcenko ([1983] 2009) descrevem o ambiente republicano fluminense em seus primeiros anos e a forte influência do positivismo comtiano (e da Igreja Positivista) sobre os militares, os intelectuais e os artistas da época.

5 No decorrer de nossa pesquisa descobrimos que "B. R." eram as iniciais do primeiro secretário do Instituto Nacional de Música, Eduardo de Borja Reis.

publicar e a vender música de salão, apesar dos discursos do periódico que desclassificavam o gênero.[6]

O meio musical fluminense reorganizou-se com o advento da República. Artistas e intelectuais republicanos estiveram, naturalmente, à frente das duas principais instituições de arte a partir de 1889: a Escola Nacional de Belas-Artes e o Instituto Nacional de Música (INM). O compositor Leopoldo Miguéz teve grande destaque (e poder) no meio musical fluminense, ao assumir o posto de diretor do INM em 1890; cercou-se de músicos que compartilhavam seus ideais políticos e estéticos e que, por sua indicação, assumiram o cargo de professor. Juntamente com artistas plásticos, escritores, críticos musicais e intelectuais republicanos, formaram o que podemos chamar de *elite musical fluminense da década de 1890* – estavam unidos para dar andamento ao processo civilizador do país através de um nacionalismo cívico e moral derivado das teorias do filósofo francês Auguste Comte (1789-1857).

Comte elaborou o positivismo como um sistema científico que definia as ciências experimentais como modelo do conhecimento humano, deixando de lado as especulações metafísicas.[7] Posteriormente, o filósofo instituiu uma religião, a qual chamou de Religião da Humanidade e que diferia das demais religiões, segundo ele, pelo fato de ser "científica", ou seja, fundamentada no sistema desenvolvido anteriormente por ele.

Comte e seus "apóstolos" procuraram fundamentar a nova religião no conhecimento científico, no qual a moral (também considerada um campo científico) e o civismo eram relevantes para o cumprimento do primordial objetivo que almejavam: a união e paz de toda a Humanidade. Desse modo, os positivistas ambicionavam "substituir a utopia católica da Idade Média pela utopia leiga da

---

6 "Fertin de Vasconcellos & Morand, na rua da Quitanda, 42, continuaram publicando música de salão com chapas numeradas, [...] chegando a quase 400 peças." (Marcondes, 1998, verbete "Impressão musical no Brasil", p.375.)

7 As teses positivistas que caracterizam o positivismo como sistema científico foram listadas por Giedymin (1975) e encontram-se na primeira página do Capítulo 3 deste trabalho.

Idade Positivista" (Carvalho, [1990], 2009, p.130). Nessa nova religião da humanidade, onde "o religioso fundia-se ao cívico" (Ibid., p.129), os heróis da pátria brasileira deveriam ser cultuados como santos em festas cívicas que correspondiam a rituais religiosos, nos quais os positivistas seriam os novos sacerdotes.

Pudemos verificar em muitos artigos da *Gazeta Musical* que Leopoldo Miguéz, assim como professores do Instituto e demais colaboradores desse periódico, estava vinculado, em maior ou menor grau, ao paradigma republicano positivista da época. À ideologia política, moral e cívica positivista somavam-se interesses particulares nas disputas pelo espaço de trabalho e pelo poder no campo da música. O periódico mostra esporadicamente em seus textos certo distanciamento do positivismo ortodoxo, nunca tendo mencionado a Religião da Humanidade ou os seus principais líderes – há, inclusive, uma severa crítica dirigida à Intendência do Governo, acusando-a de "positivismo feroz" (*GM*, 1892, n.5, p.76-7). Dessa forma, não podemos rotular o periódico ou qualquer um de seus colaboradores como *positivista comtiano* em "estrito senso".[8] O que se pretende com este trabalho é salientar as relações existentes entre a *Gazeta Musical*, seus colaboradores e os ideais positivistas presentes no meio intelectual fluminense no final do século XIX.

O positivismo, tanto como sistema científico quanto como instituição religiosa, exerceu forte influência sobre o pensamento dos colaboradores da *Gazeta Musical*, ainda que estes jamais o tenham mencionado diretamente. Teses positivistas, como a ênfase no valor social das ciências e em suas aplicações práticas, e ideais do positivismo religioso – como o desejo de diálogo entre as classes sociais, o culto à pátria e a ideia de que o sentimento estaria acima da razão – fundamentaram as críticas musicais publicadas na *Gazeta Musical* e os projetos do Instituto Nacional de Música.

---

8 A definição de positivismo em estrito senso de Giedymin encontra-se no capítulo 3 deste trabalho.

Além do positivismo, que confirmava a francofilia e o wagnerismo que reinavam no meio musical fluminense, como demonstrado por Volpe (2001), encontramos em diversos artigos da *Gazeta Musical* o apoio às tendências estéticas musicais em voga na França pós-1870, onde se insere o wagnerismo, identificado com o que havia de mais "moderno" em linguagem musical da época.

Volpe (1994/1995, p.54; 2001, p.78) demonstrou que a ampla aceitação da obra de Wagner se deu no Brasil imediatamente após seu sucesso diante do grande público francês, especialmente com a atuação do regente Charles Lamoureaux à frente da apresentação de *Lohengrin* na Ópera de Paris, em 1891. Mordey (2007) explica a penetração e a crescente aceitação da música de Wagner pelos franceses a partir da morte do compositor Daniel François Auber (1782-1871) e do aproveitamento político que se fez de tal fato. A França passava então por uma situação política e social delicada após a guerra, que terminou com a vitória dos exércitos prussianos. A derrota acabou gerando uma reavaliação do modo de vida parisiense e um questionamento da própria música francesa e de sua função na sociedade, levando a uma valorização dos padrões musicais germânicos, que não só incluíam a admiração pelos grandes compositores como Haydn, Mozart, Beethoven e Wagner, mas também a forma respeitosa com que tratavam a música (Magaldi, 1994; Volpe, 1994/1995, 2001; Pereira, 2007).

A música francesa da época, mais dedicada ao entretenimento do que à audição compenetrada, foi considerada por uma facção política e por alguns importantes intelectuais franceses o resultado da futilidade de uma sociedade superficial e de hábitos morais corrompidos que teriam contribuído para a queda da França diante da Prússia. Esses políticos e intelectuais passaram a divulgar a ideia de que o povo germânico havia vencido a guerra nas universidades (Mordey, 2007, p.222); de que era um povo suficientemente educado para ouvir música em silêncio, como num ato de devoção religiosa e elevação espiritual; e de que a música fazia parte do cotidiano dos soldados alemães, demonstrando o poder que a mesma exercia sobre o sentimento patriótico de um povo. Esse viés francês pode ser identificado nos discursos da *Gazeta Musical* e se mescla aos ideais republicanos positivistas da última década do século XIX. É nesse contexto francófilo que entendemos a propagação do wagnerismo entre os compositores brasileiros da época (Volpe, 2001, p.74-8).

Os avanços científicos e nos campos social e artístico preconizavam a modernidade,[9] juntamente com o advento do novo regime político. No âmbito da música, a exemplo do que ocorria na França, a música alemã, sobretudo a de Wagner, tornou-se para a elite musical fluminense um modelo de patriotismo, refinamento e modernidade de linguagem (Ibid., p.82), que poderia substituir gêneros musicais considerados ultrapassados. O gosto do público fluminense pela ópera italiana, à qual se associava o compositor Carlos Gomes (1836-1896) e o Império, deveria renovar-se com a adoção de uma estética mais moderna e identificada com a República. Nesse ambiente renovado, os compositores produziriam obras patrióticas nos moldes da "música do futuro" e da modernidade wagneriana (Ibid., p.87).

A *Gazeta Musical* esforçou-se para convencer seus leitores da "evolução" pela qual passava o meio musical fluminense com o advento da República. Seus artigos reafirmam, doravante, a importância da formação de uma escola musical sólida, que servisse de base para a música nacional "autêntica" que o Brasil viria a produzir no futuro. As dificuldades de colocar em prática tal projeto eram minimizadas pelas esperanças que se depositavam no apoio que o governo daria ao projeto dirigido por Miguéz, e que tinha o Instituto Nacional de Música como principal espaço de ação. Quanto à orientação que deveriam seguir o desenvolvimento e a modernização do país, as duas linhas de pensamento apontadas por Sevcenko ([1983] 2009) convivem na *Gazeta Musical*: a primeira e mais reducionista sublimava as dificuldades do presente, transformando a sensação de inferioridade em um mito de superioridade, originando a "ideologia do país novo", "o gigante adormecido", que

---

9 A descrição do clima de otimismo com relação às ciências e aos estudos mais aprofundados da sociedade e das artes no Rio de Janeiro de 1890 encontra-se mais detalhadamente em: *1890-1914*: no tempo das certezas (Costa e Schwarcz, [2000] 2007).

teria o seu destino de grandiosidade cumprido no futuro; a segunda linha preconizava "um mergulho profundo na realidade do país", para que se conhecessem as suas características, seus processos e suas tendências, a fim de "descobrir uma ordem no caos do presente". Nesse contexto, os artigos tentavam determinar um tipo étnico representativo da nacionalidade, "que se prestasse a operar como um eixo sólido que centrasse, dirigisse e organizasse as reflexões desnorteadas sobre a realidade nacional" (Ibid., p.106).

Encontramos na *Gazeta Musical* tanto o ideal cosmopolita de integrar o Brasil no "concerto das nações" (Volpe, 2001, p.55) quanto o desejo de aprofundamento do estudo das culturas regionais que poderiam fornecer a base para o desenvolvimento de uma música nacional "autêntica". As duas reações brasileiras à hegemonia europeia – a mais simplista, que enxergava uma superioridade musical brasileira em relação aos demais países americanos e via no Brasil um potencial de equiparação com a Europa no futuro, e a outra, que procurava estudar a realidade do país tomando como base as canções folclóricas – conviviam no pensamento e no projeto da elite musical fluminense, que procurou fazer do Instituto Nacional de Música um modelo para o desenvolvimento musical brasileiro.

Em seus artigos, a *Gazeta Musical* dá provas do convívio de duas diretrizes para a música brasileira, uma cosmopolita e outra nacionalista.[10] De um lado, a música europeia, de modo geral, e a "música do futuro" de Wagner, em particular, como fundamento para a formação de compositores e para a educação do gosto musical do povo brasileiro; de outro lado, o estudo do folclore e sua utilização nas composições eruditas e no ensino do canto nas escolas, como o caminho mais provável – e isso a *Gazeta Musical* já anuncia – para a

---

10 Mário de Andrade (1942) reconhece essas duas correntes, conferindo juízo pejorativo à influência europeia. Azevedo (1956) tratou de modo mais sistemático essas duas correntes na historiografia musical brasileira ao denominar "os primórdios do nacionalismo" e "compositores brasileiros de coração europeu". Estudiosos desenvolveram o assunto posteriormente: Béhague (1966), Kiefer (1976), Martins (1988; 1995), Magaldi (1994; 2004), Volpe (1994; 2001), entre outros.

futura nacionalização da música brasileira. (A utilização do folclore por parte de compositores eruditos já era uma realidade na Europa e não encontrava a oposição de colaboradores da *Gazeta Musical*, de professores e nem mesmo de membros da diretoria do Instituto Nacional de Música – da qual Miguéz fazia parte –, conforme veremos.)

A análise dos textos da *Gazeta Musical* nos dá a oportunidade de fazer um estudo das relações existentes entre as ideias intermediadas pela literatura musical francesa e a produção brasileira da época. A essas relações mesclam-se os ideais estéticos que os republicanos positivistas achavam mais convenientes à missão civilizadora da qual se incumbiam. Intrinsecamente ligada a esta missão estava a importante questão da formação de uma música nacional.

Em nossa análise procuramos ressaltar que uma obra de arte pertence a um contexto mais amplo – a própria sociedade – e que nem sempre é gerada de modo involuntário, desinteressado ou livre de propaganda. Conforme advoga Burke (2004, p.33), "os historiadores culturais têm de praticar a crítica das fontes, perguntar por que um dado texto ou imagem veio a existir, e se, por exemplo, seu propósito era convencer o público a realizar alguma ação".

Neste sentido, é de grande valia até mesmo o estudo da apresentação gráfica do periódico, a verificação da existência ou não de gravuras, do público ao qual a publicação era dirigida e a publicidade existente, pois todos estes elementos podem nos dizer algo sobre as intenções de seus autores (Ibid.).

Outro importante aspecto a ser levado em conta na análise de um periódico do século XIX é a mudança que conceitos ligados à produção de obras artísticas podem sofrer com o passar do tempo. Burke menciona a perda da especificidade dos acontecimentos, na medida em que estes retrocedem no tempo: "Os acontecimentos são elaborados de forma inconsciente e assim passam a se enquadrar nos esquemas gerais correntes na cultura. Esses esquemas ajudam a perpetuar as memórias, sob custo, porém, de sua distorção." (Ibid., p.89.)

Seguindo semelhante linha de pensamento, Régis Duprat afirma em *A musicologia à luz da hermenêutica*:

> Urge recuperar o acontecimento significativo ligado às estruturas que o tornaram possível. É razoável que a hierarquia causal a ser construída evite dois perigos: a generalização teórica abstrata, desvinculada do real, e a descrição de singularidades. Cabe ao historiador proceder a um constante movimento de vaivém do factual para o quadro conceitual e deste para aquele. (Duprat, 2007, p.13.)

No intuito de proceder a este "movimento de vaivém" entre o objeto estudado e o campo teórico escolhido, fez-se necessário aqui um levantamento sistemático dos textos da *Gazeta Musical* e da análise de seus conteúdos, ajustando a abordagem conceitual à medida que o quadro interpretativo histórico não se adequava ao objeto estudado.

Cohen (1983), em seu trabalho dedicado à análise de periódicos franceses de música do século XIX, propõe o delineamento de seções identificáveis no periódico, lidando com elas a partir de ferramentas bibliográficas (exclusivas ou não) da área da música. Desse modo, procuramos construir uma metodologia que nos permitisse explorar sistematicamente os textos, dando atenção especial às questões fundamentais abordadas no periódico, descobrindo-lhes os autores e como eles percebiam os temas considerados importantes para a época. Pela quantidade de artigos que dedica a questões políticas e musicais, a *Gazeta Musical* enquadra-se bem na definição proposta por Cohen para os periódicos do século XIX, segundo a qual os autores eram intelectuais engajados ou, como os chama Sevcenko ([1983], 2009, p.96), "mosqueteiros intelectuais".

Seguindo a tradição dos periódicos das primeiras décadas do século XIX no Brasil (Morel e Barros, 2003, p.49 e Ferreira, 2009, p.327), a *Gazeta Musical* pode ser considerada uma revista doutrinária e panfletária, ao demonstrar vínculos e elogiar, inúmeras vezes, o Instituto Nacional de Música e seu diretor Leopoldo Miguéz. Além disso, a revista faz propaganda ostensiva do regime republicano, do ministro Aristides Lobo e do Governo Provisório, que subvencionou o Instituto.

O presente trabalho divide-se em três capítulos. O primeiro consiste na apresentação da *Gazeta Musical*, de seus colaboradores e dos vínculos mantidos com o Instituto Nacional de Música.

O segundo capítulo tratará da importância das ideias francesas na formação do pensamento musical brasileiro da época e da disseminação da música germânica no meio fluminense. A França foi considerada, em artigos da *Gazeta Musical*, o melhor modelo europeu a ser seguido no campo da música, pois alguns dos colaboradores do periódico acreditavam que havia uma proximidade entre a realidade francesa e a brasileira. O meio musical fluminense esteve muito ligado à corrente filosófica positivista comtiana, que influenciou as posturas estéticas adotadas pela elite musical fluminense no início da era republicana. Além disso, vários compositores daquele período estudaram na Europa[11] e, ao retornarem ao país, trouxeram consigo ideias e práticas musicais ligadas ao movimento romântico que, na *Gazeta Musical*, serviram de base para a análise crítica de obras musicais.

Dedicamos o terceiro capítulo às relações entre a corrente positivista comtiana e a institucionalização da música na primeira década da era republicana. Teremos então a oportunidade de verificar no drama musical *Os saldunes*, de Miguéz, a reunião de uma tendência estética cara à elite da época – o wagnerismo – com um dos principais ideais positivistas – o amor à pátria acima do amor à família –, encarados de maneira quase religiosa.

Neste trabalho, portanto, procuramos demonstrar as influências que o positivismo exerceu sobre o pensamento musical brasileiro nos fins do século XIX e no início do século XX e, dessa forma, colaborar para um melhor entendimento dos problemas que afligiam o meio musical daquela época e das tentativas realizadas para resolvê-los.

---

11 Para informações detalhadas sobre os compositores românticos brasileiros e seus estudos na Europa, ver Volpe, 1994/1995, p.51-76.

Capítulo 1
A *Gazeta Musical* (1891-1893)

1.1 Apresentação do periódico

Em 1891, na cidade do Rio de Janeiro, então a capital federal do Brasil, iniciava-se a publicação de um periódico dedicado exclusivamente à música. Intitulava-se *Gazeta Musical* e teve seu primeiro número publicado em agosto de 1891, mantendo uma publicação quinzenal até dezembro de 1892.

Cada um de seus exemplares possuía dezesseis páginas, sendo a última (e posteriormente também a penúltima página) dedicada a anúncios, na maioria das vezes de lojas de instrumentos musicais e partituras. Algumas poucas colunas foram permanentes na *Gazeta Musical*, como "Notícias do Rio e outros Estados" e "Notícias do estrangeiro", enquanto outras, como "Chrônica musical", "O canto-choral" e "Correspondência de Montevidéo", mantiveram-se por um ou dois anos no periódico.

Em 1893, a frase "Publica-se de quinze em quinze dias" continua aparecendo na primeira página logo abaixo do título, apesar da alteração considerável ocorrida na periodicidade da *Gazeta Musical*. O número 1 da revista, datado de janeiro de 1893, traz, por exemplo, uma carta assinada por M. Cardoso datada de 10 de março de 1893 (*GM*, 1893, n.1, p.9), o que demonstra uma defasagem na publicação. Nos números 3 e 4 de 1893, o cabeçalho marca: "Rio de Janeiro, fever. a abril de 1893", enquanto os números 5 e 6 estão datados de "abril a junho de 1893". Do mesmo modo, os números 7, 8 e 9 referem-se aos meses de "junho a agosto de 1893". Temos, então, em 1893 uma média de um exemplar por mês. O número 10, datado de setembro do mesmo ano, foi o último número publicado da *Gazeta Musical*.

Alguns artigos contidos na *Gazeta Musical* de 1893 apresentam no final a palavra *continua*, dando a entender que a intenção de seu proprietário era a de não interromper a publicação do periódico, apesar das dificuldades que devem ter surgido e que modificaram a sua periodicidade, levando ao término da publicação. Essas dificuldades podem ser percebidas em pequenos detalhes – por exemplo, na revisão menos acurada dos textos da *Gazeta Musical* de 1893, que apresentam maior quantidade de letras trocadas que os números anteriores, e até páginas impressas em fonte não habitual.

Em 1893, houve uma diminuição na divulgação da ideologia republicana que dominou os artigos do periódico nos dois anos anteriores, ao mesmo tempo que aumentaram os artigos traduzidos de autores estrangeiros, provável indício da crise que levaria ao fim da publicação da *Gazeta Musical* nesse mesmo ano.

A *Gazeta Musical* teve seu apogeu em 1892, quando surgem alguns textos otimistas sobre a sua consolidação no meio musical:

> Com o presente número a *Gazeta Musical* completa um anno de existência. [...] Todos os dias recebemos assignaturas novas e, a continuar a procura como nos últimos tempos, dentro em muito breve a *Gazeta* terá a sua vida perfeitamente garantida e dispensará os sacrifícios dos seus fundadores. [...] Nós somos talvez um pouco altivos, mas é justa essa nossa altivez. O auxílio que temos recebido provocou-o [sic] a attitude correcta e patriótica até hoje por nós assumida. (*GM*, 1892, agosto, n.15, p.225.)

> Motivou o atraso de números em que estamos, o trabalho extraordinário de copilação de documentos que fomos obrigados a

fazer para dar o número extraordinário, consagrado à memória do nosso sempre lembrado amigo Alexandre Levy. [...] Não podemos, porém, continuar a conservar atrazos de data que nos levam a atrazos de notícias importantes [...] e por isso resolvemos dar um número apenas com a data de abril, fazendo os outros nas respectivas datas e completando os vinte e quatro exemplares a que somos obrigados para com os nossos subscriptores e amigos. [...] Julgamos desta forma conciliar os interesses dos assignantes com as exigências de uma gazeta que precisa estar em dia com as suas notícias, e estamos certos de que só terão a applaudir-nos por esta resolução. [...] Aos nossos assignantes do interior que se acham em atrazo, rogamos a fineza de mandarem saldar os seus débitos afim de não soffrerem interrupção na remessa da nossa folha. (*GM*, 1892, n.7, p.97-8.)

A affluência de matéria, os embaraços em que nos temos visto para publicar matéria de preferencia, que não pode ser prejudicada, [...] obrigaram-nos a retirar à ultima hora e pela segunda vez o juízo crítico sobre o *Prometheu* do nosso primeiro compositor e amigo. [...] Para nós e para os nossos amigos resta-nos esta satisfacção: que a *Gazeta*, cuja morte se esperava no terceiro número por falta de matéria, se vê seriamente embaraçada para dar conta dos compromissos que toma como originaes. É o seu elogio e o nosso orgulho. (*GM*, 1892, n.10, p.145.)

Não podemos saber ao certo o número de leitores da *Gazeta Musical*, mas provavelmente foi um periódico lido por estudantes de música e amadores que podiam adquiri-lo na casa de partituras e pianos de Fertin de Vasconcellos, proprietário do periódico.

Como veremos no final deste capítulo, o crítico Oscar Guanabarino fará alusão à pouca importância da *Gazeta Musical* junto ao grande público, confirmado pelo protesto de B. R., um dos principais colaboradores da revista:

> Não nos leem?... E o que temos nós com isso?... Vá a responsabilidade a quem de direito, que nós temos cumprido o nosso dever.

(B. R., sobre a fiscalização do ensino de música nas escolas primárias. In: *GM*, 1892, n.23, p.356.)

No final de 1892, a *Gazeta Musical* passou a anunciar um jornal de moda feminina, lojas de móveis e de diversos objetos de decoração, além de utensílios para o lar, o que nos leva a supor que seu público alvo era principalmente o feminino. Visto que a *Gazeta Musical* manteve forte vínculo com o Instituto Nacional de Música, onde havia a predominância de alunas do sexo feminino, poder-se-ia justificar esse tipo de anúncio no periódico. O relatório abaixo, publicado na *Gazeta Musical*, comprova a maioria feminina matriculada no Instituto:

> No anno escolar de 1891 foram admittidos 278 alumnos, representando 473 matrículas, o que é muito lisonjeiro para este Instituto, por isso que se nota um augmento sobre o anno passado de 35 alumnos e de 135 matrículas. / Desses alumnos eram 82 do sexo masculino e 196 do sexo feminino; nacionaes 265, estrangeiros 13; paisanos 257, militares 21. / Dos paisanos oito pertenciam ao Asylo de Meninos Desvalidos. (Relatório escrito por Miguéz. In: *GM*, 1892, n.19, p.290.)

Os militares acima citados matriculados no Instituto pertenciam à Marinha:

> É esta a occasião propícia de se fallar no enorme serviço prestado à banda do corpo de marinheiros pelo ex-commandante d'este corpo o Sr. contra-almirante Saldanha da Gama. / Durante o tempo do seu commando, o Sr. Saldanha da Gama matriculou perto de 20 músicos da banda d'aquelle corpo no Instituto. (*GM*, 1892, n.13, p.204.)

A *Gazeta Musical* contém informações relevantes sobre o meio musical fluminense, e principalmente sobre o Instituto Nacional de Música, escola oficial do governo republicano daquela época. A coleção completa de seus exemplares encontra-se atualmente na

Biblioteca Alberto Nepomuceno da Escola de Música da Universidade Federal do Rio de Janeiro, doada em 1902 para o Instituto Nacional de Música, segundo a dedicatória que aparece na primeira página. A assinatura pode corresponder ao nome que se lê no carimbo nesta mesma página: "D. de Carvalho". A *Gazeta Musical* cita um "Sr. D. de Carvalho" em uma de suas páginas, elogiando-o como pianista acompanhador em um concerto do violinista e professor do Instituto Nacional de Música Enrico La Rosa (*GM*, 1892, n.18, p.287). Podemos supor que "D. de Carvalho" seja o compositor Joaquim Tomas Delgado de Carvalho (1872-1922), nomeado bibliotecário do Instituto Nacional de Música no ano em que a coleção da *Gazeta Musical* foi doada à biblioteca.[1]

Na página que inicia cada número do periódico, encontramos algumas informações: o nome do diretor-proprietário – Alfredo Fertin de Vasconcellos; o nome do redator principal – Ignacio Porto-Alegre; o endereço da redação e administração – rua da Quitanda, 42; e o preço das assinaturas no Brasil e "nos países estrangeiros".

Na primeira página do número 1, o redator justifica o aparecimento da publicação da *Gazeta Musical* nos seguintes termos:

> O grande incremento que tem tomado nos últimos tempos a atividade intelectual entre nós em todos os domínios da arte e da ciência, a marcha crescente que se tem verificado nas diferentes manifestações da inteligência, no nosso país, em todos os ramos em que ela se exerce, a incontestável confirmação das leis do progresso, que no nosso meio se verificam, no tocante a tudo quanto respeita à vida intelectual e especialmente à vida artística, explicam e dão razão a ser do aparecimento, na nossa imprensa, da presente publicação, cujos fins, já de algum modo definido pelo seu título, serão particularmente explanados nas linhas que se seguem. (*GM*, 1891, n.1, p.1.)

---

1 Informações sobre D. de Carvalho disponíveis em: <www.musica.ufrj.br>.

Há uma grande incidência de palavras como "marcha", "progresso", "adiantamento", "pátria" e "civilização"; tal vocabulário já nos dá uma ideia inicial das correntes intelectuais da época, ligadas a escolas evolucionistas e à fé no progresso das nações baseado no conhecimento científico, que permearão grande parte dos artigos da *Gazeta Musical* durante os três anos de sua existência. Dentre as escolas evolucionistas, o positivismo comtiano será evidente em vários textos da *Gazeta Musical*, uma vez que o periódico existiu no início da República, época de grande influência do positivismo no ambiente intelectual e político da capital federal.

A saudação positivista[2] foi, inclusive, adotada pelos republicanos brasileiros e aparece no final do relatório de Miguéz escrito ao "Ministro": "Eis, Senhor Ministro, o que me ocorre dizer-vos sobre as necessidades e occurrências d'este estabelecimento que tenho a honra de dirigir [...] *Saúde e fraternidade*. – Capital federal, 29 de fevereiro de 1892" (*GM*, 1892, n.19, p.293, grifo nosso).

O ideal republicano, sobretudo o positivismo comtiano predominante no pensamento de militares, políticos e intelectuais dos primeiros anos da República no Brasil, será o grande norteador dos discursos encontrados na *Gazeta Musical*.

A música será apresentada na *Gazeta Musical* como a principal ferramenta artística para medir o grau de adiantamento da nação, cujo progresso dependeria não apenas do mero ensino de técnicas instrumentais, vocais ou composicionais, mas da educação do "gosto musical do povo".[3] Há uma constante preocupação em destacar a produção musical do Brasil, país com "grau de civilidade igual ou superior" ao de outros países, mas que, segundo a *Gazeta Musical*, não tinha canais de comunicação suficientes para promover e

---

2 Carvalho ([1990] 2009, p.13) menciona o uso do lema positivista "Saúde e fraternidade" nas correspondências oficiais.
3 Esta expressão é encontrada diversas vezes nos textos da *Gazeta Musical*. Para os autores desta publicação, "o povo" é um conceito vago, dando-nos a entender que seria todo aquele que "ainda" não compartilhava dos ideais estéticos e cívicos ligados à música propostos no periódico e que, portanto, precisava ser "educado".

divulgar a sua produção, lacuna que o periódico tencionava preencher (GM, 1891, n.1, p.3).

Esse propósito de difusão da produção nacional e contribuição para a educação musical do "povo" será, na verdade, a fórmula encontrada pelo periódico para impor ao meio musical brasileiro o gosto estético e as crenças políticas de seus autores e daqueles que dirigiam o Instituto Nacional de Música, promovendo apenas a produção musical de um pequeno círculo de compositores ligados a eles. Dessa forma, os autores da *Gazeta Musical* entendem por "produção musical nacional" as obras de compositores vinculados direta ou indiretamente ao Instituto Nacional de Música e às suas diretrizes estético-políticas.

É por esse motivo que a coluna "Notícias do Rio e outros Estados" noticia apenas a vida musical do Rio de Janeiro, algumas vezes a de São Paulo e, raramente, a de Minas Gerais; nunca houve notícia sobre os acontecimentos musicais nas regiões Norte e Nordeste, de maneira que um leitor desavisado poderia pensar que não havia concertos, teatros e vida musical nessas regiões naquela época. Sabemos que diversas óperas eram, nesse período, representadas nos teatros de Belém e de Manaus, e que a exclusão de notícias da região tinham causas estéticas e políticas: os compositores e intérpretes ligados à estética operística italiana e a alguns gêneros populares da época – como operetas ou mágicas – eram ignorados pela *Gazeta Musical*.

Outro interessante aspecto que deve ser ressaltado nos textos do periódico é a preocupação em afirmar uma suposta neutralidade nas análises e críticas que faziam. É comum uma crítica da *Gazeta Musical* começar com um alerta ao leitor, adiantando-o de que será uma crítica "desapaixonada": "[...] julgamos realizar um trabalho útil, dando, a par de apreciações desapaixonadas sobre o nosso meio artístico, uma notícia de tudo o que no estrangeiro tiver relação com a arte musical [...]" (GM, 1891, n.1, p.3).

Essa "imparcialidade" nas críticas unia-se, muitas vezes, a argumentos fundamentados no conhecimento científico da época.

As teorias do determinismo racial de Taine, por exemplo, incluíam três fatores: raça, meio ambiente e momento histórico

(Volpe, 2001, p.15). Segundo o autor, a influência do clima se refletiria diretamente sobre o temperamento de uma etnia ou "raça", o que por sua vez exigiria um cuidado na escolha do repertório e das técnicas musicais que mais se adequariam a cada povo.

O trecho abaixo exemplifica o cientificismo nos textos da *Gazeta Musical* e fornece os argumentos "desapaixonados" de seus autores:

> Em último lugar, temos o outro perigo, que é a moda do canto declamado, o qual torna as vozes duras e ásperas. Ninguém tem mais concorrido para esse desconchavo, que o gênero Tosti&Ca. [sic], com as suas composições, as quais, [...], ainda se encarregam de estragar definitivamente o gosto artístico, especialmente nos amadores. A isso junta-se a tolice de se querer cantar tudo *à Wagner*. Os cantores italianos, para não citar os alemães, deram, de alguns tempos para cá, em imitar estes últimos, depois de terem travado relações com o *Lohengrin* e o *Tannhäuser*, cuidando que o levar meia hora a dizer uma frase é senti-la, é interpretá-la com boa escola e bom senso, sem nunca tomarem em consideração o sentimento dramático, que é sempre sacrificado, deturpado, pela ignorância boçal, pela presunção estúpida e selvagem, desses agiotas mercenários de *dós de peito*. O italiano jamais cantará Wagner, Lortznig, Weber, Mendelssohn, Schumann, Marschner, Nessler, Brüll, Löwe, Jensen, Koss, e outros, porque não os *sente*, assim como o alemão jamais cantará Rossini, Donizetti, Bellini, Mercadante e outros, pela mesma razão [...] porque são de raça diferente, são de temperamento oposto. Cumpre fazer exceção daqueles que estudaram na primorosa escola de Viena. (*GM*, 1891, n.1, p.4.)

No trecho acima o autor Ignacio Porto-Alegre mostra-se de acordo com as diretrizes do Instituto (no qual lecionava) com relação ao ensino do canto e à educação do gosto musical, repudiando o estilo de canto da ópera italiana do século XIX, mas também criticando a maneira "de se cantar tudo *à Wagner*". Demonstra grande conhecimento de compositores germânicos, que cita em abundância, e considera fatores como "raça" e "temperamento" determinantes na produção e interpretação de obras musicais. Finalmente, destaca Viena como grande centro artístico, capaz até de formar cantores que superariam as limitações "raciais" através de uma "escola primorosa".

Nota-se também neste texto uma retórica que nos lembra o discurso de um político em defesa de sua ideologia. Ao lado da tentativa de impor valores estéticos definidos, a arte musical funcionará também como uma ferramenta para atingir objetivos políticos específicos. Haverá, nos três anos de existência da *Gazeta Musical*, a preocupação com o progresso do país e com seu grau de civilização, tendo as artes, e em especial a música, como parâmetro do desenvolvimento da nação brasileira.

O desejo de ver o país evoluir rumo a uma civilização nos moldes da europeia é uma preocupação constante na revista. O sentimento de amor à pátria, que examinaremos mais detalhadamente no Capítulo 3, reflete-se com grande força no meio musical da última década do século XIX. A *Gazeta Musical* abordará, portanto, a arte musical sob dois aspectos interligados: o político – através do incentivo à produção musical de cunho nacionalista[4] – e o estético, no qual o padrão escolhido será o das músicas francesa e germânica da época, associadas à modernidade e em oposição à "decadente" estética da ópera italiana (Volpe, 2001).

Outros assuntos que surgem esporadicamente na *Gazeta Musical* dizem respeito a curiosidades da vida musical: notícias sobre concertos, viagens e novas obras de intérpretes e compositores da época, pequenas biografias de compositores já falecidos, anedotas do mundo da música e falecimentos de artistas importantes daquela época.

Por exemplo, um extenso artigo assinado por Anton (traduzido para Antonio) Rubinstein (1829-1894) aparecerá em diversos números consecutivos da *Gazeta Musical* de 1892, encerrando-se em 1893 sob o título de "A música e seus representantes". Alguns

---

4 Aqui nos referimos ao nacionalismo musical cívico, no qual o uso do material folclórico não era considerado imprescindível para caracterizar uma obra como nacionalista, embora já fosse tido, pelos autores da *Gazeta Musical*, como uma "tendência futura" na música brasileira.

dos temas abordados por Rubinstein dizem respeito a ideias correntes da época, como as diferenças entre interpretação "subjetiva" e "objetiva". O próprio Rubinstein afirma não saber ao certo o que querem dizer com objetividade na execução de uma obra, uma vez que toda interpretação só pode ser, por princípio, subjetiva (*GM*, 1892, n.24, p.377). Logo em seguida, no entanto, Rubinstein alega que o fato de o crescente número de mulheres intérpretes (com exceção das cantoras, que são excelentes) e compositoras é mais um sinal da decadência da música, justamente porque às mulheres faltam "a subjetividade e a iniciativa na execução". As mulheres não conseguem ultrapassar o estágio da "objetividade", que ele explica como sendo "imitação". Assim como as intérpretes, as compositoras também seriam apenas "objetivas", por não terem a capacidade de concentração e força de reflexão, de "elevação de ideias" (Ibid., p.378).

Outros interessantes temas levantados por Rubinstein dizem respeito a questões educacionais, como a formação de músicos em conservatórios em substituição ao ensino particular, troca que nem sempre pode ser aceita como a melhor opção, mas que seria necessária à formação de uma maior quantidade de músicos (Ibid., p.379).

A performance historicamente informada é outro tema tratado por Rubinstein, cuja opinião vai ao encontro das ideias que se estabeleceram no século XX com relação à música antiga. Rubinstein diz preferir a música antiga tocada em instrumentos da época, que possuíam sutilezas diferentes das encontradas nos instrumentos modernos, e afirma que o piano não pode ser considerado "um progresso" quando se trata de executar obras antigas (Ibid., p.380-1).

Ainda com relação à performance da música antiga, Rubinstein alerta para o problema das edições feitas por artistas célebres (como Czerny fez para a obra de Bach) que se distanciam da partitura original e na maioria das vezes a desvirtuam. Rubinstein propõe que se façam edições "acadêmicas" das obras dos grandes mestres, fiéis à partitura original (*GM*, 1893, n.2, p.26).

A preocupação com um melhor equilíbrio sonoro para o ouvinte de orquestras nos teatros também o preocupa (Ibid., p.28), e sua sugestão para a disposição dos músicos da orquestra assemelha-se à adotada pela grande maioria das orquestras atuais: segundos violinos ao lado dos primeiros, seguidos pelas violas, violoncelos e contrabaixos atrás.

Os demais temas abordados por Rubinstein – como o wagnerismo – serão mencionados no Capítulo 2 deste trabalho.

Por hora nos dedicaremos, neste capítulo, a apresentar os colaboradores brasileiros ou estrangeiros que viviam no Brasil e que assinaram importantes artigos para o periódico, dando-nos um panorama de como adaptaram aqui as ideias vindas da Europa, sobretudo da França.

1.2 Os colaboradores da *Gazeta Musical*

Muitos dos artigos e colunas permanentes da *Gazeta Musical* não estão assinados, sendo da responsabilidade de Fertin de Vasconcellos (diretor-proprietário) e de Ignacio Porto-Alegre (redator chefe).

Segundo Pereira (2007, p.99), Fertin de Vasconcellos era pianista, havia estudado em Paris, mas trabalhara como afinador de pianos numa loja de instrumentos e músicas antes de associar-se ao francês Morand e fundar o seu próprio comércio, a casa editora Fertin de Vasconcellos & Morand. Esta se situava na rua da Quitanda, 42, mesmo endereço da redação da *Gazeta Musical*.

Em 1890, Fertin de Vasconcellos é contratado por Leopoldo Miguéz como professor adjunto de piano no Instituto Nacional de Música. Vasconcellos inclusive chegará, em 1923, a exercer o cargo de diretor dessa instituição, o que demonstra seu grau de engajamento convenientemente aliado ao seu trabalho de editor e comerciante de partituras e pianos. Em 1891 inicia a publicação da *Gazeta Musical*, importante veículo para a propagação das convicções estéticas e políticas do Instituto do qual passara a fazer parte.

Ignacio Porto-Alegre, além de redator chefe da *Gazeta Musical*, era professor de solfejo do Instituto Nacional de Música, também nomeado em janeiro de 1890, por Leopoldo Miguéz. Era filho de Manuel Araújo Porto-Alegre, barão de Santo Ângelo, e estudou música em diversos países da Europa: em Berlim e em Dresden, na Alemanha; em Paris, França; em Lisboa, Portugal; em Madri, Espanha; e em Florença, Itália (Marcondes, 1998, p.637-8). Entretanto, a *Gazeta Musical* elogiará a boa formação musical de Porto-Alegre mencionando apenas os estudos dele na Alemanha, com o objetivo de "provar" a superioridade do meio musical alemão daquela época (*GM*, 1892, n.11, p.168).

O número 6 do último ano de publicação da *Gazeta Musical* (Rio de Janeiro, abril a junho de 1893) não terá mais o nome de Ignacio Porto-Alegre no cabeçalho como redator chefe, aparecendo somente o nome de Fertin de Vasconcellos como proprietário do periódico. Nesse mesmo ano de 1893 desaparece também um importante colaborador, que assinava com as iniciais "B. R.". O número 4 de 1893 traz, pela última vez, a coluna "O canto-choral", que B. R. manteve no periódico por todo o ano de 1892. Essas importantes ausências demonstram a crise da *Gazeta Musical* em relação às campanhas ideológicas que realizava. Mudando o perfil que a caracterizou nos dois anos anteriores, passa a publicar mais artigos traduzidos do exterior que discutiam apenas os aspectos estéticos da música.

1.2.1 B. R.: Eduardo de Borja Reis

B. R. é um dos autores mais importantes da *Gazeta Musical*, porta-voz de convicções nacionalistas e sempre preocupado com a educação musical do povo brasileiro. Será o grande ideólogo do periódico, republicano convicto e, provavelmente, alguém muito familiarizado com o positivismo comtiano, como a maioria dos republicanos que naquele período chegaram ao poder.

B. R. emprega expressões e conceitos associados ao positivismo de Comte, tais como "marcha da humanidade", "grau de civilidade", "progresso" etc. Além disso, demonstra moral rígida e preocupação com a educação do gosto musical do povo, principalmente com sua educação cívico-patriótica através da música. A arte musical deveria, segundo ele, ter a função de aproximar o povo de suas raízes culturais, cujas melodias e ritmos, ouvidos desde a mais tenra infância, despertariam um amor incondicional à pátria. Em um segundo momento, a "autêntica" música brasileira erudita nasceria da fusão entre o folclore musical de nossa raça e o refinamento das técnicas e da linguagem musical – também chamada de ciência musical – vindas da Europa. Dessa forma, com o passar do tempo, a nossa música estaria pronta para representar o grau de evolução do país, refletindo o progresso rumo a um estágio superior de civilização, que elevaria o Brasil ao mesmo nível das grandes nações europeias.

As páginas da *Gazeta Musical* nos fornecem poucas informações a respeito de B. R.[5] Sua idade nos é revelada em um de seus artigos (*GM*, 1892, n.14, p.210), onde ele afirma ter 32 anos, em 1892.

Nossas pesquisas para descobrir a identidade de B. R. basearam-se no fato de seus discursos terem um caráter marcantemente positivista. Nossas conversas com o professor José Murilo de Carvalho foram muito valiosas na tentativa de encontrar a identidade de B. R. na própria *Gazeta Musical*, uma vez que ele nos esclareceu que os positivistas não tinham o hábito de esconder a identidade sob pseudônimos. Portanto, "B" e "R" provavelmente seriam as iniciais verdadeiras de seu nome.

Passamos então a procurar algum artigo na *Gazeta Musical* em que B. R. revelasse sua identidade. Em um de seus artigos (*GM*, 1892, n.14), B. R. cita o compositor Alexandre Levy como exemplo a ser seguido pelos compositores brasileiros – fato que nos levou a procurá-lo no número especial da *Gazeta Musical* em homenagem a Levy por ocasião de sua morte (*GM*, 1892, n.4, p.49-64).

No final desse número, várias personalidades da época escreveram pequenas notas em homenagem ao compositor; Leopoldo Miguéz assina a primeira delas, seguido de Fertin de Vasconcellos, Carlos Gomes, Arthur Napoleão, J. Cortes, I. Porto-Alegre, Miguel Cardoso, V. Cernicchiaro e E. Pinzarrone. A última nota, "À memória de um amigo", é a mais extensa e está assinada por

---

5 O Anexo 1 contém algumas informações biográficas de Borja Reis pesquisadas em Velho Sobrinho (1940, v.II, p.420) e no jornal *O Paiz*, de 1896.

Eduardo de Borja Reis. Foi a primeira vez que este nome apareceu na revista (*GM*, 1892, n.4, p.64).

A partir daí suspeitamos que o futuro coronel da Guarda Nacional,[6] Eduardo de Borja Reis, fosse "B. R." – suspeitas que se confirmaram ao descobrirmos que ele fora o primeiro secretário do Instituto Nacional de Música e homem de intensa participação política em sua época. Essa hipótese confirmou-se ao encontrarmos, na própria *Gazeta Musical*, mais uma referência ao seu nome:

> De todo o pessoal administrativo recebi as mais extremadas provas de dedicação e amizade [...] devendo notar-vos muito especialmente o interesse extraordinário que pelo desenvolvimento e progresso deste Instituto sempre demonstrou o incansável secretário, o Sr. Eduardo de Borja Reis. (Relatório de Miguéz dirigido ao "Ministro". In: *GM*, 1892, n.19, p.293.)

Chamam atenção o forte moralismo e a campanha, dentro da *Gazeta Musical*, contra mágicas, teatros de revistas e operetas quando, opostamente, em sua juventude, ele tivera uma vida boêmia, sendo auxiliar de ponto e escrevendo textos para teatro.[7]

Essa mudança de homem boêmio a moralista nos leva a crer no seu engajamento com o positivismo comtiano, que tanta influência exerceu sobre intelectuais e militares daquele período.

Em 1891, a colaboração de B. R. na *Gazeta Musical* aparece pela primeira vez em um artigo chamado "Contestação", artigo no qual B. R. faz a réplica a uma crítica de 20 de agosto publicada no *Jornal do Brasil*. Esta defende a escola italiana de ópera na qual se insere Carlos Gomes, o mais famoso compositor brasileiro na época e motivo de orgulho nacional. Afirma que em sua recém-lançada ópera

---

6 Supomos que Borja Reis tenha sido nomeado Coronel da Guarda Nacional em 1893 e que este tenha sido um dos motivos que o afastaram da colaboração que mantinha com a *Gazeta Musical* desde o início da publicação do periódico até o seu último artigo, no número 4 de 1893.

7 As informações sobre a vida boêmia de Borja Reis quando solteiro encontram-se no Anexo 1 (Velho Sobrinho, 1940, v.II, p.420)

Condor Carlos Gomes recebera influências de Wagner, Berlioz e Liszt, compositores considerados pelo crítico do *Jornal do Brasil* os grandes vultos da música no futuro, cujas obras não poderiam ser compreendidas no presente; três imortais que teriam sacrificado as glórias do presente, não contribuindo para a evolução social, pois esta, como lei natural, não teria podido sofrer a influência pessoal e isolada destes três compositores.

B. R. discordará de tudo: afirmará que a ópera *Condor*, de Carlos Gomes, não tem nada de wagneriana e que tanto Wagner como Liszt e Berlioz foram compositores consagrados da época, tendo contribuído para a lei natural da evolução social. Note-se que tanto B. R. como o crítico do *Jornal do Brasil* apresentam opiniões divergentes quanto aos compositores citados, mas estão de acordo sobre as "leis" que regem a evolução dos povos, teoria geralmente identificada com o darwinismo social.[8]

Neste artigo de B. R., portanto, já aparecem conceitos fundamentados no cientificismo da época, norteadores do meio musical cosmopolita do final do século XIX. Nas opiniões de B. R. percebemos também os conceitos de um grupo mais específico, formado pelos colaboradores da *Gazeta Musical*, em sintonia com as convicções estéticas adotadas pelo Instituto Nacional de Música: a crítica ao estilo italiano de canto e de composição musical, representado no Brasil principalmente por Carlos Gomes, e a preocupação com a educação musical do povo, na qual as artes e, sobretudo, a música

---

8 Sevcenko ([1983] 2009, p.99-100) afirma que "o caráter mais marcante dessas gerações de pensadores e artistas suscitou o florescimento de um ilimitado utilitarismo intelectual tendente ao paroxismo de só atribuir validade às formas e reprodução cultural que se instrumentalizassem como fatores de mudança social. [...] Ficava desse modo por demais transparente a relação entre desenvolvimento cultural e crescimento material [...]. O estabelecimento de uma vanguarda científica na área do conhecimento, centrada ao redor das ciências naturais [...] proporcionou uma nova explicação de conjunto para o surgimento, a existência e a condição da espécie humana segundo a teoria darwinista. [...] essa interpretação alternativa foi vulgarizada como uma teoria geral do comportamento e da ação humana (darwinismo social, *struggle for life*), tornando-se o credo da *Belle Époque*".

deveriam desempenhar papel primordial. Na música, a transformação do gosto do público corresponderia à superação do "decadente" e "ultrapassado" estilo italiano, que seria substituído pelos estilos mais "modernos" vindos da Alemanha e da França. Nas palavras do próprio B. R.:

> [...] É o caso de perguntar-se ao articulista [do *Jornal do Brasil*]: — Que ideia faz ele da educação de um povo? Que conceito forma a respeito da influência das bellas artes e principalmente da música, sobre os destinos da sociedade? Negará porventura o influxo de uma nova escola musical sobre a evolução do meio, em que ela se desenvolve? Poderá dizer, em consciência, que o gosto do público não se educa, não se aperfeiçoa, mediante esses elementos de progresso que as bellas artes, em geral, lhe vão fornecendo, dilatando-lhe a esfera dos conhecimentos, conduzindo-o a horizontes novos, obrigando-o a assistir às metamorfoses, que a própria lei da evolução social impõe ao espírito humano em todos os ramos de conhecimentos? (*GM*, 1891, n.3, p.4.)

B. R. segue afirmando que "não é o povo, com a sua estética atrasada, quem guia o artista; é este quem o ensina a ver, quem lhe mostra e prova as excelências de uma escola, de uma nova maneira de fazer" (*GM*, 1891, n.3, p.5).

Depois desse artigo, B. R. inicia uma coluna intitulada "A Música no Brasil", onde o próprio B. R. apresenta os tópicos a serem tratados, tais como: "características da música brasileira", "tendências para a nacionalização da nossa música" e "indiferença monárquica pelas belas artes e auxílio prestado a elas pelo governo da República" (*GM*, 1891, n.7, p.6). O articulista preocupa-se em investigar o descaso pelas belas-artes dos governos anteriores ao republicano, atribuindo-o à colonização portuguesa. Para ele, Portugal estava demasiadamente interessado em atividades mercantis e de exploração da terra para poder seguir o exemplo de nações como a Itália e a França, que trilhavam o caminho das artes. Entretanto, afirma que o brasileiro era artista nato pelas influências do clima, da natureza, do cruzamento das raças e por uma propensão natural à poesia, que "operaram este reviramento e trouxeram-nos este temperamento especial e indígena muito propenso à Arte" (Ibid.). A música europeia, importada para cá "desencontradamente", sem escolas, uniu-se às toadas africanas e aos cantos primitivos da música indígena para formar, segundo B. R., "uma feição característica do nosso povo, feição que há de se acentuar mais e mais e que fará – quem sabe – uma escola, talvez, com um cunho muito particular de originalidade e de brasileirismo" (Ibid., p.6-7).

Percebemos que B. R. era, como grande parte dos intelectuais brasileiros, adepto das teorias de Taine e do mesologismo,[9] muito em voga na época.

Os preconceitos de B. R. em relação à colonização portuguesa também eram comuns no Rio de Janeiro do Oitocentos, até mesmo pelo fato de ela associar-se aos príncipes brasileiros e à monarquia, sempre alvo de duras críticas dos autores republicanos da *Gazeta Musical*.

Em outro trecho do mesmo artigo, B. R. admite que a música brasileira ainda estava caminhando para encontrar sua linguagem própria, devido, segundo ele, ao completo descaso de nosso governo monárquico. A música que B. R. vislumbrava para a nova era que se iniciava com a República deveria ser uma música "original" e de "cunho" brasileiro, e auxiliar o processo era a grande tarefa da elite musical republicana da qual B. R. dizia fazer parte. Para que isso ocorresse, era importante não apenas a mistura da música europeia, africana e indígena, mas também o estudo dos grandes mestres europeus: "E depois que tivermos, e bem, imitado todos os mestres, italianos ou alemães, latinos ou saxões, havemos de emancipar-nos deste cativeiro e criaremos, talvez, um estilo todo nosso, uma música perfeitamente acentuada, que não se confundirá com a dos outros povos" (*GM*, 1891, n.7, p.7).

---

[9] Sobre a influência das teorias deterministas na historiografia musical brasileira, ver Volpe, 2001, National Identity in Brazilian Music Historiography, p.13-54, sobretudo as p.16-8.

Em seguida, B. R. faz uma observação que deixa transparecer a sua visão de qual seria, provavelmente, a tendência mais marcante de brasileirismo na música:

> Mas, observando um pouco, nós vemos que a melodia italiana e a canção popular do norte da Europa, com todo o seu cunho de tristeza, são as que mais se coadunam com o temperamento da massa geral do nosso povo. Em que pese aos apologistas da inovação, aos antimelódicos, a nossa tendência é pela musica sentida, plangente, parecida com a que nos embalou no berço. É uma questão de estética do povo, que não pode modificar de forma alguma a sua maneira de sentir, a sua forma de ver o bello. (Ibid.)

No entanto, B. R. declara que não deveríamos ficar presos à imitação da melodia lírica italiana, que é uma escola que não se inova, e repete, na mesma página, que é da fusão e dos estudos das diversas escolas e mestres "que há de vir a ciência musical para unir-se à tristeza do nosso sentimentalismo artístico e fazer a nossa característica musical" (Ibid.). Neste trecho, fica claro que para B. R. deve haver a união entre a técnica musical refinada europeia ou, como ele o diz, "ciência musical", com as melodias e ritmos das canções folclóricas dos Estados brasileiros, que guardam em sua essência o espírito nacional do Brasil (*GM*, 1891, n.9, p.1). Segundo B. R., o estilo da música brasileira do futuro, de nossa individualidade artística, seria constituído pelas audácias ligadas à tristeza natural de nossa melodia e à indolência originada pelo nosso clima (*GM*, 1891, n.7, p.8). Ele ainda afirma não ser capaz de prever quando deixaríamos "de uma vez a imitação para constituirmos escola", ou dizer quando chegaria essa época de nacionalização para a nossa música, mas que era certo já estarmos criando as bases necessárias para tal acontecimento: "Sem falar nos antigos, alguns dos quais provaram muitas vezes com o seu trabalho o cunho dessa originalidade e dessa audácia brasileira [...] nós deixamos trabalhos de modernos que constituem um princípio de escola" (Ibid.).

Este "princípio de escola" era representado por talentosos artistas da época que passaram a ter maior destaque com o advento da República: Rodolpho Bernardelli na escultura; Zeferino Amoedo, Henrique Bernardelli e Pedro Américo, entre outros, na pintura; na música, "as bellas producções de Carlos Gomes e os trabalhos magistrais de Miguéz a provarem o arrojo e a imaginação de um e a competência, a arte, o estudo, a concepção e o talento de outro" (Ibid.).

Na passagem citada acima, Miguéz é o único artista cujo prenome não é mencionado, o que acontecerá sempre que ele for citado neste artigo, dando-nos a impressão de certa proximidade entre B. R. e Miguéz. Além disso, percebemos a quantidade de adjetivos que classificam a obra de Miguéz, enquanto as "belas produções" de Carlos Gomes são a "prova" apenas de seu arrojo e imaginação. Carlos Gomes é sempre citado com respeito na *Gazeta Musical* – embora seja vítima de críticas no mínimo dúbias em alguns artigos –, pois era um autor consagrado no exterior, mas demasiadamente associado ao Império e à escola italiana para ter a simpatia dos republicanos da revista.

O nome de Miguéz aparece na *Gazeta Musical* muitas vezes ao lado do de Carlos Gomes, o que não pode ser visto como uma simples coincidência: este simbolizava, para a época, a vitória da música brasileira aqui e no exterior, sendo o grande paradigma de nossa música e verdadeiro herói nacional.[10]

Ao associar o nome de Miguéz ao de Carlos Gomes e cobrir o primeiro com tantos elogios, a *Gazeta Musical* colaborava com a tentativa da substituição de Carlos Gomes por Miguéz como símbolo da música brasileira "moderna" – e como novo herói do Brasil republicano.

Em especial, os artigos de B. R. nos dois primeiros anos de publicação da *Gazeta Musical* demonstram grande carga ideológica republicana de linha positivista, que detalharemos melhor no terceiro capítulo. Somente em 1893 a *Gazeta Musical* tornou-se um

---

10 Ver Capítulo 3, The Carlos Gomes Paradigm. In: Volpe, 2001, p.131-54.

periódico menos ideológico, o que coincide com a época em que B. R. deixou de colaborar na revista. Entretanto, em 1891, a afirmação do regime republicano e o papel que a música deveria desempenhar nele eram assuntos principais da *Gazeta Musical*. B. R. escreve: "O período brilhante do renascimento da nossa arte chegou-nos com a República, como o nosso atrofiamento artístico se accentuou com a existência da monarquia" (Ibid.). "A monarquia", grafada com letra minúscula, é atacada duramente (e várias vezes) neste artigo.

Ideias cosmopolitas de refinamento artístico como parâmetro para o progresso de uma nação unem-se às ideias republicanas de B. R., conforme notamos em frases como: "As conquistas de liberdade pública são conquistas no campo da Arte"; ou: "A expansão de liberdades públicas revela-se pelas concepções artísticas, e Miguéz não se manifestaria grandioso no seu poema sinfônico *Ave Libertas!* sob um regime hipócrita de monarquia religiosa" (Ibid.).

Assim como o colunista fez críticas aos adeptos do "antimelodismo" associado a Wagner, entre outros, em artigos futuros B. R. continuará desfavorável ao wagnerismo, caso este fosse visto como uma opção estética oposta ao "brasileirismo" que ele idealizava (*GM*, 1892, n.14, p.209-12).

Por isso, B. R. revolta-se com o desprezo que schumannianos, mozartianos e wagnerianos têm pela música popular brasileira e afirma que é preciso "ser brasileiro antes de ser wagneriano e alemão; chega mesmo a justificar seu ponto de vista, consciente de que a *Gazeta Musical* tem em alta conta os compositores clássicos alemães e Wagner, mas reafirma que é necessário, antes de tudo, possuir o sentimento de brasileirismo aliado à modernidade e cita, como exemplo disso, o compositor paulista Alexandre Levy (Ibid., p.211).

B. R. faz apologia ao regime republicano e critica incessantemente a monarquia ao defini-la como um velho sistema de governo gasto, improdutivo, híbrido e hipócrita, no qual a "mentira do regime católico monárquico atrofiava a liberdade dos artistas" (*GM*, 1891, n.7, p.8).

Para ele, a República havia sido uma conquista do povo[11] que teria inspirado "aquela página sublime de Arte brasileira, página que representa o grande talento de um artista, o grande coração de um brasileiro!" (Ibid., p.9), referindo-se ao poema sinfônico *Ave Libertas!*, de Miguéz.

B. R. via uma profunda relação entre as manifestações artísticas e os regimes políticos, considerando que somente o regime republicano poderia dar as condições ideais necessárias à produção artística. Dessa forma, B. R. descartava toda a produção musical e as instituições de ensino de música do período monárquico, a fim de enaltecer o Instituto Nacional de Música, Miguéz e os demais artistas ligados ao novo regime. Essa nova elite musical significava para ele o símbolo do desbravamento da música nacional, como se nada antes deles, incluindo as instituições e o próprio meio artístico no qual se formaram e no qual o imperador havia atuado como grande mecenas, houvesse tido alguma importância para a formação da música brasileira e do meio musical fluminense pós-monárquico. B. R. tinha uma visão mítica da música nacional, que desprezava a continuidade histórica: a "autêntica música nacional" nasceria a partir da República, alicerçada nas raízes folclóricas da música do povo brasileiro.

Enquanto isso, Miguéz almejava ser reconhecido como o substituto de Carlos Gomes, assumindo o posto de herói da música nacional. Contando com o grande poder que seu cargo de diretor do Instituto lhe conferia, tentava incutir no gosto do público e dos alunos da instituição uma imagem da ópera italiana como forma decadente a ser substituída pelos gêneros instrumentais aos quais Miguéz se dedicava, como o poema sinfônico e a música de câmara, mais "refinados" e "elevados".

O ponto de divergência entre o ideólogo republicano B. R. e o vaidoso compositor e educador Miguéz residirá na valorização da música folclórica e popular urbana pelo primeiro. Ao passo que apreciava as modinhas e as serestas, defendendo compositores como

---

11 Carvalho ([1990] 2009, p.38) afirma que a proclamação da República não contou com a participação popular.

Antonio da Silva Callado e Domingo Alves, B. R. desprezava gêneros como as operetas, as mágicas e gêneros musicais dançantes, que classificava como imorais (*GM*, 1892, n.14, p.210).

Miguéz não parece ter se oposto aos compositores que utilizavam temas folclóricos em suas obras, embora ele próprio nunca tenha recorrido a eles para compor, mesmo quando se tratando de obras de caráter cívico-nacionalista como *Ave Libertas!* ou *Ode a Benjamin Constant*. Esse caráter foi, provavelmente, a forma que encontrou para estar em harmonia com seus companheiros republicanos, o que lhe rendeu o cargo de diretor do Instituto. Obviamente, ele não se opunha ao projeto musical nacionalista republicano divulgado na *Gazeta Musical*, principalmente por B. R.

Miguéz dirigia com competência o Instituto, seguindo os princípios que lhe eram convenientes, sem que precisasse necessariamente ser, como B. R., um "sacerdote" de uma ideologia republicana de linha positivista.

Os pontos em comum entre o artista Miguéz e o ideólogo B. R. poderiam, a partir daí, ser muitos e oferecer vantagens para ambos: os ideólogos precisavam de artistas considerados talentosos que representassem a geração republicana, e estes precisavam dos ideólogos e políticos republicanos para garantir seu campo de trabalho e prestígio no novo regime.

Além disso, os modelos cosmopolitas vigentes na época também eram denominadores comuns: a França é uma referência constante nos artigos de B. R. e da *Gazeta Musical* em geral, seja para a solução dos problemas estéticos, de organização de escolas, bandas e orquestras, seja para problemas técnicos específicos da área (composição e interpretação, por exemplo). A política cultural francesa também era exemplo a ser seguido pelo governo brasileiro, no que dizia respeito ao auxílio financeiro prestado às instituições musicais do país. B. R. cita, em francês, as palavras do tribuno Jules Favre: "Il n'est pas d'art mieux fait pour élever les ames, pour detourner le peuple des plaisirs grossiers".[12]

---

12 "Nada melhor que a arte bem-feita para elevar as almas, para desviar o povo dos prazeres brutos." (*GM*, 1891, n.7, p.9, tradução nossa.)

A coluna de B. R. intitulada "A Música no Brasil" passa a ser primeira página da *Gazeta Musical* nos números 8, 9 e 10, de 1891. No número 8, B. R. inicia seu artigo criticando o descaso que a monarquia reservava às escolas de belas-artes, que só contavam com o "apoio fingido dos príncipes reinantes" e de um "monarca antiartístico". Afirma que em tudo a monarquia imitava a França – menos no auxílio às belas-artes, numa constante tentativa de afirmar que o desenvolvimento artístico do país só fora possível após a proclamação da República.

O Conservatório de Paris era o exemplo de instituição musical que sempre contou com o total apoio do governo francês, que lhe reconhecia como importante educadora do "bom gosto do povo" e "agente eficaz da reforma de seus costumes [que] mais glórias poderia trazer à França" (*GM*, 1891, n.8, p.1).

B. R. afirma precisar comparar as monarquias brasileira e francesa, a fim de apresentar "argumentos contra os apoucados de talento que acham excessivo o auxílio dado pela República aos nossos estabelecimentos de ensino de belas-artes" (Ibid., p.2).

Em seguida elogia os atos do ministro Aristides Lobo com relação ao incentivo dado à Escola Nacional de Belas-Artes e ao Instituto Nacional de Música, sendo as duas escolas-modelo "como não há melhores no estrangeiro". Os diretores de ambas as instituições são elogiados, considerados "artistas que rivalizam em talento e em patriotismo e que são duas promessas" (Ibid.).

O ambiente artístico republicano é descrito por B. R. como um ambiente onde há "solidariedade de irmãos" entre pintores, escultores e músicos. Em um ambiente fecundo para as artes, "o indígena admirado soube que se venderam telas de artistas nacionais por 4, 5, 10 e 20 contos de réis!". Obviamente, afirma: "Esta expansão artística deve-se à proclamação do novo regime" (Ibid.).

B. R. coloca a música como a arte mais importante de todas no processo civilizador almejado pelos republicanos: "A educação artística de um povo faz-se pela música. É a música que dá molde novo ao caráter de um povo e só ela é capaz de nele criar um sentimento novo" (Ibid., p.3). Já o escultor e o pintor tinham quase seguro o seu futuro, ao contrário do compositor, que precisava de uma orquestra, de empresários de concerto e de teatros para executar a sua obra. Por isso, era imprescindível a criação de orquestras municipais "de primeira ordem", que executariam as obras de "nossos maestros", e a organização das bandas militares, "que atualmente são inúteis e imprestáveis", assim como a criação de concertos populares para a educação do gosto do público. Estes concertos deveriam ser subvencionados pelo governo e "organizados e dirigidos pelo diretor do nosso Instituto". Como um músico não podia vender a sua música da mesma maneira que um pintor vendia seu quadro, o governo deveria sempre auxiliar as atividades musicais, como o fazia o governo da França (Ibid.).

B. R. dá prosseguimento ao artigo destacando a relevância da criação de orquestras municipais destinadas à formação de bons músicos de orquestra. A capital federal poderia contar com o Instituto, "escola de primeira ordem que muito pode fazer nesse sentido" (*GM*, 1891, n.9, p.1), para este fim.

O colunista lembra o leitor que todos os Estados possuem sua música característica e que, da fusão dessas diversas partes, formaríamos um todo que provaria a nossa originalidade. Lamentava que o povo da capital, apesar de ter o "sentimento apaixonado de sua nacionalidade", não conhecia absolutamente "as nossas canções populares, algumas delas de uma simplicidade e poesia verdadeiramente comovedoras, como acontece com as canções populares cearenses". B. R. idealiza o sertão, entendido como oposto das grandes cidades e símbolo de simplicidade, de ingenuidade e de inocência rústicas, essência das canções folclóricas das diversas regiões brasileiras. Para ele, estas canções em "moldes primitivos" trabalhados pela "ciência musical darão um tipo [de música] especial e muito brasileiro" (Ibid.).

As orquestras municipais, além de formar instrumentistas, ajudariam os compositores a reunir os elementos folclóricos próprios de cada região do Brasil, contribuindo para a síntese de uma música nacional. Em seguida, B. R. cita os compositores de talento que já floresceram em nossa terra, apresentando-os por regiões: Carlos

Gomes e Alexandre Levy em São Paulo; Alberto Nepomuceno no Ceará; Francisco Valle em Minas Gerais; e Miguéz no Rio de Janeiro (Ibid., p.2).

B. R. defende, assim como Miguéz, a criação de cursos noturnos no Instituto, para aqueles que, não podendo cursá-los de manhã, pudessem fazê-lo à noite e, no futuro, integrar a orquestra que a instituição viria a ter (Ibid., p.3).

Sempre pensando no máximo aproveitamento da "acentuada aptidão musical de nosso povo" e na urgência de se conseguir a nacionalização de nossa música e o bom gosto musical do povo, B. R. insiste no projeto de organização das bandas militares. Estas levariam a todos os pontos do país o estímulo musical, sendo as melhores propagandistas "dos trabalhos de vulto de artistas nacionais e estrangeiros". Modificando o gosto do público, teriam grande função educacional;[13] mais uma vez a França é citada como modelo: "qualquer cidade de quarta ordem" na França possui uma banda organizada da qual o povo se orgulha (Ibid.).

B. R. declara que a realidade de nossas bandas não é semelhante à realidade francesa e preocupa-se com nossa imagem no exterior: "O estrangeiro que encontra as nossas bandas militares faz o pior juízo da nossa aptidão na música e não pode imaginar sequer que nós somos um povo de tendências finamente artísticas." Entretanto, o problema não lhe parece de difícil resolução, contanto que o governo acatasse o projeto de reforma das bandas militares proposto "pelo diretor do nosso Instituto" (*GM*, 1891, n.10, p.1). Em nome do periódico, B. R. faz um pedido: "A *Gazeta Musical* faz um apelo aos nossos homens do governo, aos oficiais superiores do nosso Exército e, cumprindo o seu programa, pede a atenção deles para o estado deplorável em que se acham as nossas músicas militares" (*GM*, 1891, n.10, p.2).

O colunista aparece, aqui, como porta-voz da *Gazeta Musical*, postura bem diversa da que terá no ano seguinte quando, ao criticar

---

13 A função educacional seria a principal ferramenta utilizada para civilizar o país: "Na velha Europa há o maior cuidado na organisação de boas músicas militares, por isso que os governos de lá comprehendem, e bem, qual é a missão civilisadora d'essas bandas" (*GM*, 1891, n.9, p.3).

o wagnerismo em detrimento do brasileirismo, dirá ser um colaborador *convidado* do periódico (*GM*, 1892, n.14, p.212).

O apelo de 1891 em prol do projeto apresentado por Miguéz para a reforma das bandas militares termina demonstrando desespero face à lentidão das autoridades, lembrando que "o artista brasileiro viu aparecer com a República uma esperança que é preciso alentar e tornar realidade" (*GM*, 1891, n.10, p.2). Mais adiante, B. R. conclui que "a civilização, o alevantamento de um povo está na razão direta de suas manifestações artísticas, e se é um fato que nós somos um povo de artistas, devemos impor-nos pela nossa arte, que deve encontrar da parte dos governos todo o apoio e o mais decidido auxílio" (Ibid., p.3).

No último número da *Gazeta Musical* de 1891, B. R. escreverá um artigo intitulado "Ao Governo", um apelo para que se reproduza o Hino da Proclamação da República, composto por Leopoldo Miguéz, "que um desleixo culposo tem deixado no esquecimento e sem a importância que merece, não só como trabalho de valor artístico, mas como música que representa a conquista do nosso ideal de liberdade" (*GM*, 1891, n.11, p.2).

O hino – um "brado de civismo e convicção republicana", segundo B. R. – é associado à *Marselhesa*, canção-símbolo da Revolução Francesa. Na opinião dele, a música é e será eternamente a melhor representante do sentimento de um povo, e a *Marselhesa*, símbolo da indignação de todos os povos oprimidos, é prova disso[14] (Ibid., p.3).

Não foi por acaso que Miguéz, ao compor o seu hino, parafraseou a canção francesa. O historiador José Murilo de Carvalho afirma que "os republicanos da propaganda não tinham hino próprio. Seu hino era a *Marselhesa*, cantada em todas as manifestações" (Carvalho, [1990] 2009, p.122).

---

14 A frase completa de B. R. é: "A música é e será eternamente o mais importante intérprete do sentimento de um povo, e ahi está a prová-lo a *Marselheza*, o hymno cosmopolita, o brado de indignação de todos os povos oprimidos, o cântico de esperança dos que almejam a liberdade" (*GM*, 1891, n.11, p.3).

A semelhança entre os dois hinos tinha a clara intenção de aproveitar o simbolismo do hino francês, consagrado pelos republicanos. Estes almejavam substituir o Hino Nacional composto por Francisco Manoel pelo hino de Miguéz, ao menos nas cerimônias oficiais da República. Porém, o antigo hino composto por Francisco Manoel continuava a comover o público, incluindo-se os militares que haviam participado de batalhas e que reconheciam o Hino Nacional como um dos símbolos da nação brasileira (Ibid., p.125).[15]

Por isso, a *Gazeta Musical* dedicará esforços no sentido de divulgar o hino de Miguéz, argumentando que era a falta de execuções do Hino da Proclamação em cerimônias oficiais a causa de ainda não ter sido alçado a símbolo do país. Por causa disto, B. R. alega que a maioria dos brasileiros (e também os estrangeiros) não conhecia o hino de Miguéz, completando:

> Estaremos condenados a ouvir eternamente [sic] festejar-se a República ao som da composição de Francisco Manoel, que se representa um passado de tradições gloriosas, não representa comtudo, como o hymno de Miguéz, a phase gloriosíssima da nossa emancipação política. (*GM*, 1891, n.11, p.3.)

B. R. pede ao governo que o hino seja distribuído para todas as bandas militares e executado nas festas oficiais da República, por representar "um dos mais gloriosos fastos da nossa história pátria" (*GM*, 1891, n.11, p.3).

---

15 Ainda sobre os esforços realizados pelos republicanos para substituir os antigos símbolos monárquicos por outros que pudessem ser identificados com a República, Carvalho afirma: "A República brasileira, à diferença de seu modelo francês, e também do modelo americano, não possuía suficiente densidade popular para refazer o imaginário nacional. [...] Eram frequentes as queixas dos republicanos em relação à falta de capacidade do novo regime gerar entusiasmos. Em maio de 1890, um deles escrevia [...] que, seis meses passados desde a proclamação, não havia moeda republicana, não se ouvia a *Marselhesa* nem o hino da proclamação, quase não se via a nova bandeira" (Carvalho, [1990] 2009, p.128). As queixas sobre a falta da execução do hino de Miguéz são frequentes na *Gazeta Musical*, assim como os constantes pedidos às autoridades para que tomem providências a esse respeito.

Segue a este artigo de B. R. na *Gazeta Musical* um outro, intitulado "A Música na Escola Primária", sem identificação do autor. Entre várias críticas à maneira "errada" de se ensinar o canto para as crianças e a má escolha do repertório, este artigo criticará duramente a ausência do hino de Miguéz no repertório oficial e, falta ainda mais grave, a substituição do mesmo por outro de autoria do professor de música das crianças. Este artigo complementa o apelo feito anteriormente por B. R.

Mesmo nas escolas primárias havia certa resistência por parte dos professores em adotar o hino de Miguéz:

> Não podemos sobre este ponto deixar de responsabilizar os senhores professores, que, sob o pretexto inacceitável de que o hymno Official da República é diffícil e de mau gosto, consentem na substituição, esquecidos de que commettem uma infracção de lei, porquanto o hymno reconhecido pela República foi aceito por um decreto. (*GM*, 1891, n.11, p.6.)

No afã de ter o hino de Miguéz aceito como símbolo da nova era republicana, a *Gazeta Musical* ameaça os professores das escolas primárias, lembrando-lhes das leis em vigor.

1.2.2 Antonio Cardoso de Menezes

Ao lado de B. R., Antonio Cardoso de Menezes[16] é outro importante colaborador da *Gazeta Musical*, que manteve uma coluna permanente no periódico, denominada "Chrônica musical".

Se pelo estilo de sua escrita e de sua retórica podemos classificar B. R. como o homem das *políticas* na *Gazeta Musical*, caberia a Menezes o título de *literato* do periódico, mais preocupado com as

---

16 O Anexo 2 contém as informações biográficas de Cardoso de Menezes recolhidas em Blake, [?], 1970; Sousa, 1960; e *Enciclopédia da música brasileira*, 1998.

questões estéticas – o que não significa que estivesse alienado do processo e dos interesses políticos que envolviam o meio musical da época. Identificam-se em seus textos vários pontos em comum com os discursos de B. R., com a diferença de serem apresentados de maneira mais literária: seus textos são cheios de metáforas e de simbolismos, seguindo um estilo de escrita pomposo e romanceado.

Menezes aprecia apresentar assuntos musicais de sua época enredados em histórias épicas e míticas; não à toa batizou sua coluna com o gênero "crônica". É o caso de sua estreia na *Gazeta Musical* (1891, n.1, p.5). De maneira um tanto enigmática para os leitores do século XIX, Menezes faz uma crítica metafórica à temporada lírica fluminense que se iniciava naquele ano (a crônica está datada de 27 de julho de 1891).

Não apenas a temporada lírica é criticada, mas toda a estética da ópera italiana do século XIX.

Uma nau prestes a começar uma perigosa viagem simboliza, para ele, uma "empreza lyrica" de duplo sentido: representa especificamente a companhia de ópera responsável pelas apresentações da temporada lírica fluminense de 1891 e, ao mesmo tempo, a "viagem" e chegada das óperas italianas ao Brasil. A nau simbolizará, portanto, a estética da ópera italiana associada à monarquia e o gosto do grande público pelos espetáculos operísticos, malvisto pelos intelectuais republicanos que se achavam no dever de aprimorar o gosto do público.

Menezes narra a viagem da nau que, a certa altura, enfrenta uma tempestade: "E o vento, mudando de rumo, obriga o barco a bordejar em direcção contrária ao ponto da derrota planejada" (*GM*, 1891, n.1, p.6).

Os novos tempos republicanos mudariam o rumo da estética musical, condenando ao malogro o decadente estilo italiano do século XIX, como exemplificam os trechos seguintes, escritos por Menezes:

> Cai no líquido abysmo enfurecido *Aïda*, mulher do commandante de dia, e este atira-se às águas, para salvá-la. Agarra-a pelos cabellos

e trá-la com grande esforço para a superfície, onde continua a lutar com extraordinário denodo contra os assaltos de quase inevitável morte [...]. Aïda é carinhosamente cuidada [...] e, emquanto convalesce, é substituída por *Gioconda*, uma cantora de rua [...]. Fatigados pelos triumphos, dormiram todos a bordo, e o barco foi confiado à mercê da corrente [...]. Dentro em pouco batia de encontro a temeroso penhasco [...], fez água e foi a pique. *Othelo*, o commandante encarregado da governança, morre [...]. Sobre os destroços da embarcação salvam-se os demais navegantes e aportam à ridente Ilha, em que os aguardava a mais esplêndida hospedagem. (*GM*, 1891, n.1, p.6-7.)

A alusão ao Brasil é óbvia, com a chegada das óperas italianas a uma "Ilha", como o país fora chamado pelos portugueses na época de sua descoberta. Os trechos seguintes da crônica de Menezes confirmarão as referências feitas ao Brasil, ao apresentar personagens, como um rei associado ao duque de Mântua e uma sereia. O primeiro tem relação com a família Gonzaga, sobrenome do imperador D. Pedro II, e a sereia parece simbolizar, aqui, a pátria brasileira com todos os seus recursos naturais e culturais ainda inexplorados:

Rigoletto, o bôbo da Côrte de certo rei, que se disfarçava sob o título de *duque de Mântua*, diverte-os, fazendo-os travar conhecimento com a mais encantadora sereia de que naquelas paragens havia notícia [...] a sereia foge-lhes de repente, embrenhando-se na matta, e elles vão-lhe no encalço [...]. Ahi passam horrores [...] e ouvem assombrados os atroadores latidos do famoso *Cérbero*, que se confundem com os *dós de peito* de um dos seus companheiros de desgraça [...]. Saem do inferno e tornam a encontrar a sereia fugitiva, que os agasalha sob o pállio de luz do seu canto fascinador [...]. Até ahi seguiu o chronista a viagem empreendida pelos que se embarcaram na temerária nau da empreza lyrica. D'ahi para o futuro [...] o que for soará e conscienciosamente registraremos... para exemplo de futuros navegantes. (Ibid., p.8.)

Esta mesma crônica de Menezes continua no número seguinte da revista, no qual o autor tratará de falar mais especificamente do ambiente lírico fluminense de 1891, dizendo que àquela altura "não se póde afirmar que o navio da empreza lyrica esteja em maré de felicidades" (*GM*, 1891, n.2, p.4), referindo-se às doenças e à fadiga que acometiam os cantores, devido a uma agenda com excesso de ensaios e de récitas. Alguns solistas tinham mesmo de ser afastados, prejudicando a qualidade das apresentações: "Do grupo dos fortes, sobre os quais tem pesado o trabalho de conduzir a nau a porto de salvamento, vão paulatina e sucessivamente desertando os que precisam dos cuidados da enfermaria" (Ibid.).

Depois dessa longa introdução em que critica o excesso de trabalho imposto aos músicos, Menezes ocupa-se com as récitas das óperas em cartaz naquela quinzena: *Africana* e *Fausto*. Alega que o maestro Conti não possuía o principal elemento para uma boa interpretação, que ele define como "o colorido musical", mas conclui que "o desempenho da *Africana* e do *Fausto* foi – em geral – bom". (Ibid., p.7). No entanto, a crítica mais interessante do ponto de vista estético (e a mais extensa daquela temporada) estava reservada à estreia da ópera *Condor*, de Carlos Gomes (*GM*, 1891, n.3, p.7).

Este texto de Menezes aparece na *Gazeta Musical* logo em seguida ao artigo de B. R. denominado "Contestação", que também tem como alvo a ópera de Carlos Gomes. Os dois autores discordarão. B. R. não vê influências de Wagner em *Condor*, enquanto Menezes acredita que Carlos Gomes voluntariamente sujeitava o seu estilo – "hoje um tanto propenso já aos victoriosos processos compositivos do grande revolucionário da arte, Ricardo Wagner" –, embora tenha conservado "accentuado traço de sua individualidade" (Ibid., p.8).

O "accentuado traço de individualidade" ao qual Menezes faz referência é, nas composições de Carlos Gomes, o predominante elemento melódico sempre associado à ópera italiana. No entanto, segundo Menezes, Carlos Gomes modificou a forma, "a própria contextura melodramática e a sua invejável *maneira* de instrumentar [...] engrossando a onda crescente dos modernos musicógraphos, em busca do ideal do legendário evangelista da *Música do Futuro*" (Ibid.).

A "arrebatadora concepção melódica" de Carlos Gomes é vista por Menezes como "o seu maior padrão de glória" e identificado com a "escola italiana pura" (Ibid.).

Para o colunista, "a forma é a música da Poesia, assim como a poesia é a forma da Música"; todas as artes são interdependentes e aspiram a igualar a natureza, "na forma e no fundo", às concepções do "Bello Supremo, que é a suprema perfeição" (Ibid., p.8-9).

Ele alerta, no entanto, para os perigos que esperam o artista que zela exclusivamente pela forma, que desperta "sensações que se localizam na matéria, e portanto [o artista] não atinge o sentimento, que reside no espírito" (Ibid., p.9).[17]

A natureza, para Menezes, deve ser a fonte de inspiração para todas as artes; ela fornece ao artista os elementos necessários à sua criação, na qual "as regras da arte servir-lhe-hão para dar forma ao que tiverem de engendrar o seu pensamento e a sua fantasia" (Ibid.). Nesse sentido, Menezes vê Carlos Gomes "perfeitamente compenetrado da sua missão de verdadeiro artista" em sua ópera *Condor* – o compositor nada deixaria a desejar em relação a grandes como Gounod, Meyerbeer, Goldmark, Bizet, Massenet e o próprio Richard Wagner (Ibid., p.10).

No entanto, Menezes aponta para um problema nesta ópera: "O *libretto* sobre o qual foi vasada a *partitura* de *Condor* é de nulla importância litterária e philosóphica" (*GM*, 1891, n.3, p.10).

Tanto Menezes quanto B. R. se esquivam de criticar negativa e diretamente a obra de Carlos Gomes: o ataque é sempre indireto, sutil, iniciando-se por uma série de elogios à obra ou à pessoa. É comum que os autores da *Gazeta Musical* refiram-se ao compositor como "o nosso amigo". Carlos Gomes era demasiadamente consagrado para que fosse levada a sério qualquer crítica que o

---

17 Ainda que não seja exclusiva dessa filosofia, a valorização do sentimento sobre a razão é também uma forte característica da religião positivista de Auguste Comte e vai ao encontro de um dos princípios da estética romântica do século XIX (a valorização do sentimento, da subjetividade e da intuição).

desmerecesse completamente. Por isso, ao fazer a crítica de *Condor*, Menezes desenvolve todo um raciocínio sobre a inter-relação das artes, a importância relativa da forma porque associada à matéria, e a superioridade do sentimento porque associado ao espírito, para concluir que a ópera *Condor* não teria atingido o mundo superior das ideias e dos sentimentos do espírito.

Quando Menezes tece elogios à ópera de Carlos Gomes, ressaltando o wagnerismo aparente na forma composicional, que emprega um sistema de *leit-motives*, orquestração e demais elementos ligados à "matéria", diz nas entrelinhas que não existem elementos suficientes para alçar *Condor* à condição de obra-prima.

O mundo estava cheio de discípulos de Wagner. Não obstante ser um bom sinal, na opinião de Menezes, isso não era suficiente para classificar uma obra como sendo de qualidade superior. Esta ideia será desenvolvida por Menezes em sua em sua coluna "Chronica Musical" dos números 3 e 5 da *Gazeta Musical* de 1891. Nela, afirma que Carlos Gomes, apesar do libreto, "achou meio de produzir páginas de grande interesse musical" (elogio ainda muito longe daqueles feitos às obras de Miguéz, classificadas com adjetivos bem mais entusiásticos) e coloca Carlos Gomes "entre os mais adiantados sectários da escola actualmente em voga, escola essa que persegue o mesmo ideal de Richard Wagner, o genial reformador allemão" (*GM*, 1891, n.3, p.10). Tais elogios fazem com que um leitor desavisado não sinta essa crítica como negativa, pois ela aparenta ser um comentário elogioso que se encerra com as seguintes palavras:

> Em summa: não se pode dizer que o *Condor* de Carlos Gomes seja a última palavra na composição do drama lyrico moderno; mas com certeza, é um dos mais bem acabados trabalhos do *maestro* brasileiro, e, na tela das composições modernas, cabe-lhe honrado posto. (Ibid., p.12.)

Na "Chrônica musical" do número seguinte, Menezes deixa mais clara a ideia de que a "arte moderna exige muito, exige demasiado [...] mais oneroso é o grupo dos que succumbem do que o daquelles que logram sahir com a fronte engrinaldada pelos louros do triumpho" (GM, 1891, n.5, p.9). A "arte moderna", aqui, deve ser compreendida como a "música do futuro" de Wagner e de seus seguidores. A Alemanha é o modelo a ser seguido, "ahi onde a arte caminha a passos gigantescos, sob o imperioso influxo de vertiginosa evolução [...]" (Ibid.). É nesta crítica que Menezes afirma não querer dizer que toda obra composta em estilo wagneriano pertença aos "domínios da alta composição"; Wagner é o desbravador dos caminhos a serem seguidos:

> Compositor genial, [Wagner] foi quem abriu esse novo campo aos modernos batalhadores, conpendiando [sic] [...] os complexos hyerogliphos, em que se continham os anhelos da arte de Haydn, Beethoven e Mozart [...] quantas tentativas têm abortado, depois que elle – Moysés redivivo – apresentou ao mundo o decálogo dos novos mandamentos! (Ibid.)

Para Menezes, quanto mais os compositores contemporâneos se aproximassem do ideal de Wagner, mais triunfos teriam lugar "nessas lutas titânicas de modernismo" (Ibid., p.10).

A linguagem wagneriana é, para este crítico da *Gazeta Musical*, sinônimo de "moderno", e ele não se preocupa com o fato de Wagner não ser uma unanimidade na época: "É esse o destino dos homens de gênio: instrumentos da evolução social não podem ser compreendidos pelos seus coevos [...] a bocca da posteridade se abre para acclamá-los entoando-lhes hosannas pósthumos!" (Ibid.).

Com a interrupção da temporada de óperas do Theatro Lyrico devido a problemas que envolveram o empresário Ducci e causaram protestos, assim como atos de vandalismo por parte do público, Menezes aproveita a oportunidade para criticar os espetáculos populares. "A arte musical anda foragida [...] acaba de asylar-se no [teatro] Polytheama Fluminense uma companhia de cavallinhos: o terror das bellas-artes." (GM, 1891, n.7, p.10.)

Nos números seguintes, suas crônicas lamentarão a preferência de grande parte da população fluminense por espetáculos circenses às apresentações de música erudita, ou "finas artes", como ele as chama (*GM*, 1891, n.8, p.7-8). Menezes reclama justamente de que, em outras grandes cidades do mundo, como Paris, havia público suficiente para todos os gêneros de espetáculos musicais, incluindo os circenses (que segundo ele acabavam por subtrair audiência dos concertos de música de câmara que ocorriam na cidade), o que não acontecia em terras fluminenses.

Esses comentários, servindo de introdução à crítica elogiosa que fará do grupo Santa Cecília, parece ter sido a maneira encontrada por Menezes para atestar que havia bem pouca gente assistindo à apresentação dessas "excelentes amadoras fluminenses" (Ibid., p.8). E é criticando as mágicas e demais espetáculos de música popular, considerando-os consequência da "falta de educação e de gosto artístico" (*GM*, 1891, n.10, p.5), sempre utilizando linguajar simbólico e textos míticos ou bíblicos, que Menezes encerra as suas crônicas na *Gazeta Musical* do ano de 1891.

Em 1892, tanto Menezes como B. R. continuarão a colaborar com a revista.

B. R. mudará o foco de sua atenção para o ensino do canto nas escolas primárias e para a implantação do canto orfeônico, em uma coluna intitulada "O canto-choral", enquanto Menezes continuará dedicando-se à crítica de concertos e à estética musical em sua coluna "Chrônica musical".

Algumas mudanças foram anunciadas no número 11 da *Gazeta Musical* de dezembro de 1891. A partir de janeiro do ano seguinte, o periódico contaria com dois novos colaboradores: Alexandre Levy, correspondente da *Gazeta Musical* em São Paulo, e Alfredo Bastos, com o pseudônimo de Raul de Nangis, correspondente em Montevidéu. Já no primeiro número de 1892, no entanto, a *Gazeta Musical* estampava a notícia da morte prematura do jovem compositor Alexandre Levy.

Nos três anos de existência da *Gazeta Musical*, apenas três vezes o diagrama da primeira página do periódico foi modificado: a primeira página do número 4 de 1891, que iniciava com uma extensa e elogiosa biografia de Leopoldo Miguéz; e a primeira página dos números 1 e 4 de 1892, com uma margem negra mais espessa, que noticiava a morte de Alexandre Levy.

A morte de Levy obteve grande repercussão nos artigos da *Gazeta Musical* e serviu de pretexto para o desenvolvimento de ideias referentes ao nacionalismo musical brasileiro. Ao passo que B. R. iniciava em sua coluna "O canto-choral" uma intensa campanha pela criação do "orpheon braziléiro", Menezes, lamentando a morte de Levy, irá chamar o compositor paulista de iniciador de uma escola genuinamente nacional.

Levy é apresentado por Menezes como um artista já predestinado a realizar algo de grandioso na música. Suas características psicológicas já se mostravam desde a mais tenra infância, e seu olhar deixava transparecer "ao mesmo tempo a doce melancolia dos poetas e a profunda expressão dos pensadores [...] ele era uma criança com adoráveis aparências de velho" (*GM*, 1892, n.1, p.5).

As ideias nacionalistas desenvolvidas por Menezes nesta crônica irão ao encontro das ideias que B. R. apresentará, já comentadas anteriormente (*GM*, 1892, n.14, p.212).

Sobre o nacionalismo de cor local, Menezes tece o seguinte comentário:

> Não há hypérbole no quanto affirmamos; porque é preciso que se saiba: Alexandre Levy, nas suas *Variações do Bitú* e na sua *Suíte d'orchestre* sobre motivos populares brasileiros, o que fez foi lançar a semente da escola musical genuinamente nacional. Semelhante a Glinka, o fundador da ópera nacional russa, Alexandre Levy steriotypou nestas duas producções [...] o caracter peculiar à nossa música nativa, lançou, talvez impensadamente, as bases de uma escola, que está por certo destinada a fazer triumphante carreira nos domínios da arte moderna. Pode ser que alguém se ria desta minha proposição, taxando-a de pretensiosa, paradoxal e quiçá visionária e utopista. [...] nessa proposição encerra-se uma verdade [...] essa verdade há de ser um dia conhecida [...] quando Alexandre Levy, devidamente apreciado e julgado nos seus trabalhos accentuadamente caracterisados pelo cunho nacional, encontrar imitadores

aos seus esforços nessa propaganda patriótica apenas iniciada em favor da arte brazileira. Elementos para formar uma escola nossa é cousa que não nos falta [...] o que nos falta é a vontade determinada de reuni-los em grupo concreto e, a exemplo do que têm praticado os centros artísticos mais adiantados do velho mundo, sujeitá-los ao trabalho de systematisação, de onde possa emergir o movimento evolutivo e a solução final desse alto e fatal problema sociológico. (*GM*, 1892, n.1, p.8-9.)

Menezes assinou a coluna "Chrônica musical" por mais duas vezes na *Gazeta Musical* de 1892. Na primeira que se seguiu à supracitada, ainda sobre Levy, Menezes anuncia a *polyanthéa* que está sendo preparada à memória do compositor, o que de fato ocorrerá: o número 4 da *Gazeta Musical* de 1892 será inteiramente dedicado a Alexandre Levy.

A última crônica de Menezes será uma crítica à preferência do povo fluminense pelo piano. A "Pianópolis", como Menezes chama pejorativamente a capital federal, é a cidade onde este instrumento prolifera nas casas. Essa profusão de pianos e de pianistas seria nociva não só à arte, como também à existência da "burguezia pacata ou da aristocracia folgazã" (*GM*, 1892, n.3, p.37).

Menezes ataca principalmente a "música barata" que se ouve pela cidade, como a "*schottisch* que anda agora por ahi em voga" ou "uma das tantas valsas *baratas* do exquisito repertório" alastrado pela cidade; ataca a "tulmutuosa cáfila dos pianos, flautas e clarinetas da visinhança, que começam o seu medonho e desapiedado *concerto-charivari*, atroando os ares, ensurdecendo a gente, incitando os cães vagabundos a ganir desesperadamente!" (Ibid., p.38-9).

Essa crônica teve, obviamente, a intenção de apoiar a campanha que o Instituto Nacional de Música estava fazendo à época para incentivar o estudo de outros instrumentos, a fim de poder organizar sua própria orquestra. Publicada na coluna "Notícias do Rio e outros Estados" com o título de "Instituto Nacional de Música", a nota sobre os cursos de piano e instrumentos de orquestra dizia:

[...] consta-nos que o director d'aquelle estabelecimento não sabe como haver-se com os pedidos para a inclusão no curso de piano. É lastimável esta nossa piano-mania, que deixa vazias muitas outras aulas do Instituto e impossibilita a immediata organisação da sua orchestra. Não sabemos quando chegará entre nós a época de se cuidar seriamente do estudo da música, habilitando-se convenientemente aquelles que d'ella tencionam fazer uma profissão. (*GM*, 1892, n.2, p.25.)

O Instituto ensinava música para uma grande quantidade de "amadores",[18] que não tinham a intenção ou a possibilidade de se profissionalizarem. A relevância atribuída por Botstein (1992) ao papel do músico amador na Europa do século XIX encontra um paralelo neste caso brasileiro: grande parte dos alunos matriculados na instituição era constituído por amadores, fato que impedia Miguéz de realizar o seu projeto de formação de uma orquestra profissional dentro do próprio Instituto. Por outro lado, eram esses amadores os principais mantenedores das atividades musicais da cidade, comprando instrumentos, partituras, pagando professores de música e indo a concertos, ou até mesmo patrocinando-os.

Antonio Cardoso de Menezes encerrou sua colaboração na *Gazeta Musical* em 1892, criticando a "Pianópolis" em seu último artigo e homenageando Levy nos dois anteriores, quando afirmou: "E fecho esta chrônica, ainda uma vez dedicada à lembrança do nosso querido artista. Não tenho coragem para passar a outro assumpto" (*GM*, 1892, n.2, p.25).

---

18 Segundo o crítico Oscar Guanabarino, o Instituto Nacional de Música não passava "de um collegio de meninas com uma aula de flauta". (Jornal *O Paiz*, 7 de dezembro de 1892, p.2.)

1.2.3 Raul de Nangis, Crispino e outros colaboradores

Em dezembro de 1891 a *Gazeta Musical* anunciava que dois novos colaboradores passariam a fazer parte das colunas do periódico:

> Entre aquelles que muito cooperam para o desenvolvimento da *Gazeta Musical* collocamos hoje dois novos collaboradores e correspondentes, os cidadãos Alexandre Levy, o estimado artista e crítico paulista, e Alfredo Bastos, compatriota distinctíssimo e *virtuose* considerado em Montevidéo, onde reside. (*GM*, 1891, n.11, p.1.)

Alfredo Bastos, com o pseudônimo "Raul de Nangis", começará sua colaboração em janeiro do ano seguinte. Alexandre Levy, falecido em janeiro de 1892, não chegou a escrever nenhum artigo para a *Gazeta Musical*. Será substituído por "Crispino", provavelmente pseudônimo de seu irmão Luiz Levy, pianista, como podemos perceber em um pequeno artigo intitulado "A *Gazeta Musical* em São Paulo", no qual a revista declara o seu sucesso naquele Estado:

> Devemos este successo aos esforços do nosso correspondente e amigo o Sr. Luiz Levy, valentemente secundado n'este trabalho de propaganda pelo estimado professor Chiaffarelli. Lamentando a longa ausência que n'estas columnas tem feito o nosso estimado collaborador de S. Paulo, aproveitamos a occasião de agradecer aos nossos dois amigos o empenho que têm demonstrado pelo desenvolvimento e progresso d'esta modesta folha. (*GM*, 1892, n.24, p.382.)

Raul de Nangis estreou sua coluna "Correspondência de Montevidéo" na *Gazeta Musical* comentando os acontecimentos musicais da capital uruguaia. Neste primeiro artigo, menciona o compositor Leão Ribeiro, pertencente à "composição de alta escola, [...] cujas relações de amizade *musical* elle só entretém com os Bach, os Beethoven, os Schumann e os Mendelssohn" (*GM*, 1892, n.1, p.11).

Utilizando os compositores alemães como parâmetro de julgamento da "alta escola" de composição, Nangis fará uma crítica a uma cantata composta por Leão Ribeiro:

> O que pareceu-me extravagante foi que o autor tivesse pedido a poesia a um litterato italiano, quando algum poeta nacional poderia ter offerecido o necessário contingente da lettra no idioma vernáculo. Cantar-se em italiano e francez, *sobretudo em italiano*, quando a língua hespanhola por suas sonoras e bellas inflexões vocaes se presta admiravelmente ao canto!!! É estupendo, mas é verídico. Posso affirmar que ainda não ouvi cantar em Montevidéo, nem pública nem particularmente, um romance, siquer, em hespanhol. (*GM*, 1892, n.1, p.11, grifo nosso.)

O canto em língua nacional era um dos propósitos da *Gazeta Musical*, reforçado por Nangis nesse artigo, assim como o respeito ao compositor e sua obra, que deveria ser executada exatamente como fora escrita e não com as adaptações de instrumentação que comumente se faziam:

> Executou-se a symphonia do *Rei de Lahore* com instrumentação *feita aqui* e portanto com falta de todos os bellos effeitos do trabalho original. [...] Não importa reunir sessenta homens que se dizem professores; é preciso que estes sessenta homens ensaiem conscientemente, respeitando o programma, o público e os autores. (Ibid., p.13.)

De maneira geral, a coluna de Nangis não trará ideias novas às páginas da *Gazeta Musical*, sendo mais uma voz que, do estrangeiro, ecoa as mesmas posturas estéticas e ideológicas sustentadas pelo periódico, como vemos no seguinte exemplo:

> [...] aproveito esta opportunidade para dar o meu voto favorável e sincero [ao] trecho do artigo escripto pelo distincto collaborador B. R. da *Gazeta Musical* [...]. É natural que se toque o velho hymno

brazileiro, por exemplo no dia 7 de setembro, mas o que é necessário é que no dia 15 de novembro as bandas executem o hymno de Miguéz, porque para isso foi composto e não para ficar archivado nos recantos de um ministério. [...] Os esforços da *Gazeta Musical* são, portanto, dignos de applauso [...]. (*GM*, 1892, n.3, p.41-2.)

O patriotismo será a tônica de grande parte dos artigos de Nangis, como no texto em que reivindica a nacionalidade brasileira para o violinista Mauricio Dangremont, anunciado em um jornal argentino como "artista americano" (*GM*, 1892, n.13, p.206), e como na coluna que relata o sucesso que fez em Montevidéu a apresentação de duas peças do compositor brasileiro Henrique Braga (*GM*, 1892, n.16, p.249). Outra preocupação de Nangis será com a falta de apresentações do repertório lírico "moderno". Revolta-se com uma companhia lírica subvencionada pelo governo uruguaio, que escolheu para a sua estreia a ópera *O trovador*:

> Ora, n'esta época dar bem *O trovador* seria um requinte de muito máo gosto, não é verdade? – Pois até n'isto andaram perfeitamente os artistas. Cantaram como uns loucos escapados de algum hospício de alienados. [...] E na platéa – (hão de crer?) – a espectação derretia-se toda par de uns sujeitos graves que costumam ser os compadres das subvenções. O theatro estava cheio de velhice. É a pura verdade; todos os velhos, isto é, todos quantos nasceram com o Trovador, se é que o Trovador não é bisavô de todas as músicas, lá estavam no theatro. (*GM*, 1892, n.20, p.316.)

Em suas apreciações estéticas, Nangis procurará unir à música produzida pelos compositores brasileiros os conceitos de música refinada, de "bom gosto" e "moderna", oriunda dos cânones já estabelecidos na valorização do repertório do classicismo vienense e do modernismo associado à linguagem musical wagneriana.

Essa mesma linha será seguida por dois outros colaboradores, cada um aparecendo somente uma vez nas páginas da *Gazeta Musical*: "E. H.", que reforçará os cânones germânicos como paradigmas na música erudita, e "W.", que em sua análise de um poema sinfônico de Miguéz considerará as composições sinfônicas como parâmetro de julgamento do valor de um artista, uma vez que, na sua opinião, o entusiasmo pela ópera estaria desaparecendo.

E. H. escreveu de Viena, em 4 de janeiro de 1892, um artigo intitulado "Correspondência do estrangeiro". Narra "as festas commemorativas da morte de Mozart", que duraram duas semanas. Foram exibidas diversas obras do compositor, com a participação dos mais importantes solistas, coros e orquestras de Viena. O colunista demonstra, dessa maneira, a importância de Mozart em um meio musical reconhecidamente adiantado, como era Viena para a época.

Já W. encarregou-se de fazer a análise do poema sinfônico *Prometheu*, de Leopoldo Miguéz, a partir do que podemos perceber, mais uma vez, entre os colaboradores da *Gazeta Musical*, a preocupação em reafirmar o que consideravam como os novos e mais modernos padrões estéticos da arte musical:

> É fora de dúvida que hoje nós julgamos do valor de um artista pelas suas composições symphônicas; os enthusiasmos pela ópera vão desapparecendo, e quem sabe mesmo até onde nos levará este desprendimento, que Reichet attribue ao esgotamento de nossa escala, mas que em boa verdade se pode attribuir à nova maneira de ver em arte do nosso fim de século. (*GM*, 1892, n.12, p.177.)

W. levantará o problema, caro à época, entre os compositores considerados "melodistas" e aqueles que se preocupavam mais com a orquestração e a harmonização (embora fossem mais pobres de ideias do que os primeiros, segundo ele). A tendência parecia ser optar pela defesa dos últimos. Para W., saber conciliar todas as características definiria um compositor de primeira ordem:

> Juntar as duas qualidades: a inspiração grandiosa e rica de melodia, a harmonisação de primeira ordem, moderna, cheia, vibrante de enthusiasmo ou lânguida de sentimento, estallada de indignação ou

murmurada em amor – mas que nós tenhamos estas impressões na instrumentação como na melodia – é este o ideal da mais bella das artes, é este o typo do compositor de primeira ordem. Junta Miguéz as qualidades que vimos de apontar. (Ibid.)

A partir daí, W. desenvolve o que chama de uma "crítica analítica" do *Prometheu* de Miguéz, recheada dos mais variados elogios ao compositor, igualado aos grandes mestres europeus e tido como "primeiro compositor brazileiro" (Ibid., p.181).

E ainda adverte àqueles "sempre dispostos a acreditar na baixeza de caracter, aos que nos julguem lisonjeiros e adulões", que se a este poema sinfônico não foram feitos mais elogios, não fora por falta de vontade, "mas é que não temos para isso termos que julguemos assaz encomiásticos" (Ibid., p.181).

A análise crítica de *Prometheu* feita por W. é, na verdade, muito subjetiva: procura descrever a obra através da sequência de motivos que o compositor utiliza, classificando-o como "grandioso, elevado, de caráter religioso", tencionando fazer uma correspondência entre esses adjetivos e a tonalidade, o uso do modo dórico, ou a harmonização que Miguéz empregou na obra. O articulista também ressalta que, além de todos os "primores de instrumentação" que Miguéz domina, "a sciência a que se dedica não tem segredos que [ele] não conheça" (Ibid., p.179).

W. termina o seu artigo fazendo uma crítica ao governo brasileiro e ao público:

> Que se importam os ministros com a música? O que têm elles com a sciência dos accordes? Se Miguéz vivesse na França ou na Allemanha o seu nome seria conhecido no mundo inteiro, e as suas músicas, executadas em todos os grandes centros de arte. Mas é brazileiro; tem contra si este grande defeito. A massa geral não sabe o respeito que lhe deve, os governos nem sabem que elle existe. (Ibid., p.181.)

A subjetividade será destacada como uma qualidade também pelo colunista que assina como "Alter Ego", em seu artigo sobre o compositor mineiro Francisco Valle; *sentimento* e *originalidade* serão as principais características apontadas na obra dele. Alter Ego declara que o próprio Valle pensava "que o compositor, firmado nas azas da inspiração, deve voar livremente, sem elo algum que o prenda à maneira, à forma de outrem" (*GM*, 1892, n.17, p.267).

Desse modo, "imitar" outros compositores, preocupar-se em "fazer semelhante ao que outros já fizeram não pode dar nunca a qualquer compositor um logar proeminente, distincto, entre os artistas que formam a galeria dos precursores da arte" (Ibid.). Seguindo a linha de pensamento romântico da época, Alter Ego afirma que apenas os predestinados, aqueles raros indivíduos que possuem o *feu sacré*, chegarão ao "pino da Arte". Seu artigo também termina com uma crítica ao governo brasileiro, com uma ressalva:

> Possa, pois, Francisco Valle, que apenas conta 23 annos de edade, vencendo todos os obstáculos que presentemente lhe impedem o continuar na senda que trilhou, voltar à Europa a fim de ouvir e produzir, e tê-lo-hemos, em pouco tempo, conhecido e apreciado, honrando nossa pátria e dando-nos o prazer de ver que o Brazil, apezar do firme propósito que têm os seus governos (excepto o Provisório) de não protegerem as artes, têm filhos que tudo sacrificam para seu engrandecimento artístico, para sua glorificação perante o mundo inteiro. (Ibid., p.268-9.)

Dessa forma, o Governo Provisório foi uma exceção aos olhos dos colaboradores da *Gazeta Musical*, sendo no início da República o único governo que privilegiou as artes, através da criação da Escola Nacional de Belas-Artes e do Instituto Nacional de Música. Coincidentemente ou não, foi o governo com o maior número de positivistas em seu quadro.

O patriotismo e a preocupação com o progresso das práticas musicais serão os elementos marcantes no discurso de Miguel Cardoso na *Gazeta Musical*.

Miguel Cardoso foi professor no Instituto Nacional de Música (Pereira, 2007, p.70) e professor de música na Escola Normal da capital federal. Cardoso assinou apenas um artigo na *Gazeta Musical* e uma carta à redação do periódico, ambos em 1893, quando já era professor da Escola Normal. Na carta, criticava a sugestão do colunista da *Gazeta de Notícias* com relação ao método de canto empregado nas escolas primárias:

> O compêndio indicado pelo preclaro articulista, por onde talvez aprendeu as primeiras noções de entoação, é antidiluviano, fóssil, já está fora da moda, já cahiu em exercício findo. Qual foi o resultado de uma tal adopção? Que desenvolvimento teve o ensino com o uso obrigatório de tal compêndio? Absolutamente nenhum. O nosso clima não permitte que seja usado o méthodo apontado pelo distincto articulista [...]. Diz mais o provecto articulista que não há necessidade de distrahir o director do Instituto Nacional de Música para a fiscalisação das aulas das escolas primárias, visto ser elle preciso à testa de seus múltiplos affazeres, e que todos os inconvinientes apontados pela *Gazeta Musical* podem ser remediados unicamente com os exercícios por elle indicados. Não há tal. (*GM*, 1893, n.1, p.7-9.)

A preocupação com o ensino musical para o progresso do país acabou por gerar sugestões apresentadas por Cardoso que, de fato, foram aplicadas no sistema de ensino brasileiro:

> De tudo que fica dito [...] o distincto e preclaro articulista [...] comprehenderá o que penso a respeito do que até aqui se tem feito e o que se deve fazer para que tão bella arte tenha entre nós a mesma acceitação, o mesmo acatamento que tem nos paízes mais adiantados, onde ella faz parte integrante da educação, e é julgada de utilidade inestimável não só para a modificação da índole do povo,

como também precisa para as expansões da alma. Esperamos, pois, e em breve veremos o digno Conselho Municipal julgar de necessidade a criação de professores especiaes para as aulas de música, desenho e gymnástica das escolas primárias. (Ibid., p.10.)

É neste mesmo ano de 1893 que Cardoso escreverá o artigo "A música em Minas", no qual pretendeu complementar um artigo de Alfredo Camarate de mesmo título publicado na *Gazeta de Notícias*. Cardoso faz observações sobre a "florescência" da música mineira no período colonial e a música "moderna" daquele Estado, para o qual Camarate solicitava a criação de um conservatório de "primeira ordem" (*GM*, 1893, n.5, p.65).

Em suas comparações entre a música mineira "antiga' e a "moderna", Cardoso deixa claro que os compositores coloniais foram movidos por "um culto ardente, sagrado", pela arte musical e pelo grande talento que possuíam. Entretanto, faltar-lhes-ia o conhecimento sistemático sobre os "elementos científicos" e sobre "as leis e convenções que regem a arte", para que pudessem criar obras "isentas de defeitos" (Ibid., p.65-6).

Segundo Cardoso, o período de florescência da música mineira colonial, essencialmente manifestada no gênero sacro, entrou em um período de decadência:

> O que é hoje a música de Minas? [...] as orchestras foram sendo substituídas por bandas marciaes; a polka e a valsa foram invadindo aquelle ambiente onde só se respirava a música séria. [...] É uma triste verdade que hoje a música está decadente em Minas. A tenacidade e força de vontade dos que outr'ora elevaram, somente por seus hercúleos esforços, tão sublime arte ao maior grao de aperfeiçoamento relativo à época e aos quase nullos conhecimentos scientíficos, foram substituídos pelo egoísmo dos que, professando-a, só visam o lucro immediato; dos que, longe de a cultivarem como seus antepassados, limitam-se a usá-la de um modo menos decoroso, executando o que existe de mais banal e despresando o que há de mais sublime, de mais nobre, de mais scientífico, emfim – a música

clássica – que constituiu para os seus avós o maior padrão de glória que se pôde imaginar. (Ibid., p.66-7.)

Dessa forma, Cardoso esclarece que os músicos mineiros cumpriram bem seu papel, dentro das possibilidades que tinham: cultuaram a música clássica, "nobre e científica", no grau de evolução que aquela época poderia permitir. Era dever da geração coeva deixar de lado a música "banal" e recuperar os padrões adotados nos tempos coloniais, com a vantagem de agora poder contar com um conhecimento mais aprofundado e "científico" da arte musical. Com otimismo Cardoso declara, na sequência do artigo, que o estado geral de decadência da música em Minas não é desanimador: há músicos de talento e o "Estado começa a despertar do somno de indifferença que até aqui dormira"; "já procurando por todos os meios espalhar a educação do povo, alicerce onde hoje se firma sua soberania e civismo" (Ibid., p.67).

E finaliza, à maneira dos positivistas de sua época, evocando a marcha da humanidade rumo à civilização:

> É de suppor que os estadistas de hoje, tomando o exemplo da Grécia Antiga e da França moderna, que, para perfeito progresso e civilisação dos povos, fizeram toda a sorte de sacrifícios para que as artes tivessem lugar proeminente, não exclamem com aquelles de regimen passado: – O mundo não marcha com cantigas. (Ibid.)

O jornalista Alfredo Camarate, autor do artigo comentado anteriormente e complementado por Miguel Cardoso, é apresentado aos leitores da *Gazeta Musical* no artigo intitulado "Alfredo Camarate":

> Alfredo Camarate [...] entregou-se primeiramente às lides do commércio; mas esse terreno era muito estéril para o seu espírito preocupado com cousas de arte [...] e um bello dia, ei-lo no *Jornal do Commercio* a educar o indígena com as suas críticas artísticas. Não há contestar: Alfredo Camarate foi o primeiro jornalista que no Rio

de Janeiro iniciou a crítica artística, principalmente a crítica musical [...]. (*GM*, 1893, n.6, p.83.)

Camarate fora apresentado aos leitores da *Gazeta Musical* nesse artigo porque se tornaria um dos colaboradores fixos do periódico.[19] O ataque de Camarate feito nas páginas do *Jornal do Commercio* ao crítico Oscar Guanabarino, em 21 de outubro de 1892,[20] talvez tenha contribuído para a sua escolha como colaborador da *Gazeta Musical*. No entanto, Camarate assinará apenas um artigo na *Gazeta Musical* (1893, n.9), que encerrou definitivamente a sua publicação no número 10 do mesmo ano.

O artigo que o homenageia na *Gazeta Musical* explica que Camarate, após desentender-se com o proprietário do *Jornal do Commercio*, não encontrou outra colocação que o remunerasse suficientemente para manter sua família. Dessa forma, Camarate muda-se para Ouro Preto, Minas Gerais.

Nesse artigo a *Gazeta Musical* reconhece a importância de valores morais vinculados às pessoas consideradas competentes e talentosas, como se fossem fatores indissociáveis. Nas homenagens feitas a Alexandre Levy por ocasião de sua morte (*GM*, 1892, n.1), na biografia de Leopoldo Miguéz (*GM*, 1891, n.4) e nessa apresentação de Camarate aos leitores da *Gazeta Musical* vemos alguns exemplos:

> Alfredo Camarate é casado com uma senhora distinctíssima e tem uma filha – mimosa existência eflorescente – a quem elle dá esmeradíssima educação moral e intelectual; é um homem de elevada intellectualidade; habituado a certas e imprescíndiveis

---

19 O artigo "Alfredo Camarate" encerra-se assim: "A *Gazeta Musical* cheia de orgulho abre as suas páginas ao estylo fluente da prosa de Alfredo Camarate, e espera vê-lo ainda revigorado e retemperado pelo salubérrimo clima de Ouro Preto, militando na imprensa fluminense ao nosso lado" (*GM*, 1893, n.6, p.85).

20 O artigo de Camarate, reproduzido na *Gazeta Musical*, é citado neste trabalho na página 100. A resposta de Guanabarino publicada em *O Paiz* encontra-se no Anexo 3.

condições de conforto, e convive em um *meio* digno d'elle. (*GM*, 1893, n.6, p.84.)

Os princípios morais, para os autores da *Gazeta Musical*, parecem ser atemporais e eternos, em contraposição aos modismos e despotismos ligados à imoralidade, conforme veremos no artigo de Camarate. A música banal é "imoral" e leva o povo à superficialidade, à boçalidade e até à prostituição, que B. R. associa às sociedades de dança da época (*GM*, 1892, n.14, p.209).

A moralidade esteve na *Gazeta Musical* tão próxima das práticas musicais que será analisada com maior profundidade nos capítulos 2 e 3, quando argumentaremos que foram os valores morais da elite musical fluminense no poder que acabaram por segregar alguns dos gêneros musicais urbanos, como as mágicas, as polcas e as valsas de salão, em detrimento, no entanto, de outros, como as serenatas, que eram bem-vistos no periódico (*GM*, 1892, n.14, p.209).

As valsas, as polcas e os outros gêneros cultivados nas sociedades de dança da época acarretavam duas "consequências" que desagradavam a linha seguida pela *Gazeta Musical*: sua "utilidade" era a diversão em sociedade, que favorecia a "vulgaridade" nas relações entre homens e mulheres. A mulher, na dança, era vista como *femme fatale*, sensual e provocativa, distante da imagem de pureza e inocência que, segundo parte do pensamento da época, ela deveria ter como futura esposa e mãe. Os gêneros musicais eruditos não apenas elevariam o espírito a um mundo idealizado, onde os desejos carnais podiam ser sublimados, como também não estimulariam as banalidades cotidianas e os contatos físicos entre homens e mulheres como supostamente os gêneros mais dançantes o faziam.

O único artigo que Alfredo Camarate chegou a assinar na *Gazeta Musical*, intitulado "O mascagnismo", é um texto que diz respeito ao aspecto moral na música. Camarate inicia o artigo explicando que a História registra em todas as épocas que as artes sempre tiveram "escolas, estilos, maneiras, processos e modas". Para ele, a moda reinou no mundo constantemente, "com os requintados e exóticos caprichos do despotismo" (*GM*, 1893, n.9, p.132).

Afirma que "as escolas" representaram sempre,

[...] na mais desordenada confuzão, os lineamentos característicos provenientes da feição ethnográfica, as influências do meio e do tempo e as inevitáveis e inconscientes suggestões dos grandes vultos da arte, que se transformaram fatalmente em centros planetários; em torno dos quaes gravitam, com servilismo de satéllites, os astros de ínfima grandeza. (Ibid.)

Para Camarate, "o estilo" nunca existiu de forma coletiva, sendo exclusivo da individualidade do artista, não existindo, portanto, um "estilo impessoal"; "as maneiras" representam os estágios pelos quais passam um artista durante a sua vida; e "os processos" não possuíam grande importância, uma vez que eram "modalidade dos expedientes e habilidades materiaes, que quasi sempre tem servido, para illusões de quem as emprega e de quem as aprecia, para capa com que se rebuça a ausência do talento ou do saber (Ibid.).

Por isso, de todos os aspectos que compõem as artes – escolas, estilos, maneiras, processos e modas –, Camarate dedicará esse artigo ao último mencionado. A moda teria sido "a única que reinou com todos os caprichosos despotismos de mulher bonita, que avassalou os homens de todas as épocas e de todas as nações". Justamente por não se apoiar em nenhum "preceito da arte" e do "bom senso", há de sempre imperar enquanto "o mundo for mundo" e "os homens forem tolos" (Ibid., p.133).

Após essa introdução, Camarate cita vários compositores que chegaram à fama não por seu valor, mas pelos caprichos da moda. Sua lista, completamente estranha para nós, leitores do século XXI, que reconhecemos nela os nomes de compositores que o tempo encarregou-se de consagrar na música erudita, serve agora para compreendermos melhor os objetivos de um grupo de músicos no poder, com duas ideias principais que tentavam impor.

A classificação da ópera – principalmente a italiana – como gênero erudito inferior, ao lado das operetas; em sua lista, Camarate cita Gluck, Bellini, Rossini, Verdi e o "boulevardier" Offenbach, acrescentando que "agora a moda quer divinizar Mascagni".

O repúdio às "banalidades" musicais representadas pelo virtuosismo vazio, ou pelo excesso de melodismos e sentimentalismos que se encontravam frequentemente em pequenas peças compostas no século XIX e em reduções de trechos de óperas para formações camerísticas.

Camarate fará algumas "ressalvas" irônicas, descrevendo algumas "qualidades" nesses compositores: Gluck teria sido o "iniciador genial" do drama lírico, gênero que Camarate considera inferior; Bellini, "o melodista sentido e apaixonado"; Rossini teria sido o responsável pela criação do gorjeio dos rouxinóis. Reduzindo a obra desses compositores a tais características, demonstrava o desprezo que tinha pelas mesmas (*GM*, 1893, n.9, p.133).

Essas duas ideias estéticas – o rebaixamento da ópera e da opereta a gêneros menores e o desprezo pelo excesso de melodismo, de sentimentalismo ou de virtuosismo na música erudita – ligavam-se aos aspectos morais que o próprio Camarate destaca ao caracterizar (ou caricaturar) Verdi e Offenbach:

> Verdi accentuou o sensualismo na arte, escreveu uma música nervosa e mundana, para homens terrenos e nervosos, e o próprio Offenbach, com a sua música dissolvente, lúbrica e demolidora, foi o fiel espelho da dissolução, do depravamento, da derrocada moral e material, em que estava a França no tempo de Napoleão III. (Ibid.)

Camarate, ao dizer que esses compositores ainda tiveram cada qual um papel "relevante", pergunta-se o que fez Mascagni para ser consagrado pelas plateias e críticas jornalísticas do mundo inteiro: "Estão tomando a casca pelo miolo", afirma, e conclui seu artigo com uma interrogação: "Quantos annos durará ainda esta enganadora miragem?" (Ibid.).

A coluna "Correspondência de S. Paulo" assinada por Crispino terá vida breve na *Gazeta Musical*. Crispino – ou Luiz Levy, como a própria revista esclareceu (*GM*, 1892, n.24, p.382) – narra os acontecimentos musicais da cidade de São Paulo, cuja falta de público para os concertos de grandes pianistas como Alfredo Napoleão e até mesmo Gottschalk é ressaltada:

> Tivemos na noite de 22 do corrente no salão do Theatro S. José o primeiro concerto dado pelo pianista Alfredo Napoleão, e composto unicamente de peças para piano. Talvez fosse o motivo (oh! injustiça) pelo qual o público de São Paulo deixasse de concorrer em maior número àquella agradável *noitada*. É preciso desculpar a este nosso povinho o seu grave defeito de se deixar ficar em casa, quando tão raras vezes ha ocasião de apreciar talentos do quilate do nosso distincto hóspede. [...] Contam-se por muitos os *notáveis artistas* que tem vindo ao Brazil e que tiveram sorte infeliz. Nunca ficará olvidável a visita que fez a S. Paulo o grande Gottschalk, que, desolado pela vasante da sala em um dos seus concertos, mandou abrir as portas dando franca entrada ao povo para assistir ao seu concerto. (*GM*, 1892, n.5, p.71.)

Dessa forma, a escassez de público para o pianista fluminense Alfredo Napoleão – irmão do também famoso pianista e editor Arthur Napoleão, com quem Leopoldo Miguéz tivera uma sociedade de venda de instrumentos e partituras musicais – foi bem justificada.

As apresentações de óperas atraíam o público paulistano, mas Crispino narra o desempenho desastroso das óperas francesas *Carmen*, de Georges Bizet, e *Mignon*, de Ambroise Thomas, a cargo da Companhia Gargano:

> É realmente contristador ver o nosso bom público assistir muito socegadamente ao péssimo desempenho dado àquelles dois mimos, que são as duas obras-primas da eschola franceza. [...] na Capital Federal não teriam sido tão benevolamente acolhidos, como o foram entre nós. [...] [os dois cantores solistas] fizeram o quanto lhes foi possível para satisfazer a empreza e o público, na maior parte

ignorante de interpretações artísticas, e que ao theatro ia buscar mais um passatempo do que propriamente um templo sagrado de apreciações de obras de mestres quanto o são Bizet e Ambroise Thomas. (*GM*, 1892, n.9, p.137.)

Crispino, além de reconhecer um público mais exigente na capital federal, demonstra compartilhar com outros colaboradores da *Gazeta Musical* a preocupação com a música encarada como diversão e lazer em nosso país.

No entanto, em concertos beneficentes, o público paulistano costumava comparecer, sendo elogiada por Crispino a generosidade da capital paulista, "que nunca se deixou ficar atrás nesse sentido; e pelo contrario, é extraordinariamente notável a generosidade e a boa vontade que o povo paulista sempre mostra em occasiões congêneres" (*GM*, 1892, n.11, p.171).

Esse artigo, que foi o mais longo que Crispino escreveu na *Gazeta Musical* e também o último, será igualmente o mais importante, devido aos comentários que tece em torno da música de caráter brasileiro escrita por seu irmão. A importância que mais tarde foi atribuída ao compositor Alberto Nepomuceno como "fundador da Música Brasileira"[21] é atribuída por vários colaboradores da *Gazeta Musical* (Antonio Cardoso de Menezes, B. R., Crispino, entre outros) a Alexandre Levy.

Crispino comenta o sucesso da execução reduzida para quatro pianos que se fez do último movimento da *Suíte brazileira* de Alexandre Levy, "Samba". A obra agradou ao público e foi assim descrita por Crispino:

> Aquelle interessante conjunto de motivos nacionaes, dos quaes sobresahem constantemente o conhecido rythmo *afandangado* das danças dos pretos, tão popular no Brazil, é a base inicial do "Samba",

---

21 Volpe chama a atenção para o fato de o crítico José Rodrigues Barbosa, em 1906, "ter sido o primeiro a proclamar o compositor Alberto Nepomuceno 'o fundador da Música Brasileira'" (Volpe, 2007, p.2).

do qual o compositor se serviu para desenvolver todo um número da *Suíte* brasileira, escripta unicamente para orchestra. Este é o único trecho conhecido, por ter sido executado no Rio de Janeiro em duas audições, uma das quaes dirigida pelo próprio autor, a convite do maestro Leopoldo Miguéz, quando commemorara o primeiro anniversário da proclamação da nossa República, em 1890. (*GM*, 1892, n.11, p.174.)

É interessante notar que Miguéz não fazia nenhuma oposição ao uso de material folclórico ou popular por seus colegas, tendo permitido a execução da obra de Alexandre Levy em tão importante solenidade.

Crispino cita ainda algumas linhas do *Diário Oficial* de 12 de junho (não menciona o ano) referentes ao "Samba" de Levy, caracterizando-o como "quente de princípio ao fim, suggestiva, muito nossa, toda essa formosíssima composição gyra com elegância e garbo, com sertaneja faceirice, ao redor de *motivos* da música popular brasileira" (Ibid., p.174).

"O *Samba* é a nossa verdadeira música brasileira", afirma Crispino – que, embora se referisse à obra de seu irmão, não poderia imaginar o quanto essa frase seria repetida no Brasil do século XX.

1.2.4 Assis Pacheco

Em seu livro *150 anos de música no Brasil*, o musicólogo Luiz Heitor Corrêa de Azevedo (1956, p.201) nos fala sobre o compositor da ópera *Moema*, Assis Pacheco:

> Tornou-se figura muito popular, nos meios teatrais do país, devido às numerosas partituras que compôs para as mágicas, revistas e burletas em voga. Mas, nos anos de mocidade e de esperanças, também bateu às portas da grande arte, produzindo diversas óperas.

Foram nesses "anos de mocidade e de esperanças", mais precisamente em novembro de 1892, que Assis Pacheco passou a assinar seu nome em uma coluna da *Gazeta Musical*. Com o título "A temporada lyrica de 1892 no Rio de Janeiro (verdades que não foram escriptas)", dedicava-se a fazer uma "analyse imparcial, desapaixonadíssima da temporada lyrica sob a direcção emprezaria dos Srs. Ducci & Ciachi". Na verdade, sua coluna tinha o intuito principal de colaborar com os ataques que a *Gazeta Musical* fazia ao crítico Oscar Guanabarino (*GM*, 1892, n.20, p.311).

O artigo começa com um agradecimento aos empresários, os primeiros a trazer ao Rio de Janeiro as audições de *Tannhäuser*, de Wagner, elogiando a qualidade da companhia lírica convidada e criticando o público pela mania que este tem de exigir, a cada temporada, quinze óperas, quando cinco ou seis seriam mais bem cantadas e bem montadas pelos empresários. Depois ataca os próprios críticos musicais dos jornais, por se preocuparem de menos com "o progresso artístico-mental dos frequentadores da ópera", dando atenção a informações como data do nascimento ou morte do autor da ópera, local onde foi representada ou onde alcançou maior sucesso. (Ibid., p.312).

A crítica de Assis Pacheco à falta de gosto artístico e de "progresso mental" do público será uma tônica constante em sua coluna, que representa sua fase de mocidade dedicada à "grande arte", como nos diz Corrêa de Azevedo. Nesse período, em seus artigos para a *Gazeta Musical*, Assis Pacheco é irônico e arrogante ao lidar com o que considerava ser uma falta de preparo do público para ouvir música erudita de qualidade. As mágicas e as músicas para teatro de revista pertenciam a uma categoria inferior para ele, que, futuramente, se renderia ao gosto da maioria, dedicando-se a esse gênero que lhe traria fama.[22]

---

22 Embora Assis Pacheco considere a música popular urbana como categoria menor, confessa: "Eu também que assim fallo, que assim escrevo, perpetrei a música fátua, corriqueira e ruim para um libretto [...] explêndido, como tudo que é da lavra do nosso incontestavelmente primeiro auctor dramático – Arthur Azevedo" (*GM*, 1892, n.21, p.321-2).

Mas além do ataque que faz ao público, este seu primeiro artigo na *Gazeta Musical* dedica-se a repreender também os críticos musicais. Sem citar nomes, seu texto é uma crítica velada a Oscar Guanabarino.

No final de 1892, a *Gazeta Musical* estava em guerra declarada contra Guanabarino, dedicando-se a atacá-lo e a rebater as críticas que este fazia ao Instituto e a Miguéz, em sua coluna no jornal *O Paiz*. Neste número 20 da *Gazeta Musical* de 1892, o artigo de Pacheco aparece cercado de dois outros dedicados a criticar ferozmente Guanabarino, o que indica que o texto de Pacheco era mais um confirmando a "incompetência" do crítico de *O Paiz* – foi provavelmente por causa dessa crítica a Guanabarino que os diretores da *Gazeta Musical* concederam a Pacheco uma coluna permanente no periódico. Viram-no como um aliado na defesa dos interesses da *Gazeta Musical* e fecharam os olhos para o fato de Pacheco não ter uma formação musical sólida e já ter feito música para revistas e mágicas. Além disso, Assis Pacheco havia se matriculado no Instituto Nacional de Música, conforme informação fornecida pela própria *Gazeta Musical*: "É assim que vemos a matricular-se no Instituto os professores das nossas orchestras e os amadores do talento de Assis Pacheco" (*GM*, 1892, n.7, p.105).

A *Gazeta Musical* irá até transformar a deficiente formação musical de Pacheco em mérito, alçando-o à categoria de "gênio" musical. O artigo a seguir leva o título de *"Moema"*:

> O brazileiro é incontestavelmente um artista nato: mas é na música principalmente que elle revella a opulência de seu sentimento esthético, o seu amor pelo bello [...]. Agora é um moço paulista, bacharel em direito, que, sem abandonar os praxistas e as graves questões da jurisprudência moderna, acha prazer em dedicar-se também à arte divina para a qual sente-se arrastado pela irresistibilidade de uma aptidão real, verdadeira e absorvente. [...] Assis Pacheco [...] escreveu a *Moema* em São Paulo em 1888 [...]. Como, porém, escrever uma ópera, trabalho complexo e difficílimo se o artista possuía apenas os conhecimentos mais elementares da

arte [...]? A difficuldade era invencível para todos, menos para elle que tinha o fogo sagrado, e que era illuminado por uma intuição maravilhosa. [...] Sentou-se ao piano e começou a compor a sua ópera com verdadeira paixão. Algum tempo depois aquellas melodias estavam concatenadas e entretecidas por uma harmonização bizarra e de um colorido estranho. Já não era um chimera, uma utopia a desejada ópera; a imagem vã tinha-se materialisado; a phantasia tinha encontrado a sua realisação e a *Moema* existia. (*GM*, 1893, n.1, p.10.)

E como não bastasse tamanha inspiração divina, Assis Pacheco é apresentado de maneira ainda mais admirável quando se dispõe a orquestrar a sua ópera, provando que até mesmo o conhecimento técnico e refinado ao qual o Instituto Nacional de Música se dedicava a ensinar não era necessário aos superdotados:

Apparelhado unicamente com essas [algumas] posições do violino, sem conhecer ao menos as escalas dos instrumentos de madeira e de metal [...] elle julgou resolver o grande problema dirigindo-se à Casa Apollo e comprando um tratado de orchestração de Berlioz. Os nossos leitores certamente rir-se-hão deste episódio, pois não é lendo esse livro de Berlioz que se pode orchestrar uma ópera [...]. Esquecem-se, porém, que se trata de um predestinado, de um privilegiado pelo talento, que possue por uma intuição natural os conhecimentos que os outros só conseguem com o esforço de acurado estudo. (Ibid., p.12.)

Este artigo foi, provavelmente, um auxílio dado pela *Gazeta Musical* a Pacheco, para que rebatesse as críticas que o acusavam de não ser o autor de *Moema*.

De todo modo, Pacheco viu sua ópera apoiada e divulgada pela elite musical fluminense, conseguindo assim um destaque como músico erudito que talvez jamais tivesse conseguido de outra forma.

O artigo de Pacheco datado de novembro de 1892 é fundamental para a nossa compreensão da ideia dos intelectuais brasileiros do final do século XIX com relação ao papel da crítica de uma obra de arte:

> A crítica, para mim, quando em livro – o mais completo individualisador de uma mentalidade e temperamento em todos os ramos de conhecimentos humanos, representa, por isso mesmo, a opinião individual do criticista, que por sua vez é o resultado necessário do seu tempo, da sua época, do seu *meio* emfim. Toda obra de arte sem crítica actual seria um corpo isolado, a manifestação perfeita ou imperfeita de um temperamento, porém secca, muda, morta, quiçá incomprehensível, enigmática para os que viessem depois da época productora de semelhante trabalho. A crítica é, pois, o mais serio documento de authenticidade, de época, de escola em sciências, artes e lettras. (*GM*, 1892, n.20, p.312-3.)

Assis Pacheco segue fazendo referências ao crítico Oscar Guanabarino sem, no entanto, citar-lhe o nome. Guanabarino, segundo outros artigos da *Gazeta Musical*, tinha o hábito de citar Larousse, o que parecia irritar profundamente os autores da revista. Pacheco justifica a crítica:

> Ora, com o systema que inventaram os criticistas fluminenses, quando, de hoje para oitenta annos, mais ou menos, os nettos e bisnettos daquelles profissionaes procurarem saber as suas opiniões, delles criticistas, *opiniões actuaes*, principalmente em música, encontrarão apenas as simples e systhemáticas transcripções traduzidas de revistas estrangeiras, períodos inteiros de biographias notáveis; e, muito em abundância, transcripções do Sr. Larousse, que mais tem obstado, involuntariamente, o desenvolvimento dos processos da crítica nacional... (Ibid.)

Na visão de Assis Pacheco, Guanabarino acabava prejudicando a formação de uma escola nacional de crítica musical, não só por citar Larousse em demasia, mas por terem os seus artigos o caráter de "reportagem de bastidores". Além disso, Guanabarino é acusado por Assis Pacheco de ser parcial em seus artigos e de não cumprir a missão, que supostamente os críticos dos periódicos deveriam ter, de educar o povo através de seus textos: em vez de elevar o gosto musical do público, Guanabarino preferiria denominar-se "crítico popular", como se a sua opinião fosse a opinião do público (Ibid., p.313-4).

Assis Pacheco irá dedicar-se, de sua estreia na *Gazeta Musical* em novembro de 1892 até setembro do ano seguinte – quando o peródico encerra a sua publicação – a atacar os artigos de Guanabarino e a afirmar que o público fluminense não possuía bom gosto musical, como se entre os dois fatores houvesse forte ligação. Desse modo, parece-nos que as críticas de Guanabarino publicadas no jornal *O Paiz* tinham forte repercussão entre o público, o que significava que a oposição à elite musical fluminense representada por Miguéz e seus colaboradores (e apoiada pela *Gazeta Musical*) era significativa. Talvez os esforços em rebater as críticas de Guanabarino através da *Gazeta Musical* não tenham surtido o efeito desejado, podendo inclusive ter desgastado mais ainda a imagem do periódico, que já vinha sofrendo uma provável crise por falta de leitores. Vejamos alguns exemplos, nas palavras de Assis Pacheco, das relações que ele estabelece entre Guanabarino e a "falta" de gosto e de educação musical do público:

> Qual, pois, a missão dos que escrevem de música e artes musicaes? Não será, porventura, dizer todos os dias, todas as horas, ao respeitável, ao respeitabilíssimo povo, que já é tempo do respeitável ouvir e applaudir óptimas orchestras, em que possa haver equilíbrio de sonoridades [...]. (*GM*,1892, n.21, p.322.)

> Infelizmente, no Rio de Janeiro, a crítica é mais um accessório do jornal que a publica, e se reveste de importância conforme a maior ou menor importância do mesmo jornal! Querem ver quanto isto é imbecil, é choldra, é azinino? Dessa maneira, o Padre Bacalhao seria o crítico mais respeitado e de mais nomeada, pelo menos, o mais servilmente adulado pelos secretários das emprezas, desde

o momento em que *criticasse* no órgam de maior importância da imprensa fluminense! (Ibid., p.324.)

É de absoluta necessidade que se faça crítica, mas cousa séria, pensada, com imparcialidade, sem symphatias por este ou aquelle, e sobretudo, pessoal. Que vem a ser essa história de crítica guiadora da opinião pública? Isso é ballela, é tolice, é programma de menino de escola, que sabe tanto de crítica como eu de grego. (Que por signal nunca estudei, juro-o.) (Ibid.)

Assis Pacheco revolta-se contra a crítica de Guanabarino: ela não é imparcial, porque "o crítico, em vez de conhecer, no theatro, apenas a sua cadeira, o lugar de onde elle assiste aos espetáculos, [...] busca sôffrego desde o camarim do regente até o da baillarina" (*GM*, 1892, n.22, p.338).

Dessa forma, Assis Pacheco, assim como a *Gazeta Musical* de maneira geral, tenciona sempre afirmar que Guanabarino é movido por interesses e relacionamentos pessoais com os artistas que critica, enquanto a *Gazeta Musical*, periódico "imparcial", apoiaria Miguéz e seus colaboradores porque estes possuem verdadeiro mérito e cumprem lealmente a missão artística e civilizadora republicana da qual foram encarregados; crítico de verdade não faz "reportagem galantemente indiscreta de bastidores de theatros", afirma Assis Pacheco. No entanto, talvez se esquecendo de suas próprias afirmativas – talvez acreditando mesmo na pouca capacidade intelectual de seu público leitor –, Assis Pacheco escreve, de próprio punho, uma reportagem "galantemente indiscreta de bastidores de theatros":

Uma nota interessante sobre a gentil prima-dona. Já pelos fins finaes da temporada foi transportada à scena a *Africana* (para não dizer *levada*) de Meyerbeer. O palpite em voga era pela Gabbi [...] [mas] a Gabbi declarara aos povos de Ducci & Ciacchi que não se pintava de preto, nem à mão do Deus Padre. E houve então *alguém* muito gaiato, muito *blagueur*, a segredar em *rodas* pelos corredores do Lyrico: "Pois olhem, admira! [A Gabbi] deu uma parte de seu benefício à libertação dos negros escravos do Brazil...". A Sra. Gabbi foi abolicionista no tempo da escravidão na nossa terra. (*GM*, 1892, n.23, p.358-9.)

Tais comentários não constituem exceção nos textos de Assis Pacheco, tornando, de fato, difícil distinguir a diferença entre as "críticas sérias e imparciais" realizadas por colaboradores da *Gazeta Musical* das "reportagens de bastidores" feitas por Oscar Guanabarino.

É longa a lista de ocasiões em que Assis Pacheco afirma que o público não tem gosto ou critérios para discernir, em termos musicais, o bom do ruim. A afirmação em si poderia estar (ou não) correta, mas alguns artigos se destacam por usar tal asserção como justificativa da suposta superioridade dos gostos e conhecimentos da elite musical fluminense no poder, da qual agora ele fazia parte.

Em um desses artigos, Assis Pacheco revolta-se contra um pianista (cujo nome não é citado), que no final de seu recital deixou o público escolher uma peça para que ele executasse. Essa atitude – vista em nossos dias como uma simpática tentativa de aproximação com um público pouco familiarizado com o repertório erudito – pareceu ofensiva ao altivo colaborador da *Gazeta Musical*.

Vemos, assim, como certas formalidades do mundo erudito foram cultivadas e serviram para elitizar a música, delimitando os espaços daqueles que possuíam o conhecimento, o bom gosto e até mesmo as "boas maneiras" musicais.

Assis Pacheco compara esse solista aos pianistas que tocam com um pano sobre o teclado ou dão às costas ao instrumento. Ironiza: "Uma peça à escolha do público! Com que fim? Sob que pretexto? Si eu lá estivesse e pedisse a *Maria Cachucha*? Ou o *Quem comeu do boi?*" (*GM*, 1893, n.3, p.36). Ao que parece, o público tinha mais noção do espaço de concerto e das características do pianista que se apresentava do que o próprio Assis Pacheco: pediram que fosse tocado Schumann ou Wagner (Ibid.).

Mesmo assim, Assis Pacheco escandalizou-se:

Mas onde está a arte? Onde o amor-próprio do artista? Pois a decadência desse homem vai já em tão profunda marcha, que é necessário lançar mão do charlatanismo folgazão e boçal, para que lhe valham palmas as estreionices, num concerto rococó? Acabou--se o repertório, senhor? Vá-se, d'hai, deixe-se disso. O artista que foi em outros tempos uma creança-prodígio não se dê finalmente ao ridículo de ser agora um mau... velho! Suma-se, que o Tempo se incumbirá do resto... (Ibid.)

E com certa arrogância disfarçada em modéstia, conclui:

Eu que não sou cousa alguma; absolutamente um ignorante nessa arte que alguém não respeita e que eu adoro, e pela qual começo a trabalhar seriamente em meu proveito próprio; eu, que me reconheço uma nullidade em música, seria incapaz de pôr em leilão, a um auditorio de *gênios*, o meu valor e as minhas aptidões artísticas. (Ibid.)

Como colaborador da *Gazeta Musical* em 1893, Assis Pacheco continuou sempre com seu mote a-culpa-é-do-público, seja por aparente falta de critério, seja porque aplaude artistas apenas pelo fato de serem estrangeiros (*GM*, 1893, n.6, p.86), seja porque aprecia a escola italiana (*GM*, 1893, n.7, p.100) ou porque é majoritariamente formado por lusitanos:

[...] o que o Sr. Ferrari provou à farta foi que no Rio de Janeiro existe muita gente para encher nm [sic] theatro grande, applaudir, não entender patavina de música, pedir *bis* a torto e a direito e sobretudo mostrar-se em arte mais ou menos retrógrado, como sebastianista em política. A pilhéria não é minha. Affirmaram-me que os frequentadores do Theatro S. Pedro, na sua maior parte, eram sebastianistas... Comtudo, eu por mim affianço que ouvi muito raramente, n'aquelle theatro, fallar-se o portuguez com sotaque brazileiro... (*GM*, 1893, n.8, p.124.)

No meio de um de seus artigos, inicialmente dedicado à ópera *Manon Lescaut*, de Puccini, Assis Pacheco tece uma significativa consideração sobre a iminente crise da *Gazeta Musical*. Para ele, Puccini representa um lutador de talento para a realização da autonomia da música e do ideal estético da arte "moderna", bem como "pelos progressos da mentalidade humana e comprehensão mais elevada que Wagner impoz com a força do seu gênio [... e que] vai conquistando o seu verdadeiro posto em todos [sic] as civilisações, como independente" (*GM*, 1893, n.8, p.120). Afirma ainda ter vontade de fazer um estudo crítico detalhado da ópera de Puccini, mas que não dispõe de tempo, nem de espaço, na *Gazeta Musical*. Essa referência ao periódico serve de pretexto para que Assis Pacheco faça uma reclamação relacionada, provavelmente, a um número insuficiente de leitores ou à pouca importância que estes davam aos textos da revista:

> A *Gazeta Musical* está para assim dizer a sahir do berço de nascimento; ainda é pequenita. Crescerá, desabrochar-se-á em muitas pétalas ou mais páginas (segundo a modéstia da redacção) se o público quizer e não se collocar para ahi numa indifferença mortal, capaz de assassinar todas as *Gazetas Musicaes* do mundo! (Ibid.)

Esta confissão de crise é seguida pela continuação de comentários feitos à ópera de Puccini, mas não deixa de ser muito sintomática: o periódico interrompe a sua publicação, em 1893, quando uma série de artigos trazia estampada a promessa de "*continua...*", no número 10 daquele ano.

1.3 Os vínculos entre a *Gazeta Musical* e o Instituto Nacional de Música: a grande polêmica com Oscar Guanabarino, entre outras polêmicas

O desentendimento entre a *Gazeta Musical* e o crítico musical Oscar Guanabarino, do jornal *O Paiz*, desencadeou uma série de artigos que a *Gazeta Musical* publicou em defesa de Leopoldo Miguéz. O embrião dessa guerra pode ser encontrado na coluna da *Gazeta Musical* "Notícias do Rio e outros Estados", em março de 1892:

> Segundo notícias que nos foram ministradas por um professor que muito se interessa pelas cousas de sua arte e pelo alevantamento da sua classe, parece que os músicos de orchestra d'esta capital projectam constituir uma grande associação artística e beneficente, e que á frente d'ella querem pôr o nosso amigo Leopoldo Miguéz, como a garantia do seu desejo de ver levantar-se a Arte Musical Brazileira e como prova do apreço e da estima que o teem. [...] / Sabemos que o nosso grande compositor ainda não foi consultado, mas, estamos certos de que elle acceitará o honroso cargo que lhe querem confiar, desde que, a par da parte beneficente e puramente especulativa, se cuide muito do engrandecimento da musica no nosso paíz. (*GM*, 1892, n.6, p.91.)

A organização de uma orquestra dentro do Instituto, que teria como principal objetivo a educação do gosto musical do povo brasileiro, era um antigo sonho de Miguéz. Portanto, caso Miguéz fosse escolhido como o maestro do grupo, a associação artística e beneficente que estava em vias de se organizar contaria com o apoio do Instituto, da *Gazeta Musical* e de todo o círculo artístico e político que os cercava.

Com base na notícia citada, não podemos saber se havia mesmo alguma intenção do grupo de músicos em chamar Miguéz para ocupar o cargo de maestro. Na época em que rebatia as críticas que recebera nas páginas da *Gazeta Musical*, Guanabarino afirma ter convidado Miguéz para ser sócio da Congregação Musical Beneficente; seu objetivo à frente dessa sociedade era fazer executar partituras de brasileiros ou de estrangeiros residentes no Rio de Janeiro. Miguéz, no entanto, teria negado "o seu valioso nome à lista dos sócios, sob pretexto de não poder perder a sua liberdade!" (*O Paiz*, 6 de dezembro de 1892, coluna "Artes e artistas", p.2).[23]

A *Gazeta Musical* dá vários conselhos ao grupo em formação, afirmando que "é de suppor que seja o nosso mestre encarregado de organisar o regulamento da nova associação" e que, caso concordasse com esse regulamento, em breve a cidade teria uma série de concertos sinfônicos de qualidade (*GM*, 1892, n.6, p.92). Também alerta a nova sociedade para o dever de serem empresários de si próprios, para não estarem "à mercê dos especuladores". Citando a desunião da classe musical, que estaria perdendo o seu tempo e o seu prestígio em "discussões estéreis", a *Gazeta Musical* receia que tal projeto não vá adiante (Ibid.).

Apesar disso, ainda nutre esperanças naqueles músicos decididos e capazes de sacrifícios pelo engrandecimento da classe e no prestígio que o nome de Leopoldo Miguéz traria ao grupo.

Entretanto, em junho de 1892 e na mesma coluna, a *Gazeta Musical* anuncia o início da sociedade Congregação Musical Beneficente: seu intuito artístico era difundir "o bom gosto pela música entre o nosso povo" (*GM*, 1892, n.10, p.154).

A direção artística do grupo estava a cargo de Oscar Guanabarino.[24] O regente do grupo era o violinista Vincenzo Cernicchiaro. A *Gazeta Musical* declara: "Todo o nosso pouco valimento, todo o nosso empenho estarão do lado da Congregação n'este tentamen artístico e para isso não regatearemos applausos, como não

---

23 Na continuação de seu artigo desse mesmo dia, Guanabarino afirma que Miguéz se furtou ao "constrangimento de fazer parte de uma *sociedade de músicos*", mas que depois foi pedir ao Governo que subvencionasse os concertos da Congregação. É interessante notar que quem pedia a subvenção para os concertos da Congregação era a *Gazeta Musical*, mas Guanabarino considera de tal forma o periódico como porta-voz de Miguéz, que não faz tal distinção.

24 O nome de Guanabarino não é mencionado nessa notícia e em nenhuma outra relativa à Congregação Musical na *Gazeta Musical*. Quando a polêmica com Guanabarino torna-se aberta, os leitores da *Gazeta Musical* são informados na série de artigos "Opinião injusta" que Guanabarino era o diretor artístico da Congregação Musical.

deixaremos de criticar severamente o que nos pareça digno de censura" (Ibid.).

A *Gazeta Musical* considera que as maiores dificuldades a serem vencidas pelo novo grupo são "a disciplina da orquestra e as habilitações do regente".[25] Sobre a disciplina da orquestra, a *Gazeta Musical* parabeniza a Congregação por saber que esta foi rigorosa nos ensaios do primeiro concerto. Entretanto, com relação ao regente, julgam que Cernicchiaro não estaria convenientemente preparado para o cargo, apesar de reconhecerem que ele esteve muito acima da expectativa (Ibid., p.154-5).

As críticas que a *Gazeta Musical* faz ao concerto propriamente dito são devidas à pouca homogeneidade da massa orquestral – problema que a revista já havia atribuído à falta de habilidade do regente – e à ausência de obras brasileiras no repertório dessa primeira apresentação. As duas "falhas" poderiam ser supridas pela competência de outro regente, na opinião da revista:

> Entre nós pouca importância se tem dado aos regentes de orchestra, quando é mais que certo depender o êxito de uma peça, a igualdade de um agrupamento de músicos, da energia de um regente, do seu gosto pela especialidade, da sua escolha de peças apropriadas, do estudo que tenha feito d'essas peças e da interpretação que saiba dar a cada uma d'ellas. [...] para trazer ao Brazil qualquer bom regente europeu seria necessário dispender uma fortuna. É possivel, porém, que mesmo entre nós se encontre quem tenha prática de dirigir grandes massas orchestraes, [...] é d'isto que a congregação precisa cuidar, vendo se encontra quem nestes casos esteja, e confiando-lhe a regência de sua orchestra. (*GM*, 1892, n.10, p.154-5.)

---

25 Guanabarino afirma que "toda a raiva da *Gazeta Musical*, Miguéz & Cia (companhia é o thesouro) contra a Congregação é pelo fato de Cernicchiaro ser o regente" (*O Paiz*, 9 de dezembro de 1892, coluna "Artes e artistas", p.2).

A mais ferrenha crítica da *Gazeta Musical* à Congregação Musical recairá sempre sobre a figura do maestro Cernicchiaro, que "nem por um instante pretendemos melindrar" – embora exijam, já nesse primeiro concerto, que ele mostre o "vigor, o arrojo, a imposição de vontade, que fizeram de Koan o primeiro regente da Áustria e de Büllow o chefe da phylarmônica berlineza" (Ibid., p.155).

As críticas a Cernicchiaro são refutadas por Guanabarino. Ele afirma ter solicitado uma das partituras de Miguéz para que fosse executada pela Congregação, e que esta fora negada "a pretexto de não ter confiança na regência do Sr. Cernicchiaro, e que só daria no caso de ser dirigida a nossa orchestra pelo Sr. Arthur Cassiani, professor do instituto" (*O Paiz*, 8 de dezembro de 1892, coluna "Artes e artistas", p.2). Guanabarino prossegue declarando que o professor Cassiani não tinha competência como maestro, tendo regido um concerto que fora um verdadeiro fiasco, de maneira que a própria *Gazeta Musical* preferira não comentá-lo – "nem nós, que por piedade poupamos um professor do instituto".

Do maestro e solistas ao repertório da Congregação, tudo desagradava ao Instituto e à *Gazeta Musical*:

> Effectivamente o fiasco monumental do *tenorino* Mariano Soares, a alteração feita por este no programa, o mau successo do compositor Flores Sobrinho, são os maiores pontos de reparo que encontramos e é bem de suppor que em grande parte concorressem para o mau êxito do programma. Mas não se segue por isto de ter sido um concerto ruim, que devamos desanimar. O *fiasco* é parte integrante da vida artística. (*GM*, 1892, n.13, p.200.)

Nessa crítica, dedicada ao quarto concerto realizado pela Congregação, seguem as críticas sobre a falta de preparo do regente e da má escolha do repertório, que incluiu uma barcarola do compositor Flores Sobrinho e uma peça de Tosti:

> Pois bem, apezar de toda a nossa boa vontade, somos obrigados a dizer: a sua peça [de Flores Sobrinho] não tem inspiração, é

monótona, banal, e o Sr. Cernicchiaro devia tê-lo visto quando a peça lhe foi confiada. Qual a vantagem de fazer com que um compositor brazileiro faça má figura nos concertos da Congregação que é brazileira? É preciso mais cuidado com isto e mais brazileirismo. [...] parece-nos que nos concertos symphônicos da Congregação não teem grande cabida as banalidades celebres de Tosti, e, depois, se as cantam como o Sr. Mariano Soares o fez, ainda peior. Deixemos Tosti para as salas e para os amadores sem voz. (Ibid., p.201.)

Em seguida a essa rigorosa crítica feita a músicos profissionais, segue-se um artigo intitulado "Sarao musical", dedicado a um concerto realizado por alunos do Instituto Nacional de Música. Apesar de ser um concerto realizado por alunos, "na sua maioria com um ou dois annos de estudo" (Ibid., p.202), e de no repertório constar apenas uma obra brasileira para coro (de Ignacio Porto-Alegre), a crítica da *Gazeta Musical* é completamente positiva. Segundo a revista, a crítica fluminense foi unânime, "a mais lisongeira, a mais unida que temos visto", e tece os maiores elogios à pequena orquestra sob a direção do violinista e professor da instituição Enrico La Rosa. Se Cernicchiaro, segundo a *Gazeta Musical*, não fora capaz de conduzir bem uma orquestra de profissionais, La Rosa, ao contrário, foi digno de aplausos pelo trabalho que realizou com os jovens estudantes:

Não é cousa de pouca monta o ensaiar aos alumnos, quasi todos principiantes, trechos musicaes de tal importância, e obter d'elles a correcção de execução que todo mundo admirou. Ao ouvir a pequena orchestra não diríamos estar ouvindo simples principiantes, mas professores habituados a tocarem em conjuncto e a interpretarem trabalhos de valor. [...] Eis a traços rápidos o que foi o concerto dos alumnos e confessamos que é deveras embaraçoso para o crítico o ter de fazer elogios do princípio ao fim [...]. Mas são elles merecidos e poupamo-nos quanto possivel às expansões que nos vinham à penna e que nos poderiam tornar suspeitos. Terminamos dando os parabéns ao nosso amigo Miguéz e aos professores que o cercam [...] (Ibid., p.205-206.)

O quinto concerto da Congregação contou com a participação de Carlos Gomes para reger a abertura de sua famosa ópera *O guarani* no encerramento do concerto, tendo sido aplaudido freneticamente pelo público presente (*GM*, 1892, n.15, p.237).

Dessa forma, a *Gazeta Musical* viu-se na obrigação de fazer uma crítica que se iniciou com um ditado popular: "'Não há nada como um dia depois do outro', dissemos no nosso último artigo sobre os concertos d'esta sociedade". Apesar de ter sido um concerto não isento de "senões", a *Gazeta Musical* afirma ter sido o melhor e o que mais produziu efeito sobre o público: "Effectivamente a ideia de terminar com a symphonia do *Guarany*, a musica dilecta do nosso público, a obra-prima do nosso grande compositor brazileiro, foi muito feliz e imprimiu à festa um cunho muito symphático e muito brazileiro" (Ibid., p.236).

O artigo prossegue tecendo elogios a Carlos Gomes e, pela primeira vez, Cernicchiaro não é alvo de críticas por parte do periódico. Entretanto, o sucesso obtido pela Congregação Musical nesse concerto deve ter incomodado Leopoldo Miguéz, pois na primeira página do número seguinte da *Gazeta Musical* ele solicita ao governo a subvenção de concertos sinfônicos a serem realizados no Instituto.

O "Relatório do Instituto Nacional de Música" escrito por Miguéz é endereçado ao "Senhor Ministro" e expõe as necessidades que lhe parecem inadiáveis com relação à educação artística do povo e à supremacia artística do Brasil ante os povos americanos (*GM*, 1892, n.16, p.242).

Miguéz segue afirmando a importância da realização de bons concertos para a educação do gosto musical do público, que incluam a execução de obras de compositores nacionais. Dá como exemplo a Sociedade de Concertos do Conservatório de Paris, que teria concorrido absolutamente para o desenvolvimento da música na capital francesa, educando o gosto do público. Miguéz solicita ao governo uma verba de "vinte e quatro contos annuaes" para a manutenção da orquestra e contratos com solistas e compositores; esclarece que, contando com auxílio governamental, esses concertos não precisariam ceder ao "transviamento esthético da massa geral dos auditores", educando o público, "tão necessitado de retemperar a sua intuição e o seu gosto musical, deturpados pelas composições perniciosas, imprestáveis, que, infelizmente, assolam os nossos palcos de operetas e mágicas" (Ibid., p.244).

Diante dessas solicitações de Miguéz, Guanabarino irá pronunciar-se em sua coluna "Artes e artistas", desencadeando a guerra da *Gazeta Musical* contra si, que até então fora poupada e não tivera seu nome mencionado nos artigos escritos sobre a Congregação, nos quais a *Gazeta Musical* criticava constantemente o regente Cernicchiaro.

Guanabarino argumenta que não era "missão do Instituto Nacional de Música" a formação de uma orquestra com subvenção do governo e vinculada ao Instituto:

> O que o Sr. Leopoldo Miguéz propõe é tornar o thesouro nacional um explorador de concertos, concorrendo com as emprezas e associações particulares. Os concertos do conservatório de música [sic] de Paris foram fundados por influências pessoaes, sem o auxílio do governo; os elementos orchestraes eram do próprio estabelecimento, e não é exato que tenham influído na educação do gosto popular. Esses concertos são frequentados pelos alumnos do conservatório e disputados pela aristocracia franceza; o povo não tem entrada ali. [...] Cumpra o instituto a sua missão: isto é – forme os artistas, organize uma orchestra sua, utilize de seus coros e órgão e prove que está em estado de concorrer para o progresso artístico do Brazil. Pedir dinheiro ao governo para pagar artistas estrangeiros e organizar concertos com programmas sujeitos às convenções officiaes é cousa que não resiste à crítica. (*O Paiz*, coluna "Artes e artistas", 22 de outubro de 1892, p.2.)

Certamente, a ditadura de Miguéz à frente do Instituto e o apoio dado pela *Gazeta Musical* começava a incomodar o meio musical mais amplo, que Guanabarino, Cernicchiaro e a própria Congregação passaram a representar.

Se o desafio de Guanabarino feito à oficialidade do Instituto era tarefa difícil, igualmente deve tê-lo sido para a *Gazeta Musical*, um pequeno periódico de música com circulação muito menor que a do diário *O Paiz*, lutar contra as opiniões que Guanabarino expunha em um importante jornal da cidade.[26]

Talvez o desgaste causado por esse embate com Guanabarino possa ter sido uma das causas das mudanças verificadas nos artigos da *Gazeta Musical* de 1893 e que levaram a mesma ao encerramento de sua publicação em setembro de 1893. O conteúdo da *Gazeta Musical* em seu último ano passa a ser, em sua maioria, traduções de artigos europeus e banalidades do mundo musical fluminense escritas por Assis Pacheco, sem o conteúdo ideológico dos artigos que caracterizaram o perfil da revista nos anos anteriores.

De todo modo, em seu número 18 de outubro de 1892 a *Gazeta Musical* inicia a sua réplica a Guanabarino com uma série de artigos intitulada "Opinião injusta":

> Já uma vez dissemos e volvemos a repiti-lo: a *Gazeta Musical* não é órgão do Instituto Nacional de Música, da mesma forma que se não acha filiada a grupo algum, não sujeita a sua opinião à crítica de estranhos, não tem interesses que não sejam os da arte que representa na imprensa. É por isso que temos apoiado sempre Leopoldo Miguéz, o nosso grande compositor symphônico, Carlos Gomes, o laureado escriptor lyrico, a Congregação Musical, cujo trabalho de propaganda tem sido e pode ser valiosíssimo no interesse da arte [...] (*GM*, 1892, n.18, p.280.)

Pelo fato de considerar-se representante da arte na imprensa, com argumentos supostamente científicos, a *Gazeta Musical* afirma estranhar a "opinião discordante do Sr. Guanabarino sobre os futuros concertos do Instituto Nacional de Música". Pela primeira vez citando Guanabarino como diretor da Congregação, a *Gazeta*

---

26 Guanabarino menospreza a má vontade da *Gazeta Musical* com relação à Congregação e ao artigo que será exposto mais adiante intitulado "Como erram os mestres", alegando que "a *Gazeta Musical* não tem circulação que possa fazer *mossa* a ninguém" (*O Paiz*, 9 de dezembro de 1892, coluna "Artes e artistas", p.2).

Musical alega que o protesto dele se deve à concorrência perigosa que "lhe pode vir do nosso estabelecimento official do ensino da música" (Ibid., p.281).

Guanabarino responde a essa provocação sugerindo duas hipóteses para a formação de uma orquestra dentro do Instituto: ou Miguéz queria uma orquestra para tocar as suas composições e a de seus amigos (com dinheiro público), ou estava preocupado em educar o povo, os alunos e os críticos. A primeira não merecia discussão, de acordo com Guanabarino; e no segundo caso, uma orquestra que tocasse Beethoven e Schumann não cumpriria a função educativa, uma vez que as alunas do Instituto não seriam capazes de compreender tais obras (*O Paiz*, 8 de dezembro de 1892, coluna "Artes e artistas", p.2).

Quanto à subvenção do governo, Guanabarino afirmava que o tesouro nacional poderia tornar-se sócio dos concertos de Miguéz, "como sócio de armarinhos, casa de café torrado, bancas de peixe, talvez mais úteis do que o projeto de concertos do instituto". À solicitação de Miguéz, Guanabarino chamou de "verdadeiro socialismo por conta do Estado", acusando-o de ter influído para que "sete músicos dos concertos symphônicos (10% da orchestra) se retirassem", concluindo que o característico mais acentuado de Miguéz era a inveja (Ibid.). Na contracorrente a Guanabarino, a *Gazeta Musical* considera missão do Instituto difundir o gosto pela música através de concertos e que, se Miguéz pedira ao governo uma verba extra para a realização dos mesmos, foi apenas como garantia do Estado contra os riscos de prejuízo: o Instituto, para realizar os concertos, teria de pagar os músicos – ao contrário da Congregação Musical, que "conta com a boa vontade e o trabalho gratuito dos seus associados" (*GM*, 1892, n.18, p.281).

Dessa forma, todos os argumentos apresentados por Guanabarino vão sendo contestados pela *Gazeta Musical*, que discorda até mesmo de sua definição de "aristocracia francesa":

> Se por aristocracia franceza o Sr. Guanabarino entende a fina flor da sociedade pariziense, o que de mais distincto há nas artes e nas lettras na capital do mundo civilisado, tem razão. Mas si se refere

apenas aos titulares e ao que vulgarmente se chama *aristocracia pura*, está em perfeito engano, a que o levou talvez falsamente o título de *concertos populares* que lhe pareceu ser a democracia da música. O povo, o proletariado – se é que o Sr. Guanabarino quer assim designar uma parte d'essa entidade abstracta – não vae aos concertos do conservatório de Pariz por duas razões: porque os bilhetes andam sempre por empenhos e porque a elevação do preço lh'o não permitte. Depois, o Sr. Oscar [...] esquece-se que estamos em uma terra onde tudo está por fazer e onde só o governo pode levantar o sentimento musical do nosso povo, mandando fazer concertos sérios e de uma certa elevação, sem se preoccupar com o dispêndio e com a difficuldade de equilibrar receita e despeza. (Ibid., p.282.)

Não fica claro para o leitor desse artigo qual seria exatamente o objetivo dos concertos a serem realizados pelo Instituto: se concertos de qualidade para uma elite "letrada" ou concertos populares destinados à educação do povo de maneira geral. Mas a *Gazeta Musical* esclarecerá seus leitores na continuação desse mesmo artigo, que começará com uma crítica ao maestro da Congregação Musical antes de continuar as argumentações contra Guanabarino.

A *Gazeta Musical* entendeu que Guanabarino defendia os concertos populares para a educação do gosto do público e que por isso nenhuma outra "execução musical" deveria ser auxiliada pelo governo. As divergências entre Guanabarino e a *Gazeta Musical* repousam no fato de o primeiro enxergar os concertos sinfônicos como uma forma de difundir a música de orquestra, óperas e demais gêneros para o grande público, enquanto a *Gazeta Musical* via nos concertos sinfônicos que seriam promovidos pelo Instituto a chance de difundir um repertório mais específico. Esse repertório específico, certamente mais distante do público que apreciava óperas e canções italianas, precisaria ser subvencionado pelo governo para não ter de depender da bilheteria. Tal repertório incluiria compositores nacionais ligados ao Instituto e estrangeiros contemporâneos, principalmente da Alemanha e da França, além dos clássicos vienenses.

Por isso, a contra-argumentação da *Gazeta Musical* tentará demonstrar, por meio da comparação entre Inglaterra e França, que nem sempre os concertos populares ajudam a formar o gosto pelo "belo musical":

> Não se pode apontar como exemplo de terra educada musicalmente a Inglaterra, apezar do espectaculoso dos seus concertos e do fabuloso dispêndio annual com as companhias lyricas, tanto mais quanto não produziu n'estes últimos tempos cousa alguma importante, e continua a vender nos seus conservatórios a quem os pagar bem os títulos de bacharel em música. Não podemos apresentar como exemplo de povo educado no bello musical – pelo menos na sua generalidade – o povo de Londres onde commumente se teem feito concertos populares com cinco e seis mil executantes, e os habitantes de Birmingham, onde ainda não há muito tempo se fizeram collossaes concertos populares, rendendo um d'elles 18.000 libras esterlinas! Na França nós temos exemplo do contrário. Vemos uma certa tendência musical no povo pariziense, que incontestavelmente tem o seu sentimento esthético próprio – mais ou menos apurado –, que tem ouvido muito e lido muito sobre música, e no entanto os concertos populares d'alli precisam de ser subvencionados pelo Estado [...] (*GM*, 1892, n.19, p.297.)

Para a *Gazeta Musical*, tanto os concertos "sérios" como os populares dão bons resultados: enquanto os populares são a "aula primária do ensinamento musical do público, os concertos sérios, como os que o Instituto quer e pode fazer, serão a sua escola superior" (Ibid., p.298).

Apenas o Instituto teria condições de fazer os concertos "sérios", pois, de acordo com a *Gazeta Musical*, demandariam muito cuidado na escolha do repertório e um grande número de ensaios, exigindo despesas que não poderiam ser cobertas apenas pela venda de entradas. Estes concertos seriam destinados a ensinar as "classes superiores" que possuíam educação literária e "mais facilmente se podem habilitar a comprehendê-los", enquanto o restante do público precisaria ser educado em concertos populares, por estar à altura somente da música ali executada (Ibid.).

Outro ponto ressaltado na defesa da *Gazeta Musical* pela realização de concertos no Instituto é o patriótico: "Porventura os nossos compositores não precisam de concertos do Instituto para apresentarem os seus trabalhos recusados pelos emprezários de concertos particulares?" (Ibid., p.299). Lançando mão do patriotismo do Instituto e da própria *Gazeta Musical* como argumento, encerram essa passagem do artigo criticando a Congregação Musical pela pouca execução de autores nacionais em sua programação. Além da "symphonia do *Guarany*, que se impunha pela competência de seu autor, pela renda certa que traria aos cofres sociaes, quaes foram as outras composições brasileiras executadas? Duas ou três, ao que nos lembra". Reclamam ainda da falta de autores como Miguéz, Levy, Oswald, Nepomuceno e Gomes de Araujo nos concertos da Congregação (Ibid.). "Opinião injusta" continua até o número 21 da *Gazeta Musical*, criticando Guanabarino – "o mais refinado sertanejo da Praia Grande" (*GM*, 1892, n.20, p.310) –, mas deixando claro que a revista nada tem contra o jornal *O Paiz*:

> Nós não aggredimos o *Paiz*; lamentamos apenas a sua boa-fé; lamentamos o espírito de solidariedade que prende todos os seus redactores, e que permitem ao Sr. Guanabarino o desfechar seus *tiros* em inimigos a quem aggride gratuitamente. [...] E param aqui os artigos sobre semelhante assumpto, que não queremos enveredar pela discussão pessoal que vae ser aberta pelo crítico musical do *Paiz*, discussão que a índole d'esta folha não permitte acompanhar. (*GM*, 1892, n.20, p.327.)

De fato, em 29 de novembro de 1892, Guanabarino anunciava, em sua coluna de *O Paiz*, o início de sua defesa. A *Gazeta Musical*, por mais que negasse, parecia a todos os leitores ser uma publicação oficial do Instituto, a ponto de Guanabarino mencionar a atitude hostil da revista contra a sua pessoa, e de intitular a sua série de artigos como "Instituto Nacional de Música" em vez de "*Gazeta Musical*".

Guanabarino também precisou defender-se de uma vergonhosa acusação que lhe foi feita pelo crítico Alfredo Camarate nas páginas do *Jornal do Commercio* e que a *Gazeta Musical* fez questão de transcrever.[27] O episódio teve lugar no concerto do pianista Alfredo Napoleão, realizado em 20 de novembro de 1892. O compositor substituiu uma de suas obras – o *Allegro-Concerto* – por uma sonata de Beethoven. No dia seguinte, Guanabarino tece diversos comentários sobre a execução e as obras do compositor – inclusive sobre o não executado *Allegro-Concerto*. No dia 22, Camarate escreve na coluna "Várias" do *Jornal do Commercio*:

> Mas eis que o severíssimo Sr. Oscar Guanabarino, crítico do *Paiz*, descobriu hontem que a sonata de Beethoven era o allegro-concerto de Alfredo Napoleão e, nesse pressuposto, faz a profundíssima crítica que a execução "deixa perceber que a peça não é escripta por um violinista; mais effeito produziu a *suíte* para flauta...". [...] Bem se vê que a *peça* do Sr. Guanabarino não é escripta por um crítico! [...] O que seria, porém, interessante era ouvirmos este delicioso mestre da Praia Grande, que é tão terrível com os pobres artistas e até com seus collegas de crítica, sobre a peça do Sr. Alfredo Napoleão [...]. Provavelmente achá-la-hia sublime e não diria que Beethoven, aliás Alfredo Napoleão, não era violinista. Em todo caso o Sr. Napoleão foi causa de se pregar ao *Paiz*, e este aos seus leitores uma das *peças* mais ridículas de que temos tido notícia ultimamente. (*GM*, 1892, n.20, p.315.)

Em sua coluna de 23 de novembro, Guanabarino explicou o mal-entendido, dizendo que já havia preparado a crítica do concerto de Alfredo Napoleão com antecedência, porque conhecia a obra de autoria do pianista. Quando esta foi substituída, por distração na redação do jornal daquele domingo, Guanabarino teria esquecido

---

27 Os artigos de 21 e 26 de novembro de 1892 de Guanabarino encontram-se no Anexo 3.

de retirar a peça de sua crítica. Alegou, inclusive, que tinha testemunhas disso, entre elas o pianista Arthur Napoleão, com quem pegara o bonde ao sair do concerto e tecera comentários sobre a sonata de Beethoven.

A *Gazeta Musical* reclamou, mais uma vez, da acusação pública de ser "jornal às ordens do Sr. Miguéz", afirmando que:

> O nevrolytico do *Paiz* aproveita-se do agasalho que lhe foi dado nas columnas d'aquelle jornal para derramar sobre nós toda a sua bile, e, sem responder às nossas accusações, atira-se ao director do Instituto com o mais feroz dos despeitos, com a mais inconfessável deslealdade. (*GM*, 1892, n.22, p.342-3.)

A essa provocação, Guanabarino responde:

> Todo o empenho do pessoal da *Gazeta Musical* e do instituto nacional de música é desalojar-nos do cargo de que nos achamos investido, para que um d'elles possa substituir-nos [...]. Somos um homem perigoso em ponto estratégico – eis tudo, e dahi a guerra, desde que falhou a tentativa de suborno, que mais tarde revelaremos. (*O Paiz*, 2 de dezembro de 1892, coluna "Artes e artistas", p.2.)

E prossegue atacando Miguéz, afirmando que seu hino não fora inspirado por patriotismo, mas sim pela inveja que sentia do autor do Hino Nacional: "O Sr. Leopoldo Miguéz tornou-se republicano por inveja e despeito, deixando-se trahir em sua tão propagada modéstia". Guanabarino lembra seus leitores da prepotência que Miguéz demonstrou ao conduzir a reforma do antigo conservatório, demitindo professores concursados, como Cavalier e Arnaud, para colocar seus protegidos no lugar deles (*O Paiz*, 5 de dezembro de 1892, coluna "Artes e artistas", p.2).

Guanabarino não se priva também de responder aos ataques da *Gazeta Musical* (que ele sempre lembra ser redigida por professores do Instituto), a qual o acusa de querer fazer tudo à francesa, quando a própria *Gazeta Musical* só faz citar Paris e Bruxelas como exemplos (*O Paiz*, 7 de dezembro de 1892, coluna "Artes e artistas", p.2).

Findo o ano de 1892, a *Gazeta Musical* recheia suas páginas de críticas da temporada lírica de 1893, assinadas por Assis Pacheco, e só volta a mencionar Guanabarino em seu último número, apenas para refutar algumas das observações feitas pelo crítico de *O Paiz* sobre o *Lohengrin* de Richard Wagner (*GM*, 1893, n.10, p.151).

Entretanto, em tom irônico e bastante sarcástico, de junho a agosto de 1893, a *Gazeta Musical* voltará a comentar por duas vezes os concertos da Congregação Musical na coluna "Notícias do Rio e outros Estados", sem entretanto mencionar o nome do grupo. As críticas estarão novamente concentradas no maestro Cernicchiaro:

> Bastante razão tínhamos quando no anno passado mostramos alguns senões e faltas na regência e orchestra do maestro Cernicchiaro. E tanto ella estava de nossa parte que com a audição do primeiro concerto symphônico realisado a 30 do próximo passado mêz no Theatro S. Pedro de Alcântara, o maestro apresentou-se muito mais minucioso tirando portanto maior partido da orchestra numerosa e bem disciplinada que dirige. [...] Continue o Sr. Cernicchiaro a progredir e terá o applauso da *Gazeta Musical* cujo fim é: pugnar pelo engrandecimento da arte no Brazil. (*GM*, 1893, n.7, p.108-9.)

> No domingo, 20 de agosto, realisou-se osegundo [sic] concerto da série do corrente anno sob a regência do maestro Vincenzo Cernicchiaro. Cuidadosamente organisado de modo a contentar a todos, neste meio ainda não sufficientemente educado para receber em boas disposições somente música de elevado merecimento pela grandeza da concepção e severidade de forma, o programma revelava o conhecimento que o organizador dos concertos tem do gosto do nosso público. [...] Como veem nossos leitores o programma é bastante variado; poderiamos mesmo chamá-lo uma *salade panachée*. O trecho symphônico com a sua potencialidade suggestiva; a súpplica imprecativa modulada com as mais ternas inflexões; as melodias

unctuosamente gemidas nas cordas dos violinos; as pieguices imitativas baseadas nos contrastes; as bizarrias fantásticas de phrases caprichosas e rythmo irregular; a seriedade clássica de calção, meias e sapatinhos de fivela; os movimentos de choreographia, tudo isso se contém nesse programma feito para satisfazer todos os gostos. (*GM*, 1893, n.9, p.139-40.)

A insistência da *Gazeta Musical* em criticar a Congregação e Cernicchiaro mostra a revolta que sentiam seus autores em defesa de Miguéz e diante do fato de os concertos terem um público numeroso que os prestigiava.

O repertório do concerto do dia 20 de agosto de 1893, chamado de *salade panachée*, incluía obras orquestrais como a abertura *Ruy Blas* de Mendelssohn, a *Rapsódia húngara* de Liszt, uma sonata de Haydn para cordas, composições de Weber e Moskovsky, além de uma ária da *Força do destino* de Verdi.

Em vez de considerar essa mistura de repertório como uma tentativa da Congregação Musical em agradar o público e fazê-lo, ao mesmo tempo, conhecer e admirar as obras menos "populares" do repertório erudito, a *Gazeta Musical* a criticava com muita ironia; não era à toa que muitos músicos da Congregação Musical sentiam-se ofendidos com as críticas publicadas na *Gazeta Musical*.[28]

Os vínculos que a *Gazeta Musical* demonstrava ter com Miguéz e com o Instituto e a tentativa de impor seus padrões estéticos e ideológicos ao meio eram motivo de insatisfação e revolta de músicos que, pelos mais variados motivos, não faziam parte do grupo liderado por Miguéz.

---

28 [...] nós só temos tido attenções e deferencias para a Congregação, agora contra nós sublevada por uma falsa noção de solidariedade com seus chefes. (*GM*, 1892, n.19, p.300) [...] quando a elle nos referimos n'esta discussão tratamos apenas do seu director e do regente, unicos responsaveis pelo que censuramos. / Esta nota, que vem como incidente no meio d'este artigo, motivou-a a noticia que nos trouxeram de que os professores da orchestra da Congregação nos julgam seus desaffectos, quando temos provado o contrario. (*GM*, 1892, n.19, nota de rodapé da p.300.)

Além dessa grande polêmica com Guanabarino, a *Gazeta Musical* demonstrou sempre e incondicionalmente a sua simpatia por Miguéz e o Instituto por ele fundado. Embora afirmasse que suas críticas eram desapaixonadas, comprometidas apenas com a verdade, sem defesa de nenhum grupo em detrimento de outros, a *Gazeta Musical* não se livrava da alcunha de "jornal oficial" do Instituto mesmo entre seus aliados: o pai de Alexandre Levy, por exemplo, agradece a Miguéz a homenagem que a *Gazeta Musical* presta pela ocasião da morte de Alexandre: "E há muito que lhe devo uma prova do meu eterno reconhecimento pela publicação da biographia do nosso querido e inovidável Alexandre, na *Gazeta Musical* de 17 de fevereiro deste anno" (*GM*, 1892, n.11, p.169).

São inúmeros os artigos nos quais a *Gazeta Musical* se refere carinhosamente ao Instituto como "o nosso Instituto" e nos quais faz questão de elogiar Miguéz, chegando mesmo a destacar no número 4 de 1891 a biografia do diretor do Instituto. Devemos lembrar também que Fertin de Vasconcellos, proprietário do periódico, e Ignacio Porto-Alegre, redator principal, tiveram a chance de ser professores do Instituto porque foram contratados por Miguéz.

No entanto, as constantes referências ao Instituto Nacional de Música não representariam, por si só, prova do comprometimento da *Gazeta Musical* com Miguéz e os demais professores da instituição: afinal, um periódico dedicado à música não poderia deixar de dar notícias sobre a principal instituição musical da época, reconhecida pelo governo republicano, e que tentava desempenhar seu papel da melhor maneira possível. Nesse sentido, podemos ler, sem pensar de imediato em vínculos entre a *Gazeta Musical* e o Instituto, as notícias sobre a compra do órgão Sauer doado por Miguéz ao Instituto; sobre os concertos dos talentosos professores da instituição; sobre as intenções do Instituto ao realizar concertos sinfônicos populares e abrir um curso noturno que possibilitasse, no futuro, a formação de uma orquestra própria; sobre exames, aberturas de vagas e livros didáticos utilizados na instituição. Mesmo em artigos que poderiam ser simples notícias, no entanto, nota-se certa tendência em elogiar o diretor Miguéz e o próprio

Instituto, como resultado do trabalho do mesmo. Vejamos dois exemplos:

> Sobre este explendido spécimen da indústria allemã, foi-nos mostrado um artigo da *Frankfurter Oder Zeitung*, do fim do mêz de Agosto, o qual traduzimos, não só para que os nossos leitores julguem do valor da acquisição que vae fazer o nosso paíz, como para que se veja mais uma vez a competência artística do director do nosso Instituto Nacional de Música. (*GM*, 1891, n.6, p.7.)

> Do distincto director do nosso Instituto, o maestro L. Miguéz, recebemos o relatório por elle apresentado no corrente anno ao cidadão João Barbalho Uchoa Cavalcanti, ex-ministro da Instrucção Pública, Correios e Telégraphos, sobre o estabelecimento que dirige. [...] Terminamos esta ligeira resenha do relatório rendendo ao seu emérito auctor, o maestro L. Miguéz, a devida homenagem pela bôa direcção que tem dado ao estabelecimento em bôa hora a elle confiado e enviando-lhe os nossos parabéns pelos reaes serviços que tem prestado e que esperamos continuará a prestar no honroso posto a que o Governo Provisório tão justamente o collocou e no qual desejamos vê-lo permanecer por longo tempo, para que a arte nacional possa colher o desejado fructo dos labores do nosso laureado e intelligente compatriota. (*GM*, 1891, n.8, p.11-2.)

Muitos são os indícios de que os colaboradores e o proprietário da *Gazeta Musical* queriam fazer do Instituto uma referência a ser seguida no resto do país; o Instituto era considerado pela *Gazeta Musical* uma instituição já perfeita, dirigida com toda a competência.

Segundo os artigos da *Gazeta Musical*, o Instituto Nacional de Música havia se formado pelas mãos dos republicanos, em 1890. Herdara o prédio, os demais bens materiais e alguns professores do antigo Conservatório Imperial de Música. Mesmo assim, negavam qualquer influência benéfica sobre essa nova instituição que "surgia" com a República.

Inúmeras vezes, as referências feitas ao meio musical durante o período monárquico e ao conservatório são negativas e visam demonstrar o descaso com que o antigo regime tratava os assuntos relacionados à música. O Instituto Nacional de Música não tivera um passado: nascera miticamente, junto com a República, sem história que maculasse sua pureza republicana. Era visto, portanto, como um símbolo republicano já nascido perfeito, em janeiro de 1890, pelas mãos de seu fundador, Leopoldo Miguéz (*GM*, 1891, n.10, p.9).

Por isso, já em 1891, a *Gazeta Musical* o comparava a instituições musicais tradicionais da Europa, como o Conservatório de Paris – a estes, nada deixava a desejar, como se o tempo de atuação da instituição não fosse importante para o aprimoramento de diretrizes e para a averiguação de resultados práticos.

Toda crítica contrária aos modelos adotados por Miguéz na direção do Instituto era rebatida com veemência e agressividade pela *Gazeta Musical*, que jamais cumpriu sua promessa de fazer críticas "desapaixonadas e isentas". A disputa com Guanabarino, os artigos de Assis Pacheco e diversos outros textos da *Gazeta Musical* demonstram a vontade de apenas falar bem do Instituto e de Miguéz, e o caso de Enrico Borgongino não foi diferente. Miguéz contratara Borgongino em 1890, como professor adjunto de canto, mas o despediu em 1891 (Pereira, 2007, p.71). Pelas páginas da *Gazeta Musical* ficamos sabendo que Borgongino protestou através de artigos no *Jornal do Commercio* atacando Miguéz, provocando o seguinte comentário na *Gazeta Musical*:

> Para todos os artistas e para todo o Rio de Janeiro – que todos conhecem o estimado e probo compositor brasileiro [Miguéz] – não precisa elle defender-se de accusações feitas por quem não soube estar à altura do cargo de que havia sido investido; não necessita elle justificar-se, nem siquer travar polêmica, com quem é incapaz de comprehendê-lo, porque o Sr. Borgongino em música, seja como compositor, ou executor, ou professor, nunca nos deu uma ideia, siquer, das suas habilitações e do seu valimento que contestamos. (*GM*, 1892, n.3, p.43.)

Outro sinal do total apoio que a *Gazeta Musical* dava ao Instituto são as muitas páginas dedicadas à publicação de notas dos alunos de todos os cursos da instituição. Há ainda um artigo intitulado "Pensão a Carlos Gomes", onde o periódico, mais uma vez, age como porta-voz:

> À ultima hora retiramos o artigo-protesto sobre o artigo 2º do projecto 183, por sabermos que vae este ser modificado, e que a pensão ao nosso estimado *maestro* será dada a título de prêmio pelo muito que tem feito como músico brasileiro e não como guia de alumnos do nosso Instituto que fossem estudar em Milão. Não mandando o nosso Instituto alumnos estudar em conservatórios estrangeiros, o pretexto apresentado no artigo 2º do projecto em questão era vexatorio para nós, para os créditos do nosso Instituto, para as aspirações artísticas do nosso paíz. (*GM*, 1891, n.6, p.9.)

Para finalizarmos esta pequena amostra dos vínculos que a *Gazeta Musical* mantinha com Miguéz à frente do Instituto, lembramos do apelo que o periódico fez em suas páginas no final do ano de 1892, solicitando a supressão do ensino de música nas escolas primárias e nos jardins de infância (*GM*, 1892, n.24, p.369). Esta solicitação é explicada pela *Gazeta Musical* nas páginas seguintes, nas quais a monarquia é mais uma vez atacada pelo descaso que sempre teria demonstrado com a educação musical nas escolas. A mágoa evidenciada na *Gazeta Musical*, no entanto, não tinha nada a ver com a monarquia: no projeto musical republicano proposto inicialmente, as aulas de canto nas escolas seriam fiscalizadas pelo diretor do Instituto. Modificações posteriores de ordem administrativa acabaram, porém, fazendo com que a educação musical escolar caísse em "mãos erradas" (Ibid., p.371-2). A *Gazeta Musical* tenta então argumentar também com aspectos "científicos" da medicina, além de lançar mão dos critérios estéticos. Para isso, apelam a um médico do Conselho Municipal, o doutor Alfredo Barcellos, para demonstrar o quanto as vozes das crianças estariam sendo prejudicadas pelo seu uso indevido. O doutor apoia a iniciativa da *Gazeta Musical*, referindo-se ao periódico como órgão oficial do Instituto, observação que, mais uma vez, a revista tem de rebater (*GM*, 1893, n.1, p.4).

Um grande jornal da capital federal – a *Gazeta de Notícias* – tenta contra-argumentar essa "desautorização" do ensino do canto nas escolas proposto pela *Gazeta Musical*, alegando que não seria necessário o envolvimento do diretor do Instituto numa questão tão pequena perto das demais que Miguéz enfrentava diante da dura missão de gerir o Instituto. A *Gazeta de Notícias* propõe soluções alternativas, como a modificação do método adotado nas escolas – o que é logo refutado pela *Gazeta Musical*. O tom da discussão entre os dois jornais é cortês, embora a *Gazeta Musical* acabe dizendo, através de uma carta de Miguel Cardoso, que o colunista da *Gazeta de Notícias* não entendia muito da arte e do ensino do canto e estava desatualizado quanto aos métodos a serem utilizados (*GM*, 1893, n.1, p.7-10).

Desse modo, em seu último ano de existência, a *Gazeta Musical* continuava a exigir o monopólio do Instituto sobre qualquer questão musical que julgasse importante para a época, e usou, como artifício para demonstrar sua "imparcialidade" na discussão, uma carta (e não o expediente habitual do artigo) escrita por Miguel Cardoso à redação da revista.

Essa atitude ditatorial que a *Gazeta Musical* teve durante seus três anos de existência pode estar relacionada ao paradigma positivista da época, que analisaremos nos capítulos seguintes.

Capítulo 2
Positivismo e posturas estéticas no meio musical fluminense

As ideias cosmopolitas que nortearam o meio musical fluminense entre 1870 e 1930 – civilização, progresso, modernidade, "música do futuro" e wagnerismo – foram discutidas por Volpe (2001) no contexto das teorias cientificistas da época, irradiadas pela Escola de Recife ou "Geração de 1870", entre as quais o evolucionismo, o determinismo e o positivismo, que serviram de base para este trabalho.

No que concerne especificamente à linha mestra deste trabalho, o positivismo[1] é abordado como corrente filosófica importante para o pensamento social brasileiro da época, no que tange os campos teóricos que fundamentaram as teorias de formação do caráter nacional e seus reflexos nas questões identitárias da crítica literária e na historiografia musical (Volpe, 2001, p.15 e p.166). Partindo desse quadro interpretativo, identificamos nos textos da *Gazeta Musical* as ideias musicais vindas da Europa, que de certa forma faziam parte de projetos de âmbito social e político vinculados a linhas positivistas da época, especialmente no sentido de legitimar o novo regime

---

[1] Ver com especial atenção a nota de rodapé n.5 à página 15 de Volpe (2001), contendo o universo de autores estrangeiros amplamente lidos no Brasil e que informaram o debate da Escola do Recife.

republicano. Na *Gazeta Musical*, o positivismo de linha comtiana aparece como uma das maiores contribuições do ideário francês[2] para o projeto musical que intelectuais e músicos ligados ao Instituto Nacional de Música[3] tentaram implantar no Brasil nessa primeira fase do governo republicano.

Os autores da *Gazeta Musical* acreditavam que "o grau de adiantamento" de um país podia ser aferido pelo seu estágio de refinamento artístico. Nesse processo, a música tinha um especial destaque e serviria para educar o gosto musical do povo. A educação musical era vista, na *Gazeta Musical*, como uma engrenagem essencial ao processo de civilização do país, auxiliando na consolidação do sistema político republicano e de enaltecimento do mesmo, na afirmação de um patriotismo exacerbado e no desenvolvimento da educação moral e cívica. Muitas das ideias filosóficas que fundamentavam o pensamento dos autores da *Gazeta Musical* vinham de uma longa tradição ligada à filosofia francesa.[4]

O ideário francês que encontramos nas páginas da *Gazeta Musical* não se limita, portanto, à literatura musical traduzida, na maioria das vezes, de jornais de música franceses. De fato, a influência das ideias francesas na *Gazeta Musical* encontra-se nos textos de seus colaboradores brasileiros, sobretudo nos de B. R. Além das ideias e ideais republicanos que remontam à Revolução Francesa,[5]

---

2 Usaremos a expressão "ideário francês" significando o conjunto de ideias de autores franceses, ou de autores estrangeiros traduzidos para o francês, encontrados em vários artigos da *Gazeta Musical*.

3 O positivismo comtiano foi muito difundido entre pensadores e artistas no Rio de Janeiro da segunda metade do século XIX (Sevcenko, [1983] 2009).

4 Como nos lembra João Cruz Costa (1967, p.66), seria principalmente de (ou através de) Paris que nos chegariam as ideias filosóficas. Segundo esse autor, o ideologismo faz parte do espírito da filosofia francesa do século XVIII: "Os ideólogos – e isso é importante assinalar quando se trata da história da filosofia na América – constituíram o liame entre a filosofia do século XVIII e o positivismo" (Ibid., p.85).

5 A Revolução Francesa foi, como afirma Hobsbawm, a grande responsável pela disseminação de diversas ideologias do mundo moderno (tidas como francesas, como nos lembra esse autor, mesmo quando não eram). Seus exércitos "partiram para revolucionar o mundo; suas ideias de fato o revolucionaram"

encontramos na gazeta ideias de origem positivista comtiana, assunto principal do último capítulo deste trabalho, dada a importância que tiveram para o meio musical da época.

O ideário francês, quase um sinônimo de cosmopolitismo no século XIX, contribuiu de maneira substancial para a formação do pensamento musical brasileiro do período. Impressiona o número de publicações de autores franceses ou de autores europeus em traduções para o francês que circulavam no Rio de Janeiro em livros, revistas e periódicos (Magaldi, 1994, p.217). Em um país como o Brasil, com grande número de analfabetos no final do século XIX, a minoria alfabetizada lia com fluência a língua francesa, que servia de acesso a várias outras culturas europeias. Para citarmos um exemplo, Sílvio Romero recomenda a leitura das obras do biologista e filósofo inglês Thomas Huxley (1825-1895), "que se acham vertidas em francês e *ao alcance de todos*" (Romero, 1895, p.258, grifo nosso).

Grande parte dos artigos estrangeiros da *Gazeta Musical* são traduções do francês, bem como é a França o país mais citado como exemplo musical a ser seguido no Brasil, por autores como B. R. e até mesmo por Leopoldo Miguéz, em seus relatórios anuais referentes ao Instituto Nacional de Música.

Em diversos artigos da *Gazeta Musical*, a França aparece como inspiração e modelo, embora estivesse claro que o bom compositor não deveria copiar, mas sim criar, com base na "ciência musical" europeia. No trecho abaixo, extraído da biografia de Miguéz publicada na *Gazeta Musical*, podemos verificar também a importância dos ideais românticos, que consideram a poesia e a música as mais altas expressões artísticas:

> Em 1877 casou-se com D. Alice Dantas no dia 14 de julho. Não se pense que essa data memorável entra fortuitamente na vida do nosso artista, elle escolheu-a propositadamente no seu enthusiasmo de espírito revolucionário e de convencido republicano.

(Hobsbawm, [1977] 2010, p.99). No caso brasileiro, tal fenômeno foi abordado por José Murilo de Carvalho ([1990] 2009).

[...] Proclamada a República em 1889, o grande patriota Aristides Lobo, conhecedor do grande merito artístico do seu modesto correligionário Leopoldo Miguéz, encarregou-o de, em commissão com outros, apresentar o projecto de um instituto para o ensino de música, que fosse digno d'esta capital. Miguéz desempenhou-se brilhantemente de sua commissão, e de accordo com o seu projecto foi fundado o Instituto Nacional de Música, um estabelecimento modelo que nada tem a invejar aos seus congêneres européus [...]. Leopoldo Miguéz é músico de temperamento artístico mais são, mais plethórico e mais vigoroso do nosso meio, e ao mesmo tempo um dos prosélytos mais ardentes da nova fé musical [...]. Suas composições têm bellezas reaes, alem de serem inspiradas por uma grande elevação de pensamento [...]. Examinemos as formas com que veste os seus sentimentos e veremos que elle é poeta até o fundo d'alma [...]. Sua fé invencível no progresso da arte, [...] gênio espontâneo e perseverante, é d'aquelles que criam e não dos que imitam; dá às suas composições toda a potência expressiva da poesia [...] vemos que o que domina e encanta particularmente em suas composições é a poesia com que estão impregnadas [...]. A arte para elle é a arca sagrada, não vê na música apenas o conjuncto de sons destinados a produzir ao ouvido uma impressão agradável e passageira. Para elle forma é inseparável do fundo e é na fusão desses dous elementos que procura o objectivo supremo e a realização do ideal na arte. [...] Leopoldo Miguéz não é somente o compositor inspirado que já conhecemos, é também um theórico da sua arte que para elle não tem segredos. No próximo numero começaremos a publicar o seu recente trabalho: *Theoria da formação das escalas chromáticas*. É um trabalho original e que versa sobre uma questão que não foi ainda devidamente estudada e demonstrada por nenhum dos homens da sciência musical [...]. (*GM*, 1891, n.4, p.2-6.)

Como vimos no capítulo anterior, os vínculos entre a *Gazeta Musical* e o Instituto Nacional de Música eram muito fortes, levando-nos a afirmar a importância da *Gazeta Musical* como periódico representativo do pensamento da elite musical que assumiu o poder com a República.

Por não ter atingido grande público em sua época, a *Gazeta Musical* não poderia ser tida como a única fonte de estudo para uma história da recepção da música de seu período; seu valor, entretanto, reside no fato de ter sido um periódico panfletário do Instituto Nacional de Música – instituição musical oficial da República – que contém a essência do pensamento da elite musical no poder, contribuindo imensamente para a história das ideias dessa mesma elite.

A *Gazeta Musical* demonstra o vínculo existente entre as ideias filosóficas e científicas da época com a arte musical. As várias correntes evolucionistas em voga aparecem, vez ou outra, em geral para justificar as diretrizes dos projetos de música do governo republicano. Seguindo essa linha evolucionista, frequentemente encontram-se na *Gazeta Musical* ideias que podem ser associadas ao positivismo de Auguste Comte, em uma versão já adaptada às condições locais.

Dentre os aspectos do positivismo que afetaram o pensamento musical dos colaboradores da *Gazeta Musical* e do Instituto Nacional de Música, podemos ressaltar o patriotismo e o civismo ligados ao regime republicano e à preocupação com a moralidade; esses aspectos serviram como parâmetro de julgamento de obras musicais, compositores e gêneros musicais.

Para compreendermos o positivismo comtiano na *Gazeta Musical* é preciso recordar a influência que o filósofo francês exerceu sobre as classes ilustradas da sociedade fluminense da época. Segundo Cruz Costa (1967, p.150), os jovens intelectuais brasileiros da segunda metade do século XIX que faziam parte de uma classe média nascente e instruída – entre eles médicos, militares e engenheiros – tiveram seus primeiros contatos com o positivismo de Comte nos estudos metodológicos de suas disciplinas, a princípio sem nenhum caráter religioso. Anos mais tarde, conheceriam o trabalho de Comte dos últimos vinte anos de sua vida, no qual o pensador ambicionava "substituir a utopia católica da Idade Média pela utopia leiga da Idade Positivista" (Carvalho, [1990] 2009, p.130).

A "Religião da Humanidade" originou-se após 1844, quando Comte conheceu e apaixonou-se por Clotilde de Vaux. Sua filosofia passou a ser uma religião laica, na qual "o religioso fundia-se ao cívico" (Ibid., p.129). Os rituais dessa religião eram as festas cívicas; os "grandes" homens da humanidade e aqueles considerados heróis da pátria eram os novos santos venerados (Ibid., p.130), enquanto os positivistas se viam como sacerdotes de um novo clero que educaria o povo, preparando-o para um estágio superior na evolução social. De acordo com Cruz Costa (1967, p.129), esses intelectuais brasileiros encontraram na Religião da Humanidade uma ordem moral que permanecia ligada aos valores tradicionais do catolicismo, agora mais próximos aos interesses de uma classe que dera um passo na evolução social. Além disso, a Religião da Humanidade estava fundada em princípios "científicos", representando, portanto, uma religião "racional". Em carta dirigida à sua esposa na década de 1880, Benjamin Constant, professor na Escola Militar da Praia Vermelha no Rio de Janeiro e admirador da filosofia de Comte, explica a sua fé nessa nova religião: "A Religião da Humanidade é a minha religião, sigo-a de coração, com a diferença porém de que, para mim, a família está acima de tudo. É uma religião nova, porém racional, a mais filosófica, e a única que dimana naturalmente das leis que regem a natureza humana" (Costa, 1967, p.132).

Quando o líder da sociedade positivista do Rio de Janeiro, Miguel Lemos, rompeu relações na década de 1880 com Pierre Laffitte, líder do apostolado positivista parisiense ao qual se subordinava o grupo brasileiro, o positivismo comtiano no Brasil orientou-se cada vez mais como movimento religioso, segundo Cruz Costa (Ibid., p.207). Os positivistas franceses teriam reagido ao ato de insubordinação de Miguel Lemos lembrando que as palavras de Comte não constituíam artigos de fé, que não deveria haver submissão servil à letra da doutrina e que o "Mestre" (ou seja, Comte) confiava na inteligência dos discípulos. No entanto, "os positivistas sul-americanos, como Miguel Lemos, Teixeira Mendes e o chileno Jorge Lagarrigue, estavam convencidos de que para regenerar o mundo 'eram necessários antes de tudo santos e não somente sábios'" (Lagarrigue apud Costa, 1967, p.211).

Essa peculiaridade do positivismo tanto no Brasil como no Chile demonstra o quanto a tradição católica estava bem estabelecida nos dois países e influenciava o pensamento dos líderes positivistas. Miguel Lemos, por exemplo, usa as seguintes palavras ao narrar sua conversão à Religião da Humanidade: "Sentia-se aí um mundo novo, uma religião que surgia consagrada já pela abnegação dos adeptos e pelo martírio de seu fundador. Suspeitei logo que o novo redentor podia ter tido também o seu Judas e a sua cruz" (Lemos, Folheto da Igreja Positivista n.181).

Apesar de o positivismo que encontramos nos textos da *Gazeta Musical* não possuir caráter religioso, é provável que a Religião da Humanidade tenha contribuído para a formação de uma mentalidade "essencialmente" positivista que, por sua vez, direcionou os projetos de música do novo regime instituído tocantes à moral, ao patriotismo e à educação do "gosto" musical do povo.

O positivismo da *Gazeta Musical* assume uma feição mais moderada, mesclada a outras linhas evolucionistas, por exemplo, o "naturalismo evolucionista" – assim Sílvio Romero denomina a variante do positivismo britânico representado por Herbert Spencer –, mostrando uma enorme mistura das escolas filosóficas que conviveram naquele período.

Os colaboradores da *Gazeta Musical* tencionavam formar a opinião pública urbana com relação aos assuntos musicais utilizando-se, muitas vezes, de linguagem pomposa e repleta de recursos retóricos que agradavam ao público da época – como é o caso de Cardoso de Menezes. Esse tipo de linguagem unia-se a temas do mundo da música vistos com olhar crítico, quase sempre com o intuito maior de convencer o leitor, antes do que de informá-lo.

O estudo da *Gazeta Musical* revelou-se surpreendente na medida em que, como arauto das ideias que vigoravam em pleno período do Romantismo musical brasileiro, desmente muito do que se pensou posteriormente a respeito de músicos e compositores daquela época, tachados como epígonos de padrões europeus, sem aspirações musicais próprias ou preocupações com a formação de uma música nacional "autêntica". Encontramos sempre nos textos dos colaboradores nacionais uma constante preocupação em adaptar as ideias cosmopolitas à realidade brasileira e em conseguir uma base sólida vinda principalmente da França, mas sempre repensada em termos do nosso próprio país, para a formação do que consideravam uma autêntica música nacional. Na avaliação crítica das ideias europeias que encontramos na *Gazeta Musical*, seus colaboradores levavam em conta as condições sociais, históricas, raciais e climáticas do país, que, unidas às suas convicções políticas, resultaram nas diretrizes propostas em seus artigos para o desenvolvimento musical do Brasil.

Os comentários e as ideias encontradas nesse periódico oferecem-nos a possibilidade de compreendermos melhor os valores e os ideais de músicos e demais intelectuais engajados na causa republicana e entendermos como pensavam em transformar, em um primeiro momento, o meio musical da capital federal, que serviria posteriormente de modelo para a prática musical dos demais Estados brasileiros.

Neste capítulo trataremos dos artigos da *Gazeta Musical* que abordam temas do ideário francês, como:

1. Correntes evolucionistas e a arte musical;
2. O idealismo e a valorização da poesia vinculados ao movimento romântico e servindo de base para a análise de obras musicais na *Gazeta Musical*;
3. A França como o melhor modelo de civilização a ser seguido no campo musical por ser, segundo alguns colaboradores da *Gazeta Musical*, o mais próximo da realidade brasileira;
4. As relações entre moral e música que aparecem em artigos da *Gazeta Musical* e que podem estar ligadas tanto à moral positivista quanto aos reflexos que a crise na França, após a derrota para a Prússia, causou no meio musical francês. A derrota francesa repercutiu nas artes, espalhando questionamentos sobre a estética musical em diversos países

além da própria França. O wagnerismo e a "música do futuro" também estão ligados a essa crise da França pós-1870; Veiculação de ideias nacionalistas originadas à época da Revolução Francesa.

2.1 O ideário francês na *Gazeta Musical*

2.1.1 O evolucionismo na *Gazeta Musical*

Na primeira página da *Gazeta Musical* de 1891 encontramos um artigo de apresentação do periódico aos seus leitores intitulado "A Nossa Folha", assinado por "A Redação". No trecho seguinte verifica-se a crença nas teorias evolucionistas da época:

> O grande incremento que tem tomado nos últimos tempos a actividade intellectual entre nós em todos os domínios da arte e da sciência, a marcha crescente que se tem verificado nas differentes manifestações da intelligência, no nosso paíz, em todos os ramos em que ella se exerce, a incontestável confirmação das leis do progresso, que no nosso meio se verificam, no tocante a tudo quanto respeita à vida intellectual e especialmente à vida artística, explicam e dão a razão de ser do apparecimento, na nossa imprensa, da presente publicação [...]. (*GM*, 1891, n.1, p.1.)

O evolucionismo social com suas "incontestáveis leis do progresso" está presente em vários artigos da *Gazeta Musical*, demonstrando as influências de linhas filosóficas positivistas no meio artístico fluminense.

Procuramos identificar nos artigos da *Gazeta Musical* alguns indícios do pensamento positivista – incluindo-se aí a Religião da Humanidade – no Rio de Janeiro do final do século XIX. Entre esses indícios podemos destacar a preocupação dos colaboradores da *Gazeta Musical* em formar uma escola sólida de música que servisse de base para a formação, no futuro, da música "autêntica" nacional, que equivaleria à "fase de transição" pela qual passava a civilização ocidental, preconizada pelos positivistas. Muitos dos artigos que relacionam o evolucionismo com a música na *Gazeta Musical* foram escritos por B. R., coronel da Guarda Nacional, familiarizado com os princípios do positivismo comtiano.

Vários artigos também tecem elogios ao Governo Provisório, que contou com a participação de positivistas como Demétrio Ribeiro, frequentador da Igreja Positivista.[6]

Outra indicação de que os positivistas mantinham uma boa relação com membros do Instituto Nacional de Música é o fato de Teixeira Mendes – o principal líder da Igreja Positivista, ao lado de Miguel Lemos – ter realizado conferências sobre o programa político do positivismo nacional no Anfiteatro de Física da Escola Politécnica e, depois, no Instituto Nacional de Música (Costa, 1967, p.243).

O artigo da *Gazeta Musical* citado anteriormente segue afirmando que o "accentuado progresso que anima a nossa intellectualidade na esphera propriamente scientífica" possui órgãos de publicidade em cada um dos diferentes departamentos da ciência. Da mesma forma, a redação da revista justifica o surgimento desse periódico para "apenas lembrar que esse mesmo progresso, esse mesmo adiantamento, se bem que em verdade não correspondam exactamente aos bons elementos de que dispomos, não deixam, entretanto, de realisar-se nos domínios das bellas-artes, especialmente da música" (*GM*, 1891, n.1, p.1). Em seguida, destaca-se no artigo a melhora do "nível da intelectualidade" da nossa classe musical, do talento de nossos músicos e dos estudos desenvolvidos em "nosso instituto nacional" ou nos mais adiantados centros da Europa, o que já coloca nossos compositores e executantes na "primeira linha" (Ibid., p.2). É interessante observarmos que o Instituto Nacional de Música tinha apenas um ano de existência, mas já era comparado às instituições musicais dos centros mais adiantados da Europa.

---

6 Demétrio Ribeiro fez parte do Governo Provisório por quase dois meses, de 5 de dezembro de 1889 a 20 de janeiro de 1890, fase de grande influência dos positivistas ortodoxos no governo (Costa, 1967, p.232).

Outra ideia constante na *Gazeta Musical* é a de "aferir o estado de adiantamento do Brasil pela bitola das bellas-artes", concluindo-se que "pelo que concerne à arte musical [...] affirmaríamos que esta parte do novo continente vai de vento em popa a caminho da civilisação" (*GM*, 1891, n.3, p.1).

A ideia de progresso e de evolução do país por meio das artes é um dos motes principais da *Gazeta Musical*, que ressalta a importância dos estudos e do aprendizado da "ciência musical" para o desenvolvimento das vocações artísticas do povo brasileiro:

> Há n'esta nossa terra mais pianos e pianistas do que estrellas no céo. Os músicos formigam de todos os cantos; pululam em todos os logares, com a espontaneidade dos cogumellos e em muito maior profusão do que esse vegetal de infima espécie. O que, porém, não é das melhores cousas, é que esses músicos têm tanto merecimento no domínio da arte como aquella planta no seio da natureza. [...] Para que um talento musical possa apparecer, é preciso que a força natural de sua expansibilidade seja tal, que o imponha à admiração dos contemporâneos e, muitas vezes, que o acaso se imcumba de fornecer-lhe os meios necessários para educar-se e desenvolver-se, longe do nosso céo em um meio artístico de primeira ordem: na Europa emfim. (*GM*, 1891, n.3, p.2.)

Sempre associado à falta de meios adequados para o desenvolvimento da música, os autores da *Gazeta Musical* lamentam o "gosto" musical do povo, no qual "o theatro dramático transformou-se totalmente em Café Cantante e em ópera-cômica" e o "drama e a comédia foram banidos da scena, cedendo o logar à opereta, à mágica, ao vaudeville e às revistas de anno" (Ibid., p.3).

> As sociedades philarmônicas lutam contra a falta de gosto e educação artística. Para conseguirem viver, offerecem, em suas reuniões [...] programmas organisados em modo que, na primeira parte somente, sejam preenchidos pela Música, dedicando a segunda parte aos exercícios choreográphicos. (*GM*, 1891, n.7, p.12.)

A missão do artista e dos intelectuais em geral é bem clara para a *Gazeta Musical*: são todos eles – artistas, filósofos e literatos – "obreiros do progresso social" (*GM*, 1891, n.3, p.4).

> A evolução existe sempre latente, no campo da arte e nas conquistas da sciência; os gênios, os creadores são encarregados apenas de a impulsionar, servindo-lhe de arautos, de verdadeiros e poderosos agentes dessa força mysteriosa e contínua, que preside aos destinos da humanidade. (Ibid., p.5)

O trecho acima, escrito por B. R., é uma tentativa de demonstrar que o século XIX obedecia à lei da "evolução natural" e que Wagner, Liszt e Berlioz eram a "prova irrefutável dessa evolução" (Ibid., p.6).

O trecho seguinte do primeiro número da *Gazeta* de 1891 nos mostra parâmetros cosmopolitas, como as regras fixas para a composição e execução musical, e as ideias românticas que valorizavam a inspiração, a dedicação "apaixonada" do artista e a originalidade na composição:

> Actualmente desabrocham [...] alguns talentos de selecção, cujas aptidões desenvolvidas à custa do estudo, uns em nosso instituto nacional, outros nos centros mais avançados da Europa, de onde virão mais tarde, certamente, consagrados pelo seu merecimento, senhores dos segredos e das difficuldades da arte sublime, que cultivam como ardentes apaixonados, modelando a sua inspiração pelas regras fixas estabelecidas e produzindo trabalhos originaes e de valor, que, juntos aos que já existem, constituirão precioso cabedal, que nos fará honra e servirá de estímulo aos artista nóveis [...]. (*GM*, 1891, n.1, p.2.)

Nos textos da *Gazeta Musical*, o evolucionismo é a lei que explica os acontecimentos que compõem a história da música: o "progresso" musical no decorrer dos séculos significa a evolução, não apenas da arte, mas de toda a sociedade que a produz, rumo a um grau mais "elevado" de civilização. B. R. afirma que o grau de adiantamento de uma nação musical é aferido pelo canto coral em todos os tempos e que o bom gosto do povo sempre clamou pelo desenvolvimento e aperfeiçoamento da estética musical:

> Dos mais remotos tempos vem o carrancismo, em arte, da Egreja Cathólica, refractária de tal forma a todo o progresso e adiantamento, que, para que seguisse um pouco os reclamos da civilisação e permitisse ao grande Palestrina apresentar os seus trabalhos geniaes, foi preciso que lembrassem ao seu chefe que, a não acceitar as reformas e as bellezas d'aquelle grande talento, correria o risco de ir engrossar com aquelle poderoso elemento a então já valiosa e acceita Egreja Lutherana. [...] Foi então que se fez alguma cousa pela arte na Egreja Cathólica, mas – caso assombroso! – foi ainda o grande Martinho Luthero quem introduziu o progresso nos cânticos da Egreja contrária, apezar de ter para isso concorrido indirectamente e de ter sido o medo dos cathólicos pela sua influência o agente d'esse progresso e d'esse avançamento! E não se pode dizer que fosse o fervor da crença, o apego dos fiéis aos seus cantos primitivos o factor d'esse atrazo e d'essa má vontade dos dirigentes da Egreja Romana, porque, nos tempos remotos, com o desenvolvimento progressivo da civilisação, as exigências populares se foram acentuando. [...] foram justamente essas exigências e a tendência que se ia accentuando de modificar essa música sem rythmo, sem belleza, monótona e desgraciosa. Os cantores de egreja marcavam na respectiva parte certos lugares que a isso se prestavam e, ao chegarem ahi, faziam cadências e modulações que o público applaudia. [...] Provava-se por esta forma a necessidade de se desenvolver o gosto dos fiéis, de se caminhar a arte musical [...]. Ao envez, porém, do que devia fazer; em lugar de aproveitar a boa vontade dos cantores, o talento dos músicos e o bom gosto do povo, o que fez Gregório Magno? [...] o papa provou ao mundo a sua incompetência [...] e as suas ideas refractárias ao progresso e ao desenvolvimento da música! Como papa praticou um erro [...], fez mais: commetteu um crime; crime de lesa-arte, qual o de perturbar e empecer o gosto do povo e o seu adiantamento esthético. [...] a Itália, a pátria das artes, deve o não ter

hoje, talvez, a preponderância que podia ter na música moderna, por isso que foi em todos os tempos o desenvolvimento do canto-choral, o estalão por onde se aferiu o grau de adiantamento de uma nação musical e que a Egreja Romana pôz todas as barreiras possíveis ao seu progresso, à sua propaganda, à sua influência benéfica! (*GM*, 1892, n.5, p.65-7.)

Os debates sobre música vocal *versus* instrumental como gêneros mais representativos de uma arte superior ocorrem com frequência na *Gazeta Musical*. Essa discussão era importante na medida em que tentava estabelecer um gênero como superior a outros, o que significava definir os caminhos evolutivos da música. Anton Rubinstein, por exemplo, afirma ir contra as ideias "modernas", segundo as quais a música vocal seria a mais alta expressão da arte musical:

> Sim, estou em opposição a essas ideias: 1° porque a voz humana limita a melodia, o que não faz o instrumento e o que é uma restricção para as livres disposições da alma, alegria ou dôr; 2° porque as palavras, embora as mais bellas, não podem exprimir os sentimentos que enchem a alma, o que muito acertadamente se chamou o *inexprimível*; 3° porque, na alegria mais viva como na dor a mais profunda, o homem pode muito bem ouvir cantar em si próprio uma melodia, mas ella não poderá nem quererá adoptar palavras; 4° porque nunca, em ópera alguma, se ouvio nem se ouvirá o trágico que achamos, por exemplo, na segunda parte do trio em *ré* maior de Beethoven, ou nas sua sonatas opus 106 [...]. Para gozar perfeitamente uma symphonia é necessário ter tido uma verdadeira iniciação musical; só uma parte ínfima do público tem esta comprehensão. A música instrumental é a *alma* da música, mas é preciso saber penetrar, pressentir, investigar essa alma; o público nem sempre é capaz de um semelhante trabalho de psychologia [...]. Eu sempre perguntei a mim próprio se a música pode – e até que ponto – não só mostrar a individualidade e o estado da alma do compositor, mas ser ainda de alguma forma como que o echo do tempo em que se produzio, o reflexo dos acontecimentos contemporâneos, e até indicar o grao

da cultura da sociedade que as viu nascer. Cheguei à conclusão de que ella pode fazer tudo isso até ao menor detalhe; pode-se quazi reconhecer na música até as modas e os costumes da sua época, sem fallar do *Zopf*, que é o signal característico de todo um período de arte musical. Mas tudo isto não é possivel senão a partir do momento em que a música se tornou uma língua independente e não um simples commentário de palavras, isto é, depois do engrandecimento da música instrumental. (*GM*, 1892, n.8, p.119-21.)

Rubinstein, que a princípio parece divergir de B. R., enaltece o gênero instrumental, ressaltando as qualidades superiores da música não vinculada à palavra. Também afirma que o público, em sua maioria, não é capaz de compreender tal música, preferindo os gêneros cantados, mais acessíveis. Já B. R. acredita no bom gosto do público, ainda que este precise ser educado para se refinar. Entretanto, as ideias de B. R. e de Rubinstein não são divergentes: B. R. preocupa-se com a educação musical do povo e tenta chegar a ele por meio do canto e de gêneros populares (como a ópera) como um recurso didático:

> Desde que abandonemos o elemento popular, desde que aquelles que se acham encarregados de modificar o sentimento esthético dos povos pensem em obrigá-los a repentinamente attingirem o ideal da arte, desde que entre o canto escolar e o canto da ama e do berço medeie o espaço de uma escola inteira, de uma forma, de um ou de muitos séculos, é mais que certo que todo o trabalho feito é trabalho perdido. O povo tem isso de curioso e engraçado. Quem precisar elevá-lo a um certo nível, tem necessidade de ir até elle, prendê-lo com a maior segurança pelo seu lado vulnerável – o patriotismo, o amor, a languidez, os pensamentos de guerra, a *revanche* – e aos poucos vir emergindo até às alturas mais impossíveis, porque a todas elle é capaz de attingir. É ainda assim, quando educado, quando o seu sentimento esthético se modificou totalmente, elle sente prazer por vezes em recordar o seu passado, em viver das suas tradições. Depois é preciso não esquecer que o povo quer entender o que faz; e que o

dever de quem procura educá-lo é ir muito chãmente ao encontro do seu preparo intellectual. (*GM*, 1892, n.15, p.226.)

Rubinstein e B. R. poderiam estar em acordo com relação à superioridade do gênero instrumental sobre o canto; no entanto, a música instrumental seria acessível somente a uma elite, aos "iniciados", enquanto a ópera e os demais gêneros cantados poderiam, se bem orientados (com técnicas que combinassem harmoniosamente as vozes, enriquecendo a "melodia primitiva"), elevar o nível estético do povo. É por essa razão que B. R. tanto escreve na *Gazeta Musical* sobre o canto coral, que ele desejava que fosse utilizado como ferramenta educacional intrinsecamente ligada ao desenvolvimento do país.

O discurso evolucionista nos textos de Rubinstein verifica-se na divisão que faz da música em épocas:

> [...] estamos apenas conversando sobre a marcha da arte musical em geral e dos seus principaes representantes. Já sabe que para mim a arte musical começa com Palestrina, e que é d'elle que eu faço datar a primeira época da nossa arte, época a que chamarei ao mesmo tempo a época do órgão e a época vocal [...]. Chamarei à segunda época: *intrumental*, isto é, a época do desenvolvimento do piano e da orchestra [...]. Chamarei à terceira época: *lyrico-romântica*. [...] Antes de passarmos à quarta época da arte musical, falemos um pouco da virtuosidade. Existiram *virtuoses* da época antiga, que executavam na sua maioria trechos de sua composição; depois *virtuoses* da época moderna que executam quase exclusivamente os trabalhos dos estranhos. Só a antiga época nos pode interessar porque só ella tem influência sobre a marcha da arte musical. (*GM*, 1892, n.18, p.277-9.)

E que influência pode ter tido essa virtuosidade sobre a marcha da arte musical? A virtuosidade sempre teve influência sobre a composição. Pode-se dizer de alguma forma que a composição recebe o seu impulso da virtuosidade e que por seu turno reage contra ella. Depois, a virtuosidade influiu sempre sobre a fabricação e o aperfeiçoamento dos instrumentos. [...] acho que com a morte de Schumann e de Chopin foi-se a música: *fines musicoe*. [...] fallo muito a sério e dizendo isto tenho em vista a creação, a melodia e o pensamento musical. Não resta dúvida que agora escrevem-se muitas cousas interessantes, mesmo cousas de valor, mas a respeito de bello, de grande, de magestoso, de profundo nada se faz. E isto nota-se principalmente na música instrumental, que para mim continua a ser a verdadeira pedra de toque. [...] o colorido vale mais que o desenho, a téchnica mais do que o pensamento, a moldura mais do que o quadro. [...] três nomes aparecem como representando a era nova da música, a quarta época da arte musical: *Berlioz, Wagner* e *Liszt*. (GM, 1892, n.19, p.294-6.)

Rubinstein acredita que fatores climáticos, econômicos e culturais influenciam os gêneros musicais. Assim, a música religiosa de um país teria caráter completamente diverso da música religiosa de outro, a expressão musical adequando-se a todos os fatores que formam uma determinada sociedade. Para Rubinstein, a música reflete os acontecimentos da história, da política e da cultura social:

> O nosso século começa ou em 1789, isto é, com a revolução francesa (musicalmente com Beethoven), ou em 1815 com a desapparição de Napoleão e a restauração (em música, a época da escolástica e da virtuosidade de Hummel, Mocheles e outros). Continua-se com o desabrochamento da nova philosophia (terceiro período de Beethoven), a revolução de julho de 1830, a queda da legitimidade, o começo dos Orléans no throno de França, a proclamação dos princípios democráticos e constitucionaes (Berlioz), o triumpho da burguezia, no sentido da riqueza material e da formação de um [?] contra todo movimento político inquietador ou progressivo (mítica do regente de orchestra), a harpa eólia da revolução polaca de 1831 (Chopin), o romantismo em geral e a sua victória sobre o pseudoclássico (Schumann), as artes e as sciências que resplandecem com um brilho extraordinário em todos os países

(Mendelssohn), Luiz Napoleão torna-se imperador (o virtuose Liszt compõe oratórios e symphonias e a opereta toma pé; a guerra franco--allemã, a unidade da Allemanha, a paz da Europa repousando n'um exército de dez milhões de soldados, a transformação dos princípios políticos que reinavam outr'ora (Wagner, o seu drama musical e os seus princípios de arte), a situação actual da Europa, a esperança geral e o esforço para evitar terríveis choques, a pouca segurança que se tem no futuro e o sentimento da inconstância da política actual (a arte musical do nosso tempo, phase de transição, esperança de um gênio musical, o receio e o presentimento da perda mesmo de nossa arte); a luta sempre crescente dos partidos políticos, religiosos e sociaes (as differentes correntes na música, o clacissismo, o romantismo, o nihilismo, e a luta de todas as escolas), a aspiração dos povos e das raças para a autonomia, à federação, à independência política (o desenvolvimento sempre maior do nacionalismo na música) [...]. Sinto que não viverei bastante para vêr um novo Bach ou um novo Beethoven [...]. Não é verdadeiramente o *crepúsculo dos deuses* que começa para a nossa arte? (*GM*, 1893, n.5, p.73-5; fim do artigo de A. Rubinstein intitulado "A música e seus representantes".)

No artigo intitulado "Harmonia e melodia", assinado por E. A. Marescotti, tenta-se uma conciliação entre as tendências partidárias da melodia e as partidárias da harmonia, entre melodistas e wagneristas. Afirma Marescotti que não há necessidade de se colocar Wagner em oposição a Gounod, e que melodia e harmonia se complementam, não tendo nenhuma razão de ser a guerra de palavras que se faz e que divide o mundo da música em compartimentos estanques. Marescotti acredita que todo esse processo faz parte da evolução musical:

> Quem sabe, si depois de séculos de progresso, e de outros de consequente decadência, quando a harmonia e a orchestração tiverem dito a última palavra; quem sabe si uma simples cantilena, uma melopea por si só, não se erguerá no silencio e na solidão, como o canto de um vaqueiro! [...] Evitemos, portanto, o cerrado

partidismo, as classificações systemáticas. Nunca se diga: *Ceci tuera cela*. Lembremo-nos, ao contrario, do *Natura non facit saltus*. Na arte, como na natureza, tudo se encadeia, se prepara e continua. Eu, de certo, não quero affirmar que nada se crie; mas assevero que nada se perde; nada, pelo menos, d'aquillo que merece viver. E, reconheçamos antes a evolução do que a revolução; isto para a luz soberana, mas prudente do progresso. (*GM*, 1893, n.4, p.52 e 56.)

Segue outro exemplo de texto evolucionista estampado na *Gazeta Musical*, dessa vez não assinado:

> Giuseppe Verdi, o fecundíssimo compositor italiano que, com uma prodigalidade de nababo, tem derramado em torrentes seu talento nas innúmeras producções do seu cérebro privilegiado; o espírito forte que tem sabido occupar com glórias o honroso e elevado posto que conquistou na vanguarda de seus contemporâneos, acompanhando no seu constante progresso a evolução que se tem operado no campo da arte [...]. O artista de hoje tem o dever de sentir com a collectividade que o rodeia, e de estar de accordo com o moderno movimento evolutivo; se toda a modificação de forma tem seu princípio em uma evolução idealista, é porque a ideia é superior à forma, e onde ella não existe, não há obra d'arte – há futilidades. Folheiem toda a partitura dessa comédia lyrica, do *Falstaff*, e digam--nos onde se encontra uma só phrase musical que contenha uma *ideia*, na accepção que há pouco talhamos para esse vocábulo? Em toda a contextura dessa comédia lyrica, onde estão as formas que possam exprimir sentimentos nobre e elevados? Em todo aquelle conjuncto musical, onde se percebe esse sopro idealista que se pode chamar a alma das cousas? (*GM*, 1893, n.8, p.113 e 118.)

Para o autor desse texto sem rubrica, uma composição tem de conter a grandeza de um ideal; do contrário, consegue-se apenas fazer uma música graciosa e bonita. Considera que a música não é simplesmente uma arte recreativa e que nas composições que "modernamente" recebem a consagração das plateias inteligentes, é preciso encontrar alguma coisa "ideal" que dê a noção da natureza da arte musical (*GM*, 1893, n.8, p.118).

> Essa scentelha, essa essência, esse *quid*, não encontramos no *Falstaff*; é uma música impregnada de uma certa frescura juvenil, cujas melodias agradam pela suavidade, com uma harmonisação colorida e variada, mas, de uma vivacidade e de uma movimentação incessante que fadigam o ouvinte. [...] O *Falstaff*, finalmente, pode ser considerado deste modo: é uma bella estructura architectônica de sons, que não assenta em base firme, que não tem por alicerce a solidez de um fundo de ideias e de sentimentos e que, sujeita ao julgamento da crítica e examinada à luz da grande arte, pode ter esta classificação: É um trabalho medíocre. (Ibid., p.118-9.)

Uma circular assinada pelo proprietário de uma nova loja de comércio de partituras, livros e instrumentos musicais é publicada na *Gazeta Musical* em 1893. Nela verificamos que até mesmo os comerciantes discursavam sobre o dever patriótico de contribuir com a evolução, o progresso e a missão civilizadora da nação:

> A música é a arte por excellência, domina a unidade e a massa, guia-nos aos extremos do enthusiasmo patriótico, conduz-nos às expressões de sentimento e dor, [...] eleva-nos aos páramos da phantasia, [...] e emfim, extasia-nos ante o supremo ideal da arte. O grao de adiantamento da arte musical traduz uma civilização, e posto que nossa pátria ainda se ache no albor da arte, apraz-nos consignar o ponto que preenche na escala do progresso, apezar de novel entre as nações de todo o orbe. [...] os vultos mais notáveis entre os maestros das duas Américas têm sahído do Brazil [...]. E é possuídos do mais vivo interesse pela prosperidade das artes, que ao inaugurarmos o nosso empório musical, temos em perspectiva [...] procurar elevar os novos como nós [...]. Nesse intuito, patriotas como somos, e desejando concorrer, se bem que modestamente, para o progresso de nossa pátria, para o engrandecimento da arte musical que no Brazil (permita-se-nos a audácia) não virá longe a era em que

apresentará com vantagem producções do mais subido quilate [...].
(*GM*, 1893, n.2, p.20-1.)

Miguel Cardoso discorre sobre a música antiga e moderna de Minas Gerais, evocando a sua "florescência e decadência" em épocas diversas. Começando pelos tempos coloniais, afirma:

> Quaes eram os elementos scientíficos que nesse período florescente possuíam esses músicos compositores? Onde aprenderam elles todas as leis e convenções que regem a arte para produzirem tantas obras, algumas aliás de mérito incontestável? Havia ali academias, conservatórios ou escolas para que dellas emanassem taes elementos? Certamente que não. [...] Estariam todas essas composições isentas de defeitos? Não o cremos, visto que seus autores, embora tivessem robustíssimo talento, não possuíam vastos conhecimentos de harmonia e contraponto para brilharem com todo o esplendor de que seriam capazes. [...] compunham porque assim lhes ordenava o gênio, porque lhes dictava a musa! [...] É uma triste verdade que hoje a música está decadente em Minas. A tenacidade e força de vontade dos que outr'ora elevaram, somente por seus hercúleos esforços, tão sublime arte ao maior grao de aperfeiçoamento relativo à época e aos quase nullos conhecimentos scientíficos, foram substituídos pelo egoísmo dos que, professando-a, só visam o lucro immediato, [...] limitam-se a usá-la de um modo menos decoroso, executando o que existe de mais banal e despresando o que há de mais sublime, de mais nobre, de mais scientífico, emfim – a música clássica – que constituio para seus avós o maior padrão de glória que se pode imaginar. [...] Agora que aquelle Estado começa a despertar do somno da indifferença que até aqui dormira, já creando estabelecimentos de ensino superior, já diffundindo escolas primárias por todo o seu vasto território, já procurando por todos os meios espalhar a educação do povo, alicerce onde hoje se firma sua soberania e civismo, é crivel que também a música possa ser protegida e amparada. É de suppor que os estadistas de hoje, tomando o exemplo da Grécia Antiga e da França moderna, que, para perfeito progresso e

civilisação dos povos, fizeram toda a sorte de sacrifícios para que as artes tivessem logar proeminente, não exclamem com aquelles de regimen passado: O mundo não marcha com cantigas. (*GM*, 1893, n.5, p.65-7.)

Nesse texto evolucionista de Miguel Cardoso, verificam-se aspectos característicos da linha positivista comtiana: o otimismo com relação ao futuro, a necessidade de educar o povo, o patriotismo e a Grécia e a França como modelos.

2.1.2 As relações entre música, literatura e ideais do Romantismo

O formato de discussões adotado pela *Gazeta Musical* seguiu o modelo dos periódicos europeus dedicados à música. Nesse formato herdado sobretudo dos periódicos franceses, a descrição verbal de obras musicais era um recurso comum e assumia caráter didático, ao mesmo tempo que se pretendia desenvolver uma análise crítica das obras. Na música, a descrição foi um elemento suficientemente importante, a ponto de influenciar no julgamento do valor de uma composição musical; o papel que a imprensa dedicada à música representou neste sentido não pode ser menosprezado.

Ao abordar o século XIX em *Listening Through Reading*, Botstein (1992, p.130) estuda como o ato de ouvir música e o seu reflexo na experência do ouvinte são influenciados por formas de descrição verbal da obra musical. Em outras palavras, a maneira de reagir e de descrever experiências musicais é influenciada pela expectativa da própria música em primeiro momento formulada em termos de linguagem. Este aspecto é importante para a compreensão da recepção musical no final do século XIX e do uso que se fazia de tais descrições como ferramenta ideológica. A função da linguagem verbal mediando e construindo o sentido musical interfere no gosto, no vocabulário de julgamento e na educação musical do ouvinte, em especial na do amador.

Tal fenômeno pode ser explicado pelo desenvolvimento do virtuosismo musical, que passou a delimitar mais precisamente as fronteiras entre amadores e profissionais da música. Botstein declara que a impossibilidade de alcançar a destreza técnica exigida pelo repertório virtuosístico que emergiu no século XIX levou a maior parcela de consumidores da música – os músicos amadores – a compensar a limitação da prática musical pelo ato de ler sobre música. Daí existirem tantos periódicos especializados em música, com seções didáticas sobre diversos aspectos musicais e de inúmeras histórias da música escritas para amadores. A habilidade de execução (ainda que reduzida), aliada a uma literatura acessível, produzia a sensação de competência para um amplo seguimento do público musical. Ainda segundo Botstein (1992), a significativa expansão do público musical no século XIX tornou central a inter-relação da música com a literatura, difundida pela crítica musical nos periódicos.

As descrições de obras musicais realizadas pelos autores da *Gazeta Musical* comprovam a inter-relação entre música e literatura, na qual a poesia tinha um destaque especial no julgamento de valor de um compositor e de sua obra. Miguéz é descrito como "poeta até o fundo d'alma" (*GM*, 1891, n.4, p.2); "vemos que o que domina e encanta particularmente em suas composições é a poesia de que estão impregnadas" (Ibid., p.3). O artigo da *Gazeta Musical* referente à crítica feita à ópera *Falstaff* de Verdi é talvez o melhor exemplo, nesse periódico, do significado de uma "verdadeira" obra musical e das relações que essa tinha com o idealismo romântico:

> O nosso amor da arte, o nosso culto pelo ideal, trouxeram-nos a anciedade de ouvir e conhecer a obra-prima, o desejo de experimentar o goso esthético no extase contemplativo d'aquellas bellezas musicaes. A nossa impaciência foi finalmente satisfeita, e mesmo excedida, pois que, como nenhuma outra cidade, tivemos simultaneamente, na mesma noite, em dous theatros [...] a primeira audição do *Falstaff* [...]. ([s.a.], *GM*, 1893, n.8, p.113-4.)

Para julgar o valor estético de *Falstaff*, o autor desse artigo propõe-se a examinar a obra "em toda a sua estructura, desde os alicerces sobre os quais foi construído o suntuoso edifício, ou antes, desde o libreto que recebeu a investidura musical" (Ibid., p.114).

O autor nos fala sobre o libreto:

> O libretto, portanto, em cuja estructura predomina a condição conceituosa do drama, não é mais que um pretexto para o connúbio hybrido e para a transacção de duas arte independentes que se reúnem para um resultado, que traz fatalmente o prejuízo de uma delas. O desenho sonoro desenvolvendo-se no tempo e constituindo a creação musical obedece a princípios mui diversos dos que regem a creação poética. A poesia na sua verdadeira expressão, preza a conceituosidade, a riqueza de figuras synthéticas, o esplendor das imagens e a variedade da forma. A música, ao contrário, exige o largo e amplo desenvolvimento do pensamento musical e foge ao conceito intellectivo; e em toda a extenção do desenvolvimento de um thema ella reclama a igualdade das imagens e da forma em que ellas vão se manifestando. Essa dissimilhança tão profunda entre os elementos representativos e de expressão das duas artes fez nascer a necessidade de um gênero especialíssimo de poema em que a acção, ficando quase immobilisada, se preste ao desenvolvimento completo de cada ideia musical. Esta immobilisação da acção principal dos personagens que representam, circumscrevendo-os em um dado momento psychico, constitue o que se chama situação lyrica ou situação musical. É por estas razões que o libretto, considerado por grande número como um trabalho puramente litterário, para nós significa apenas um complexo de situações musicaes creadas de modo a produzirem, tanto quanto possível, um entrecho verosímil. [...] Para a música elevada e nobre que pretende exprimir o bello, só dous gêneros podem ser tratados: o gênero histórico ou dramático, que desde já declaramos inadoptável, visto como elle não pode prescindir dos conceitos intellectivos, e o gênero da legenda. Nesta é verdade que os typos não são reaes, mas são verdadeiras

personificações de sentimentos, offerecendo, portanto, todos os requisitos necessarios à acção musical. (Ibid., p.115-6.)

O trecho ilustra bem como os autores wagnerianos da *Gazeta Musical* justificavam o apoio que davam à concepção do drama lírico do mestre alemão, começando pela escolha de temas míticos para o libreto. Este não era o caso de *Falstaff*, que já começa a receber severas críticas a partir da escolha do libreto:

> Não é nossa intenção dizer que os dramas de Shakespeare não possam conter muita música; mas é necessário que o explorador saiba cavar da mina o riquíssimo thesouro. [...] Interpretar, traduzir, transformar a idealidade poética na idealidade musical, eis o grande segredo e o grande meio [...]. Todas as producções de Shakespeare têm a sua significação, nenhuma é banal ou fútil; todas são o producto do momento e do paíz em que viveu. Sua arte é um espelho em que se reflectem a natureza e o mundo. Reproduziu o que viu, e como só copiou a natureza, e só procurou a verdade, por isso parece que escreveu para todos os tempos. Mas, de toda a grandeza do gênio, o que transladou Boito para o seu libretto? Apenas um nome: *Falstaff*. [...] Trabalhando sobre esse material despido de ideias superiores, o que poderia compor o grande mestre sinão uma música incerta, fluctuante, simples producto de sua imaginação fantasiosa? Quando se accentua a necessidade de ampliar o domínio psychológico da arte, quando a música, sob pena de esterilidade, não pode tratar um assumpto, que não reúna as condições imprescindíveis para exprimir uma ideia, é então que todos procuram elevar ao apogeu a obra musical que se caracterisa apenas pelo *nada da ideia* – não a ideia melódica, nem a inspiração propriamente dita, mas a ideia philosóphica, ou antes a applicação da forma musical às exigências da nossa intellectualidade. Não é desintencionadamente que nos referimos às exigências intellectuaes do nosso tempo que reclamam da arte modificações e alterações que tendem ao supremo objectivo – o aperfeiçoamento – causa de toda a instabilidade. As evoluções psychológicas, assim como actuam em política, também

repercutem em todos os ramos da actividade moral. É por isso que as obras de Bach, verdadeiros primores para seus contemporâneos, para nós representam valores de archeologia; são monumentos immortaes de uma arte que não existe mais. (Ibid., p.117-8.)

Aqui, o evolucionismo é evidente ao tornar a obra de Bach relevante enquanto arqueologia, demonstrando a "superioridade" das obras coevas sobre as de épocas anteriores; a *Gazeta Musical* seguirá essa linha evolucionista mesclada ao idealismo romântico.

As obras de compositores românticos brasileiros, posteriormente julgadas epigonais aos modelos europeus e descartadas das salas de concerto, possuíam, para os autores da *Gazeta Musical*, uma originalidade própria, uma vez que sua "narrativa" ou seu "caráter poético", conforme seus textos, remetiam a temas e situações nacionais. A "narrativa" em uma obra musical é, nos textos da *Gazeta Musical*, um conceito difícil de ser apreendido pelos leitores do século XXI. A narrativa de uma obra parece incluir os temas usados pelo compositor, como o indianismo (ou outro tema patriótico que serviria como título da composição) e a descrição da paisagem nacional, já equacionada em fórmulas musicais. A "narrativa" musical era um conceito que ia além do que se definia como "música de programa", como veremos a seguir.

Para fundamentar a hipótese do significado de tal conceito, recorremos mais uma vez ao trabalho de Volpe (2001, Introdução, p.1-5) que demonstra que o indianismo e as convenções musicais para a descrição da paisagem foram os maiores símbolos da identidade nacional brasileira na música entre 1870 e 1930. Segundo a autora, tais convenções musicais para a descrição da paisagem estabelecidas pelos compositores românticos brasileiros serviram de base para as reformulações realizadas por Villa-Lobos, que acabou por transformar a descrição da paisagem em "essência" da música nacional.[7]

---

7 As relações entre indianismo, descrição de paisagem e identidade nacional são aprofundadas nos capítulos 4 e 5 de Volpe, 2001, p.155-289.

A importância que a *Gazeta Musical* dava à narrativa implícita em uma composição musical transparece também em textos traduzidos de autores estrangeiros. Rubinstein nos dá um exemplo desse tipo de pensamento peculiar àquele período: a música instrumental é, para ele, uma linguagem, a "linguagem dos sons". Bastaria saber decifrá-la para ler corretamente o que o compositor quis exprimir; "resta depois o comentário", que deve ser realizado pelo executante. O executante deve sentir a necessidade de exprimir alguma coisa; do contrário, a música instrumental nada exprime, e só a música vocal poderia reproduzir os sentimentos humanos. (*GM*, 1892, n.9, p.134.)

Rubinstein continua:

> Tomemos ainda para exemplo a ballada em lá menor n° 2 de Chopin. É possível que o executor não cuide em transmittir immediatamente ao auditório com a sua execução: em primeiro logar uma flor dos campos, depois o sopro do vento, a conversa do vento com a flor, os arrebatamentos do vento, as súpplicas da flor que pedem que a poupem, e por fim a sua agonia? Ainda se podia interpretar de outra maneira: a flor dos campos seria uma beldade da aldeia, e o vento um jovem cavalleiro que passa. Todo o trecho de música instrumental pode ser assim explicado. (Ibid., p.134.)

Rubinstein, no entanto, faz uma distinção entre a música de programa e a "narrativa" que uma obra musical contém:

> É opinião minha que se deve deixar ao auditor adivinhar um programma, mas sou contrário a impor-se-lhe um programma determinado com antecedência. Estou persuadido de que todo o compositor não faz só escrever em um certo tom, em um certo compasso e um certo rythmo; mas que põe no seu trabalho uma certa disposição de alma, isto é, um programma, com a convicção de que o auditor e o executante saberão penetrá-lo. Muitas vezes, elle dá à sua obra um título geral que é uma indicação para o executante e para o auditor; também é tudo quanto é preciso, porque não

se pode pretender exprimir pela palavra todos os detalhes de um sentimento. É assim que eu comprehendo a música a programma e não como uma imitação desejada, com o auxílio de sons, de certas cousas e certos acontecimentos. Essa imitação só é admissível no gênero simples ou cômico. (Ibid., p.135.)

O compositor considera que a *Sinfonia "Pastoral"* de Beethoven "é uma musica a programma, na accepção mais lógica do termo. [...] A imitação em música dos fenômenos da natureza, como a tempestade, o trovão, o relâmpago [...] é precisamente uma dessas futilidades [...] e que está no entanto admitida em arte", afirma Rubinstein (Ibid.).

Da mesma forma, o mundo romântico, fantástico, repleto de feiticeiras, fadas, gnomos ou sereias, é programático na sua expressão musical, porque repousaria na ingenuidade do autor e dos auditores.

Todavia, as relações entre música e poesia são essenciais para Rubinstein:

> [...] Schubert [...] creou o romantismo lyrico na música. Antes d'elle não se conhecia senão a canção simples, em *couplets*, ou a ballada, trabalho secco e tenso, com recitativo e cantilena, de forma escolástica e acompanhamento insignificante. Schubert creou o canto da alma, a poesia musical sobre a poesia litterária, a melodia comentando as palavras, creou um gênero no qual se teem feito e se fazem ainda muitas cousas bellas, bem inferiores comtudo ao que elle compoz. (*GM*, 1892, n.14, p.213.)

O compositor russo deixa claro que há um aspecto narrativo implícito em uma composição musical e que o público era capaz de apreendê-lo. Esse aspecto, que nos remete às estreitas relações da música com a literatura, foi importante em obras do período romântico e tem de ser levado em conta se quisermos compreender melhor o pensamento musical dos compositores do período.

Rubinstein justifica ainda a suposta falta da forma em obras de Schubert:

Critica-se sobretudo nas suas obras a ausência de formas definidas. O seu costume de introduzir canções inteiras (sem palavras) nas suas grandes obras (themas *divinos* com desenvolvimentos *humanos*), produzio necessariamente prolongações; este defeito faz-se sentir sobretudo nas sonatas para piano [...] (Ibid., p.214.)

Resgatando uma abordagem analítica conteudista vigente no século XIX e próxima à das narrativas literárias, Newcomb (1984, p.239-40) declara que a incoerência formal fazia parte do significado do discurso musical romântico. A análise da estrutura formal não seria a mais adequada para a compreensão da obra, pois esta estaria fortemente relacionada à literatura e seguiria formulações mais próximas desta. A comunicação de ideias e pensamentos se realizaria através da sucessão e evolução do caráter temático, sendo as unidades de tema pensadas como caracteres de uma narrativa.

Da mesma forma, poderíamos pensar em uma categoria analítica que abrangesse o aspecto narrativo de obras dos compositores românticos brasileiros, com base nas análises de descrição da paisagem nacional (Volpe, 2001) e na abordagem proposta por Newcomb (1984). Uma vez que o pensamento musical da época pressupunha essa forte relação entre música e literatura – em especial com a poesia, o que se torna ainda mais evidente na ópera e no drama musical por causa do libreto –, seria possível que classificassem obras como *nacionalistas* mesmo quando em sua composição não eram utilizados elementos do folclore musical.

A relação entre música e literatura nas obras dramático-musicais apresenta pontos de vista divergentes entre os críticos musicais estrangeiros mencionados ou traduzidos na *Gazeta Musical*. Nem todos os autores viam a parte literária, a poesia (ou mesmo o libreto de uma ópera) em pé de igualdade com a música. Um artigo, provavelmente traduzido de um periódico italiano, de autoria de Angelo Tessarolo e intitulado "Solilóquio artístico – O libretto na ópera" faz a seguinte crítica a um autor francês:

A ópera também teve de soffrer um evolução fatal e, assim, tanto o libretto como a música foram obrigados a tomar uma direcção artística diversa. Todos conhecem as batalhas, por vezes tão ferozes, que se feriram no campo da arte e, justamente sobre o argumento Música e Poesia; Gluck, Suard e Arnaud de um lado, e Piccinni, Marmontel e La Harpe do outro; os primeiros queriam a música subordinada à poesia, e os segundos queriam que a poesia fosse humilde criada da música. Sustentando ambas as partes sua asseveração, desembainharam argumentos mais ou menos plausíveis e também merecedores de maior ou menor attenção. [...] Ninguém interveio n'aquella batalha artística, talvez por esquecer-se que *in medio stat virtus*! Veio, porém, felizmente, alguns annos depois, o Wagner, não dando rasão àquelles dois partidos escolásticos [...] affirmando [...] que a poesia e a música [...] deviam também, na ópera theatral, completar-se [...]. Hoje parecia portanto que a questão n'este argumento estivesse resolvida definitivamente, e que a crítica adversa fosse desarmada deante desta nova direcção da poesia e da música; mas ao contrário, para alguns críticos não está resolvida a questão. Em França o Sr. Beauquier sustenta [...] com um calor verdadeiramente excepcional a inferioridade necessária, do libretto à musica, na ópera theatral. [...] Beauquier não quer, por nenhum modo, appaudir ao axioma luminoso, e já agora posto fora de discussão [...] que a música theatral brota da dramática, do vigor, da efficácia dos versos [...]. (Tessarollo, *GM*, 1893, n.5, p.75-7.)

2.1.3 A França como modelo de civilização

A França aparece diversas vezes como modelo a ser seguido na área da música em nosso país – a modificação do gosto musical de um povo que melhoraria a índole do mesmo, as formas de institucionalização da música e o auxílio dos governos às belas-artes são alguns dos exemplos que deveriam servir ao Brasil. O colunista B. R. chega mesmo a sugerir semelhanças entre a realidade francesa e a brasileira:

Verificada assim a nossa tendência pela música, é preciso que seja ella poderosamente auxiliada pelos nossos governos, que se devem lembrar que é pela música que se consegue a modificação da índole de um povo. Dizia um grande orador: "Il n'est pas d'art mieux fait pour élever les âmes, pour detourner le peuple des plaisirs grossiers" (Jules Favre, *Discours*) e provada está a verdade desta asserção do grande tribuno francez. É por isso que a França não regateia favores às suas instituições musicaes e, desde longo tempo, cura com os maiores desvellos do seu Conservatório de Pariz, não só collocando à sua frente artistas da mais provada competência, como fornecendo os meios peculiares precisos para o seu desenvolvimento. (*GM*, 1891, n.7, p.6.)

Entre nós ainda nos últimos annos da monarchia se regateava favores às nossas escollas de bellas-artes [...]. Em tudo se imitava a França, menos nos auxílios às bellas-artes, que sempre foram alli poderosos, e basta para o provar lembrarmo-nos que, na Câmara de 1868, o deputado Guéroult achou que era insuficiente a verba de 222.000 francos destinada no orçamento ao Conservatório de Pariz, porque, dizia elle, não era possível com tão pequena quantia elevar este estabelecimento ao nível a que tinha jus pela sua importância, como educador do bom gosto do povo, como o agente mais efficaz da reforma de seus costumes, como a instituição que mais glórias poderia trazer à França. (*GM*, 1891, n.8, p.1.)

O que é impossível é conseguir-se entre nós por iniciativa particular, pela boa vontade do público, pelo sacrifício dos compositores, o que ainda se não conseguio em Pariz, para onde o governo francez consigna-se no seu orçamento quinze mil francos de subvenção aos concertos de Collonne e egual quantia a Lamoureux. A França incumbe-se de nos provar que qualquer tentativa d'este gênero é inútil sem o auxílio do governo. (Ibid., p.4.)

Em qualquer cidade de quarta ordem da França se vê duas vezes por semana a música do batalhão tocando na praça pública e o habitante do interior d'aquelle paíz conhece a razão de ser das victórias ou insucessos dos seus compositores, porque a banda militar se incumbe de lhe fazer ouvir as producções musicaes recentemente applaudidas ou assobiadas em Pariz. À tarde quando a música toca na parada do quartel, o soldado não deixa de ir ouvi-la e tem garbo e orgulho da música do seu batalhão. (*GM*, 1891, n.9, p.3.)

Em uma sessão da Câmara dos Deputados da França – a de 20 de julho de 1868 – Julio Favre, o grande politico e conhecido orador francez, depois de accusar o Conservatório de Paris de levar um poucos de annos a preparar um alumno, pedia que a este respeito se dessem providência porque, dizia elle: "Des savants ont dans ces derniers temps inventé des méthodes pour rendre facile la composition [...] des personnes dénuées de toute notion de musique sont parvenues, au bout de quinze jours, à composer des airs"[8] (!!!) Vem ao caso a citação unicamente para desculpar os nossos homens públicos. (*GM*, 1892, n.1, p.2.)

De 1833 a 1865 o governo francez auxiliou directamente a fundação de sociedades-choraes e o resultado desses auxílios foram admiráveis. O grao de desenvolvimento que tomaram esteve na razão directa da diminuição dos crimes em todos os departamentos, e ainda em 1887, em um relatório enviado ao ministro da Justiça, dizia M. Dupuis: [...] *Quand les ouvriers de certaines localités se trouvaient réunis á une fête quelconque, l'usage exigeait que, pour sentenir l'honneur de leurs localités respectives, ils, échangeassent entre eux des coups de poing; depuis la creation des sociétés chorales ces moeurs sauvages sont disparus et on se rassemble pour faire de la musique, et pour affirmer de cette manière la superiorité de la localité de sa residence.*[9]

---

8 Sábios inventaram, nos últimos tempos, métodos para tornar fácil a composição [...] pessoas desprovidas de qualquer noção de música chegam, ao cabo de quinze dias, a compor árias. (Tradução nossa.)
9 Quando os trabalhadores de certas localidades se achavam reunidos em uma festa qualquer, o costume exigia que, para defender a honra de suas localidades respectivas, trocassem socos entre si; depois da criação das sociedades corais,

Vê-se, pois, pela informação acima o quão valioso acha o governo francez a creação de sociedades-choraes, como elemento civilisador e reformador dos uzos do povo. Em toda a Allemanha o operário, nos seus momentos de lazer, reúne-se na sua sociedade e executa as mais bellas producções dos seus autores estimados. O allemão tem uma noção extraordinária de harmonia que, não duvidamos affirmar, lhe é fornecida pelo estudo dos clássicos, e por isso a Allemanha está hoje à frente das nações musicaes. Nas festas populares da Suíssa é certo ouvir-se em um dado momento a execução em coro das canções patrióticas helvéticas, e d'haí a noção de patriotismo d'aquelle povo modelo, d'aquella república previlegiada. (Ibid., p.3.)

Miguéz também se apoia no exemplo francês para diversas questões que considerava primordiais ao desenvolvimento da música no Brasil. A adoção do diapasão de 870 vibrações simples, ou "diapasão normal", é uma delas. O diapasão é uma norma adotada para a afinação dos instrumentos musicais e das vozes. Até metade do século XIX existiam diapasões com diferentes afinações por toda a Europa, o que representava uma diferença de quase um tom entre diapasões usados, até em uma mesma cidade. Era preciso criar uma regra que os uniformizasse. Durante um congresso internacional realizado em Paris, o diapasão foi fixado em 870 vibrações por segundo à temperatura de 18°C (que no início do século XX elevou-se para 880 vibrações, aproximadamente 440 Hz para a nota lá). Miguéz, atento aos esforços feitos na Europa para a implantação do diapasão de 870 vibrações, quis adotar a mesma medida no Brasil:[10]

> No meu relatório do anno passado, tratando da necessidade da adopção do diapasão de 870 vibrações simples, que os países adeantados adoptaram como diapasão normal, fallei largamente a este respeito, expondo a urgência dessa adopção e citando as suas

---
  esses modos selvagens desapareceram e nos reunimos para fazer música e para afirmar dessa maneira a superioridade de cada localidade. (Tradução nossa.)
10 HONEGGER, Marc. *Dictionnaire Science de la Musique*. Paris: Bordas, 1976.

vantagens; fui mesmo até dar a traducção do decreto de lei franceza que o tornou obrigatório, decreto que me parece poder ser adaptado ao nosso meio, soffrendo alterações de pequena monta que o tornem compatível com o nosso paíz e as nossas condições. [...] Este assumpto, que parecerá aos profanos de pequena monta, é de tão vital interesse, é de tão grande importância, que sem a adopção do diapasão normal nós veremos perdidos todos os esforços deste Instituto em assentar as bases de uma sólida escola de canto, cuja preocupação constante é a conservação da voz em toda sua frescura e belleza de timbre. (*GM*, 1892, n.18, p.273-4.)

Mais uma vez a França aparece como modelo para Miguéz:[11]

O museu de instrumentos de música é o mais poderoso elemento ao estudo da história da música para o qual não bastam as illustrações dos livros da matéria. [...] e o Conservatório de Pariz não poupa sacrifícios para o augmento das sua collecções, já hoje importantíssimas e que se augmentam todos os dias por doações e por acquisições feitas pelo Estado. [...] desde já devemos tratar particularmente da nossa collecção indígena, podendo juntar exemplares magníficos, e não deixando que vão elles para o estrangeiro, não os possuindo nós, o que seria vergonhoso e a prova da nossa indifferença e inépcia. [...] lembro o quanto seria conveniente pedir aos governadores dos diversos Estados para que auxiliassem o nosso modesto museu, especialmente com instrumentos africanos e indígenas, podendo assim formar-se neste Instituto uma boa collecção, necessária ao estudo da história musical das diversas tribus e dos habitantes primitivos deste paíz. (*GM*, 1892, n.19, p.289-90.)

---

11 Devemos lembrar que a *Gazeta Musical* foi publicada entre 1891 e 1893, período anterior à viagem de Miguéz à Europa para estudar a organização dos conservatórios em vários centros musicais importantes. Após essa viagem, ocorrida entre 1895 e 1896, Miguéz preparou um relatório para o Ministério da Justiça e Negócios Interiores, no qual afirma a superioridade dos conservatórios alemães e belgas (Miguéz, 1897, p.29-32).

O projeto de canto orfeônico que B. R. planejou para o Brasil teve a França como principal modelo:

> Entre nós nunca se deu importância às sociedades choraes e no entanto disse um fluente [sic] escriptor francez, cujo nome não nos ocorre de momento: *cuide-se para levantar o nível moral do povo francez, da propagação das sociedades orpheônicas; o orpheon congrega duas necessidades imperiosas da humanidade: a associação e a instrucção. Nestes casos, a música não é uma arte de gozo, é uma arte de utilidade.* Estas citações que por vezes trazemos sobre o canto-choral fazem notar claramente a importância que lá fora se dá a este ramo do ensino musical tão descurado em nosso paíz. (*GM*, 1892, n.20, p.306.)

A *Gazeta Musical* tentou introduzir uma nova seção em suas páginas, dedicada a livros "novos" sobre música, com a intenção de esclarecer cada vez mais os seus leitores. No entanto, essa seção não vingou, aparecendo uma única vez no periódico:

> LIVROS NOVOS. As constantes perguntas que nos são dirigidas, como jornal téchnico sobre os novos livros que apparecem, tratando de assumptos musicaes, obrigam-nos a abrir, sob este título, uma nova secção em que registraremos os nomes dos livros que sejam dados à estampa e tratem da nossa especialidade [...] julgamos ser este um bom serviço prestado aos nossos leitores que muitas vezes encontram difficuldade em encontrar as informações que a *Gazeta Musical* se propõe dar-lhes. Aqui verão pois os nossos amigos o movimento bibliográphico-musical de Paris, Londres, Milão, etc [...]. (*GM*, 1892, n.1, p.9-10.)

Os livros citados na seção são cinco: três da França, um da Inglaterra e o outro da Itália.

A maioria das notícias publicadas na coluna "Notícias do estrangeiro" se reportam à França. Um exemplo:

Por occasião da exposição nacional e concurso regional que se devem realisar em Tours, França, em 1892, a administração municipal decidiu que se fizesse um grande concurso para bandas, fanfarras e *orpheons*, o qual se realisará nos dias 3 e 4 de julho. Como sempre, as municipalidades da França não perdem a occasião de procurar elevar as sua associações musicaes e de crear incitamento ao progresso das sociedades de canto-choral. E entre nós – triste é confessá-lo! – nem nas escolas se cuida de semelhante cousa! (*GM*, 1892, n.3, p.46.)

Ademais, Anton Rubinstein associa a obra de Beethoven diretamente à Revolução Francesa, considerando-a "o eco musical" da mesma: "Não da guilhotina, decerto, mas elle repercute o grande drama; a sua obra não é a história posta em música, bem entendido, mas é o echo musical da tragédia que se chama liberdade, egualdade e fraternidade!" (*GM*, 1892, n.12, p.185).

A *Gazeta Musical* de 1893 está repleta de artigos traduzidos do francês: "Uma conversa com J. Massenet", de Robert Charvay, e "Uma transformação da orchestra, conferência feita no Theatro de Applicação de Pariz, em 27 de abril de 1892", de Charles Henry, são alguns exemplos. Além disso, a opinião dos jornais parisienses de música serviam como parâmetro de julgamento para as composições de artistas estrangeiros, por exemplo, as de L. Lambert (compositor brasileiro de nascimento) e de A. Keil (compositor português) (*GM*, 1893, n.4, p.61).

As discussões em torno da estética wagneriana que aconteciam na França pós-1870 também aparecem nas páginas da *Gazeta Musical*:

> A crítica pariziense cercou o nome de Bruneau dos maiores doestos, dos mais rasgados elogios. [...] No nosso intuito de trazer os nossos leitores ao corrente do que se passa no mundo artístico, esperávamos a occasião de poder fallar largamente sobre este trabalho, que tamanha revolução tem feito na crítica franceza, e julgamos do nosso dever transcrever diversas opiniões que encontramos na *Revue Encyclopedique*, firmadas por Arthur Poujin, Joncières, Thémines,

E. Reyer, Adolph Julien e Alfred Ernest. Todos quantos estudam a evolução da música franceza, todos os que observam as reformas da arte da composição, terão grande interesse em ler taes opiniões que irão de certo fazer-lhes desejo de estudar a partitura do jovem *maestro* indisciplinado. É nesse intuito que cedemos a palavra aos críticos francezes [...]. (*GM*, 1891, n.8, p.5.)

A estética de Wagner e as críticas aos seus seguidores será o tema do item subsequente.

2.2 Música germânica, "música do futuro" e wagnerismo

A *Gazeta Musical* dedicou muitas de suas páginas à música germânica e à estética wagneriana, dando espaço para a crítica de obras de compositores que seguiam os princípios da "música do futuro" de Wagner. Apesar de ser um periódico predominantemente wagnerista, a *Gazeta Musical* acompanhava atentamente as discussões em torno da estética de Wagner e de seus seguidores, publicando várias críticas de obras musicais ora a favor, ora contra a estética do compositor alemão. De maneira geral, o periódico elogia as obras de Wagner, reservando críticas a alguns de seus seguidores.

Com relação ao desenvolvimento da crítica musical no século XIX, Kolb (1996, p.622) aponta um amplo sistema de crenças com embasamento filosófico que teria levado à prática dessa crítica e que incluía o culto das artes e dos artistas, a relevância da educação e o reconhecimento de um cânone estabelecido na música clássica, no qual Beethoven representava o pilar central. É assim que a música germânica, representada principalmente por Mozart, Haydn e Beethoven, aparece na *Gazeta Musical*, que critica a falta de educação da sociedade fluminense, incapaz de apreciar a "boa" música:

> Beethoven, Mozart, Mendelssohn, Chopin, Schumann e outros resplendentes nomes, que representam o precioso escrínio da arte

musical, tudo isso era hyeroglipho para a sociedade fluminense, que, aliás, ainda hoje faz caretas a essa gente sonhadora "que parece haver composto música para servir de antídoto à insômnia". [...] hoje em dia há ainda quem finja apreciar a música clássica. [...] A dansa occupa ainda o primeiro logar nos primeiros salões fluminenses [...]. As sociedades philarmônicas lutam contra a falta de gosto e educação artística. (*GM*, 1891, n.7, p.11-2.)

Na *Gazeta Musical*, a música germânica é quase um sinônimo de música instrumental, sendo considerada, por Anton Rubinstein, superior à estética da ópera italiana:

Embora a ópera reine como soberana absoluta sobre o público e esta soberania se prolongue até à metade do nosso século, só encontro, comtudo, verdadeiro progresso na música instrumental que se desenvolve mais e mais, e isto só na Allemanha; porque na Itália e na França apenas se cultiva a música vocal; e, como eu não vejo o ideal da minha arte senão na música instrumental, eu chamei, sem hesitar, à musica uma arte allemã. (*GM*, 1892, n.12, p.182.)

[...] devemos então atravessar juntos dois campos abundantemente semeados e que teem alimentado o público mais do que qualquer outro e segundo o seu gosto; quero fallar, na música vocal, da ópera, e, na música instrumental, da virtuosidade. A ópera e a virtuosidade tiveram de facto origem na Itália. A ópera jocosa e a ópera séria ahí se desenvolveram. Também – à excepção da França, onde, desde Lulli, a ópera se canta em francez – por toda a parte, até a segunda metade do nosso século, a vemos cantando em italiano. A causa d'isso está indubitavelmente em o clima da Itália e a língua italiana serem particularmente favoráveis aos cantores; mas é à mesma causa também que a Itália deve a decadência de sua creação musical. Os compositores esforçavam-se muito n'este paíz em escrever para os cantores bellas cantilenas e árias coloridas, sem se occuparem absolutamente do drama, com o fim único de permittirem ao cantor o manifestar todo o seu talento. O compositor italiano era, por conseguinte, obrigado a reduzir a orchestra ao papel insípido de acompanhamento, e foi tão longe n'este sentido, que, para o músico sério, a ópera italiana é atualmente synônimo de *insignificância*. É inteiramente justo sob o ponto de vista esthético, mas é o menos no ponto de vista puramente musical, porque apezar de tudo, uma bella cantilena vale bem alguma cousa e há muitas nas óperas italianas. (*GM*, 1892, n.15, p.229-30.)

Si admittirmos o genero de ópera, é porque admittimos voluntariamente uma convenção: a palavra cantada; mas será possível a illusão quando a música é alternada continuamente com a palavra? Já era horroroso ouvir no *vaudeville* francez, depois de um diálogo espirituoso, *couplets* no gênero de: "Bom dia minha senhora, como passa?". Imagine-se agora como é possível supportar a mesma embrulhada em uma ópera, em um trabalho seriamente dramático, lyrico ou phantástico! Admitto mais depressa o melodrama em uma peça franceza de sensação, o *tremolo com sordina* que acompanha uma scena de envenenamento ou um ataque nocturno. Mas quando me lembro que Mozart escreveu a *Flauta mágica* com diálogos, Beethoven o seu *Fidelio* e Weber o seu *Freischütz*, não posso deixar de o lamentar profundamente. (Ibid., p.233.)

A música, identificada muitas vezes na revista como a "arte germânica" por excelência, é também classificada como a mais importante das artes, affirmativa que tem respaldo em pensadores da época, dois dos quais foram destacados por B. R.:

Procurando estudar o desenvolvimento do canto-choral, nós temos de ir até o século XVI, buscar na Allemanha as causas primárias do impulso extraordinário que o canto em coro tem n'aquelle paíz e justificar da alguma forma a affirmação que avançamos, de que é talvez a esse estudo que os allemães devem a preponderância que assumiram entre as nações cultas n'este ramo da Arte, que é o mais bello, o mais arrebatador, o que mais falla aos sentidos, o que traduz mais facilmente os sentimentos humanos.

Dão-nos este argumento dois grandes pensadores d'este século: Spencer e Helmoltz, um inglez e um allemão, dois temperamentos isemptos dos enthusiasmos da raça latina, os quaes collocaram a música como a mais importante das bellas-artes e ambos se deixam levar por uma poesia enexplicável quando a elle [sic] se reportam. (*GM*, 1892, n.2, p.17.)

Na *Gazeta Musical*, a Alemanha é também a grande referência para um estudo sério da arte musical:

A redacção principal d'esta folha [a *GM*] foi confiada ao preparado e prático *maestro* Ignacio Porto-Alegre; músico sobre que actuaram os benéficos influxos de uma prolongada residência na Allemanha, donde elle trouxe não só a seriedade de formas e a rigidez da esthética teutônica, como a placidez, prudência e méthodo, em todas as disciplinas da arte musical, que elle conhece, como compositor e como musicólogo de primeira ordem. (*GM*, 1892, n.11, p.168; transcrito do jornal *O Industrial*.)

A música de programa e a "música do futuro" são às vezes citadas na *Gazeta Musical*. Rubinstein, no entanto, fala sobre Liszt, Berlioz e manifesta opinião desfavorável à música programática:

O terceiro personagem n'esta *arte militante* é Liszt: um verdadeiro demônio da música, um demônio que tudo devasta na sua passagem, [...] que seduz pelo encanto, [...] admitte e adopta todas as formas da arte, ao mesmo tempo idealista e realista, que sabe tudo e de tudo é capaz, mas que em tudo também é falso, rebelde, falto de sinceridade e trazendo em si o princípio do mal. A sua carreira artística divide-se em dois períodos, o do *virtuose* e o do compositor. O primeiro é a meus olhos a época brilhante da sua vida. [...] Quem não ouvio Chopin e Liszt, Thalberg e Henselt não sabe o quanto se pode conseguir do piano! [...] Quanto ao segundo período da carreira de Liszt, a de compositor, é elle, a meu ver, bem lamentável. Em cada uma das suas obras apparecem intenções que vos irritam;

a música de programma é levada ao excesso e de uma *pose* perpétua: na música sagrada posa diante de Deus; nas obras orchestraes posa diante do público; nas suas transcripções posa diante dos compositores; nas rapsódias húngaras posa diante dos ciganos. "Nas artes é preciso fazer o grandioso" era a sua máxima favorita; assim, as suas obras são recheiadas de exagerações. A sua mania de inventar o *novo* custasse o que custasse levou-o a compor obras inteiras (sonatas, concertos, poemas symphônicos) construídas sobre um *único* thema, processo completamente antimusical. O thema tem o seu caracter determinado, tem a sua disposição especial [...]. Não foi um capricho de um compositor que estabeleceu as differentes formas musicaes; elas foram elaboradas pelo tempo e as exigências esthéticas; é assim que não se podem mudar as formas da sonata sem a tornar simples fantasia, uma cousa que não será nem symphonia, nem sonata, nem concerto. A architectura nas suas leis elementares é a arte que mais se approxima da música; é possível representar uma casa, uma egreja ou um edifício qualquer sem uma forma preconcebida? [...] Eis porque a amorphia em uma obra musical não é senão o improviso e de alguma forma a divagação. O poema symphônico – é assim que Liszt intitula as suas obras orchestraes – apresenta talvez uma nova forma de arte; mas seria ella necessária e será viável? Compete ainda ao futuro responder-nos, como sobre o drama musical de Wagner. A instrumentação de Liszt revella a mesma maestria que a de Berlioz e Wagner [...]. A influência destes três artistas sobre os compositores modernos é com certesa importante, mas não benéfica na minha opinião. Há um certo interesse em vêr qual destes tem mais influência e em que paíz a exerce principalmente. Na Allemanha é Wagner quem domina, sobretudo na ópera, e Liszt sobre alguns compositores de música instrumental. Em França e na Rússia são Berlioz e Liszt que imperam, mas unicamente sobre a música instrumental, porque em França a ópera está ainda sob a influência de Meyerbeer e na Rússia ella volta-se para a esphera restricta do nacionalismo desejado. Na Itália é Liszt quem arrebata a tal ponto que tem levado os jovens compositores italianos a ensaiarem-se no gênero symphônico, ao qual até hoje o gênio italiano se conservou refractário e se conservará sempre, na minha opinião. [...] a nossa épocha musical é simplesmente uma épocha de transição. [...] vir-nos-ha d'ahí alguma cousa? Só o futuro poderá dizer. [...] Essa questão [a vulgarização da música] pode ser encarada de duas maneiras [...] É certamente para desejar que a massa do público possa ouvir as obras dos grandes mestres, e, dessa forma, adquirir uma certa comprehensão da música; para isso é preciso necessariamente fundar escolas, concertos populares, sociedades philarmônicas e symphônicas e sociedades de canto mas, por outro lado, sinto também que a arte musical exige que se lhe consagrem absolutamente e que a sirvam em um templo accecível só aos iniciados; que esta arte deveria ser qualquer cousa de sagrado, por assim dizer, e só destinada aos eleitos [...]. Pela minha parte eu não desejaria ouvir, por exemplo, em um concerto popular ou em uma praça pública a nona symphonia, [...] ou as últimas sonatas de Beethoven; não porque o público os não comprehendesse, mas, ao contrario, pelo receio de que elle os comprehendesse. [...] Não sei tambem si os musêos concorrem para a educação do povo nas artes plásticas ou si, pelo contrário, esses musêos não têm sido e não serão nunca úteis sinão à parte intelligente do público. (*GM*, 1892, n.22, p.348-51.)

Os executantes de hoje, chefes de orchestra e virtuoses acham [...] o maior prazer em interpretar livremente os trabalhos (e a este respeito Wagner e Liszt foram os maiores culpados), comprazendo-se em alterar os movimentos, cadências, os ralentando, [...] em juntar a orchestra a obras primitivamente escriptas para piano só [...]. (*GM*, 1892, n.23, p.364.)

Apesar de Anton Rubinstein ser antiwagnerista e afirmar que a maior influência de Wagner se fazia na ópera alemã, também a França, derrotada pela Prússia em 1871, teria de certa forma se curvado à estética wagneriana (Mordey, 2007), até o sucesso retumbante em 1891 (Volpe, 2001).

Pesquisando periódicos franceses da década de 1870, Mordey (2007) observa que os cronistas franceses daquela década – entre eles Alexandre Dumas Filho – transformaram a morte natural do famoso compositor Daniel François Auber (1782-1871) em uma narrativa apocalíptica ligada à guerra e à situação política do país. O compositor, *bon vivant* e espécie de símbolo da música parisiense do período anterior à guerra com a Prússia, morreu aos 90 anos, mas, conforme descrita pelos periódicos da época, a narrativa de sua morte transformou-se em um símbolo da destruição, dos horrores e da devastação causados pela guerra em 1870, tendo chocado ainda mais a opinião pública (Ibid., p.217).

Mordey explica que, após a derrota para a Prússia, uma série de mudanças na maneira como os franceses viam seus costumes, seus valores culturais, seu modo de vida – enfim, suas diferenças em relação aos seus vizinhos germânicos – levaram os franceses a pensar em reformulações que também atingiram a estética musical do período, dada a importância da música em assuntos públicos. A pergunta que afligia os franceses na época era: "Como os prussianos puderam vencer uma nação do porte da França?", e as primeiras repostas encontradas, segundo Mordey, foram basicamente duas: castigo divino pela imoralidade e frivolidade da sociedade francesa, ou a admissão da superioridade da raça alemã. A primeira alternativa fortaleceu o catolicismo e as filosofias ligadas aos valores morais, enquanto a segunda fez os intelectuais franceses refletirem um pouco mais sobre seu próprio país (Ibid., p.222). A partir daí, o povo alemão passou a ser um exemplo de moralidade, educação e cultura.

Na *Gazeta Musical* encontramos referências à moral alemã sobretudo nos artigos de B. R., e também à imoralidade francesa. Alfredo Camarate, como vimos, critica o ambiente francês durante o reinado de Napoleão III:

> Verdi accentuou o sensualismo na arte, escreveu uma música nervosa e mundana, para homens terrenos e nervosos e o próprio Offenbach, com a sua música dissolvente, lúbrica e demolidora, foi o fiel espelho da dissolução, do depravamento, da derrocada moral e material em que estava a França no tempo de Napoleão III. (*GM*, 1893, n.9, p.133.)

A superioridade da raça alemã era defendida na França por Arthur de Gobineau (Mordey, 2007, p.222), e os intelectuais e políticos franceses acabaram por concluir que a vitória prussiana tinha sido arquitetada nas universidades alemãs; fora a vitória da ciência e da educação alemã contra a ignorância francesa proveniente da falta de dedicação aos estudos e da frivolidade de seu modo de vida. Enquanto os alemães ouviam música instrumental em reverente silêncio, os franceses iam à ópera para ver as bailarinas e divertir-se (Ibid., p.223).

São muitas as referências em escritos da época que apontam a sociedade parisiense como frívola e extravagante, em parte devido à relativa paz e condição econômica do país nas décadas de 1850 e 1860. No meio musical, era preciso mudar os hábitos e transformar a música ligeira em uma manifestação artística mais séria, "mais germânica" (Ibid., p.224).

A música "séria" – incluindo-se a música instrumental no molde alemão – deveria substituir a frivolidade musical francesa das décadas anteriores. Na prática, não se conseguiu um resultado de mudança de hábitos pela população parisiense, que continuou a frequentar as operetas, os café-concertos e, em poucos anos, o mesmo repertório operístico da era napoleônica estava de volta aos teatros franceses (Ibid., p.225).

O que realmente interessava não era propriamente a mudança do gosto musical do povo francês, mas o argumento político que envolvia essas discussões musicais e que interessavam a uma facção política mais moralista e interessada em dirigir com maior firmeza o país.

Este processo de "regeneração" da música francesa na década de 1870 guarda semelhanças com as propostas de "regeneração" da música brasileira nos novos tempos da República na década de 1890. A estética musical brasileira associada ao Império deveria mudar, adquirir ares modernos após a proclamação do novo regime (Volpe, 2001, capítulo 2). Desse modo, adotou-se uma série de medidas de "regeneração" musical, como a desvalorização da ópera italiana; um maior refinamento na linguagem musical, associada à valorização da música alemã; e a valorização do "moderno" na linguagem musical e da harmonia em detrimento da melodia.[12] Entretanto, malgrado os esforços republicanos, o público fluminense não deixou de frequentar mágicas, operetas, óperas italianas e demais espetáculos "imorais" e "sem valor artístico", conforme atestam diversos artigos da *Gazeta Musical*. Os colaboradores da *Gazeta Musical* faziam coro com o crítico francês do periódico parisiense *L'Art Musicale*, que, em 1872, declarou que a frivolidade havia voltado a reinar (Lacome apud Mordey, 2007, p.226).

Para os colaboradores da *Gazeta Musical*, boa parte da responsabilidade pela "imoralidade" nas artes cabia ao governo, que deixava gradativamente de apoiar os projetos educacionais propostos pelos intelectuais à frente do Instituto Nacional de Música.

Volpe (2001, p.77-82.) demonstra as relações existentes entre a francofilia reinante na capital federal no final do século XIX e a onda wagneriana que dominou o meio musical fluminense como representante da mais moderna linguagem musical, para muitos compositores da época. Na França, o wagnerismo foi defendido por muitos compositores e críticos, fomentando discussões que iam muito além de questões puramente estéticas. Por isso, Pasler (1987) buscou identificar as motivações extramusicais na reação do público na estreia da ópera *Pelléas e Mélisande* de Claude Debussy, em 1902. Essa ópera, contendo diversos elementos da linguagem wagneriana, provocou verdadeiro escândalo no público, semelhante ao que *A sagração da primavera* de Stravinsky causaria quase uma década depois. Pasler justifica essa reação do público por motivações que não se restringiam ao valor musical da obra, relacionando-a a interesses políticos e sociais da época.

Diversas forças políticas representantes de várias classes sociais enfrentavam-se nos teatros e apoiavam determinadas correntes

---

12 Volpe (2001, Capítulo 2, p.55-130) esclarece-nos sobre as modificações que os republicanos tentaram realizar na música, com o intuito de estabelecer novos símbolos musicais que se identificassem com o novo regime, assim como sobre o advento do wagnerismo no meio musical fluminense por intermédio da França (p.74).

estéticas e compositores em detrimento de outros, de acordo com suas ideologias e interesses pessoais; também os periódicos o faziam, seguindo linhas políticas e estéticas definidas, alguns se dedicando a escrever para classes sociais específicas. Segundo Pasler, as diferenças sociais e de posição política vinham com frequência à tona na estreia de uma nova ópera, gênero predileto do grande público do século XIX. Nesses momentos, o teatro transformava-se em ponto de encontro de diversas facções e classes sociais diversas.

Além das discussões propriamente estéticas, Pasler (1987) aponta o interesse que tais discussões suscitavam com relação também a aspectos morais, pois, para um grupo parisiense mais conservador, a música poderia arruinar ou formar o caráter das pessoas, e um compositor digno deste título deveria "comportar-se bem" e ter uma vida exemplar.

As relações entre música e moral têm especial importância nos artigos da *Gazeta Musical* e este fato pode ser relacionado também à longa tradição conservadora católica de nosso país, que por sua vez facilitou a aceitação do positivismo de Comte entre os intelectuais brasileiros.O crítico e compositor Alfred Bruneau surge nas páginas da *Gazeta Musical* tendo sua obra *Le Rêve* criticada por colegas como Adolphe Julien e Arthur Pougin, uns contra, outros a favor da linguagem wagneriana utilizada pelo autor. Bruneau, apesar de wagnerista, defendia em suas críticas os compositores nacionalistas como Debussy, Dukas e Koechlin, apesar de estes últimos declararem o desejo de que os "imitadores oficiais de Wagner fossem para a tumba" (Pasler, 1987, p.261).Wagneristas como Bruneau não se reconheciam como "imitadores" de Wagner, pois estes não eram "bons" compositores; os "verdadeiros" compositores – como Bruneau ou Miguéz se viam – eram artistas originais, que utilizavam a linguagem moderna, wagneriana, para compor música original e nacional. Dessa forma, no Brasil, Miguéz e Nepomuceno, entre outros, também buscavam um caminho para a música nacional brasileira, nos mesmos moldes do cosmopolitismo francês. O artigo biográfico de Leopoldo Miguéz (GM, 1891, n.4, p.1-6) e o artigo de B. R. (GM, 1891, n.7, p.6-9) deixam claras as relações entre a criação de uma música nacional brasileira e as ideias ligadas à Revolução Francesa, que deveriam nortear o espírito republicano, que incluía os ideais de civilização e de patriotismo.

A relação entre música e poesia fica evidente na obra de Wagner, segundo alguns críticos que têm seus textos registrados nas páginas da *Gazeta Musical*.

Os artigos em prol da estética de Wagner são abordados na *Gazeta Musical* de duas maneiras: pela "perfeita união" entre a música e a poesia e pelo aspecto "transcendental" de sua obra, entendida muitas vezes como êxtase religioso.

Comecemos por Angelo Tessarolo, em artigo aqui já citado, que destaca a igualdade entre música e poesia na criação operística da época:

> Veio, porém, felizmente, [...] Wagner [...] affirmando, com a sua poderosa competência, em algumas de suas cartas e alguns de seus estudos de esthética, que a poesia e a música, as filhas predilectas da natureza, da qual reflectem os attractivos immortaes, deviam também, na ópera theatral, completar-se, uma com a outra, e serem irmãs. E estas ideas foram effectuadas pelo gênio de Lipsia nas suas óperas, compondo elle mesmo o libretto e a música, assegurando também que para crear a obra verdadeira de arte, o músico deve ser poeta, e trazendo em defeza da sua these certas razões muito confutáveis de resto e, felizmente, confutadas pela crítica. Porém, as theorias wagnerianas attinentes ao valor parallelo da poesia e da música foram immediatamente acolhidas e traduzidas em effeito por todos aquelles a cuja mente explendiam os horizontes novos da arte, e também na Itália, por Verdi, Boito, Ponchielli, Puccini, Franchetti, Mascagni e Leoncavallo, passaram com êxito feliz à região dos factos consummados. (*GM*, 1893, n.5, p.76.)

A obra de Wagner é classificada por períodos evolutivos, e o wagnerismo é tratado na *Gazeta Musical* como uma etapa da "evolução musical" do período, como neste artigo não assinado:

No glorioso cyclo formado pela série dos trabalhos do grande reformador, que deslumbrou o mundo da arte com as fulgurações do seu gênio imperecível, o *Navio fantasma*, o *Tannhäuser* e o *Lohengrin* representam, nos parámos infinitos do ideal, a constellação luminosa do segundo período de sua evolução artística. Se nos dois primeiros trabalhos citados Wagner procurou abandonar os velhos moldes consagrados pela tradição, no *Lohengrin* apresentou a realisação definitiva da moderna fôrma que, pelo aperfeiçoamento gradativamente conquistado, completou o seu desenvolvimento typico em *Tristan et Iseult*. Detenhamo-nos, porém, no *Lohengrin*, a mais elevada expressão de sua modalidade artística no segundo grao do movimento ascencional de sua carreira artística, e occupemo-nos exclusivamente desse drama lyrico que acaba de ser cantado no nosso theatro lyrico, dominando poderosamente com sua dynâmica emocional o selecto auditório, que applaudio entausiasticamente [sic] e *conscientemente*, em que pese aos pretenciosos exegetas do reformador, que pensam ser os únicos a comprehender a sublimidade de suas concepções. Aquelles que até hoje se estasiam ante as producções da velha escola italiana e que acreditam que Bach, Haydn e Mozart são inimitáveis e inexedíveis, não comprehendendo que o valor desses grandes artistas está subordinado a um critério aferido que se baseia em uma relatividade de meio, de tempo e de processos adoptados, esses é que não podem, pelo seu atrazamento intellectual, por sua myopia em questões de arte, descortinar os vastíssimos horizontes que o gênio rasgou aos nossos olhares e que illuminou com as suas irradiações esplendentes. Contrariamente ao que pensam aquelles que decretaram a ignorância do nosso público, e proclamaram a incompetência e incapacidade delle para comprehender Ricardo Wagner, tivemos a satisfação de verificar nesse complexo documento humano que se chama o público do theatro o adiantamento e o progresso da educação musical do nosso povo. [...]

O poema do *Lohengrin* tem suas raízes mergulhadas nos domínios da mais ampla fantasia, recebeu a vida das pristinas e nebulosas tradições da lenda. O músico-poeta embrenhou-se nas florestas negras, percorreu as brumosas steppes, ouvio os cantos populares, sentio palpitar o coração ingênuo de um povo rude, ignorante e contemplativo e aprendeu as suas narrativas e as suas lendas embebidas em uma poesia singela e san. Roubou ao cascalho dessa mina inexhaurível – a alma do povo – o diamante de suas tradições, lapidou-o no seu engenho e fez scintillar à luz o brilhante precioso dos versos dos seus poemas que, si não reproduzem com exactidão os factos da história, ligam-se, todavia, aos acontecimentos e às vicissitudes que formam a vida do povo, e têm, por outro lado, grande riqueza de situações musicaes pela condensação de sentimentos variados que alli dentro se accumulam com maravilhosa intensidade, entrelaçando-se e prendendo-se, como elos de uma cadeia indissolúvel, episódios ternos, cavalheirosos, dramáticos e profundamente commovedores. ([s.a.], *GM*, 1893, n.10, p.145-6.)

No texto acima, Wagner se enquadra perfeitamente nas propostas estéticas da *Gazeta Musical*: da cultura do povo, de seus cantos e de suas lendas, o compositor "lapidou o diamante" que "cintila" em sua obra. A viagem que Wagner teria feito, de acordo com esse artigo, embrenhando-se "nas florestas negras" de seus país, assemelha-se às narrativas das viagens que Villa-Lobos posteriormente realizaria à floresta amazônica, com um propósito semelhante ao de Wagner. Na continuação do artigo, o autor destaca a importância do estudo tradicional da música, aliado ao talento do artista:

O que, porém, mais impressiona a imaginação do espectador é a concepção grandiosa da moderna forma musical. Cada um acto, desenvolvendo-se sem uma única solução de continuidade, constitue, na sua integralidade homogênea, um admirável trecho symphônico, completo, acabado. [...] Bordando o tecido orchestral, que varia infinitamente, apparecem os *leit-motives*, phrases essencialmente características que designam tal ou tal personagem, e que chegam a reproduzir com espantosa fidelidade o estado de sua alma consentaneamente com a situação dramática, modificando-se de mil maneiras, mas conservando sempre seu caracter essencial. [...] Prescindindo mesmo da questão de moldes, ainda se verifica que há no *Lohengrin* uma música de raça. Nos seus elementos compositivos, isto é, em suas melodias, em suas harmonias e em seus rhythmos palpitam a altivez, a distincção e uma orgulhosa valentia que indicam uma procedência nobre, uma origem fidalga. [...] Tudo isto prova que Wagner não se entregava exclusivamente aos surtos gigantescos do seu estro genial. Como homem, elle desconfiava do que se chama geralmente a inspiração; estudava os grandes modelos, investigava os processos empregados pelos grandes mestres, seus predecessores para imprimir em seus trabalhos esse cunho particular, que caracterisa as obras de arte. Exemplifiquemos [...] o que significa esse cunho particular, que poderemos também chamar o tom característico, a unidade, ou caracter symptomático. Uma paysagem, sendo sempre a mesma, varia muito seu aspecto, conforme a estação [...]. Esta mudança encontra-se ainda durante as differentes phases do dia [...]. Cabe ao pintor, com os recursos de sua palheta, reproduzir essas variações, exprimir o seu caracter [...]. Pois bem! O músico tem a instrumentação, de que elle se serve como de uma palheta igualmente capaz de tudo representar. Modificando de muitas maneiras uma melodia, elle pode pela instrumentação variar infinitamente sua expressão e seu caracter. [...] Ora, isto, que se faz somente em um trecho, faz-se também em uma longa composição, dando-lhe assim seu caracter geral, ou antes, para dizer em linguagem técnica – *sua dominante*. Em todos esses processos, porém, permanece immanentemente uma essência indefinível – é a personalidade do artista que vive palpitante e eterna consubstanciada na obra de arte. Nas composições de Wagner, porém, esse princípio symptomático de uma individualidade é tão forte que poderíamos, materialisando-o no seu modo de ser, chamá-lo a rede nervosa que liga com seus innúmeros tentáculos as moléculas que constituem um organismo no seu mais perfeito equilíbrio funccional. [...] A fascinação irresistível e esse poder invencível de attracção que a música de Wagner exerce sobre todos aquelles que soffrem essa influência absorvente não são cousas sobrenaturaes; são phenômenos que estão sujeitos a um estudo de observação e de anályse e que encontram explicação verdadeira e real. [...] não podemos dispensar-nos de chamar-lhes a attenção sobre o systema que o grande mestre concebeu da obra d'arte integral [...]. Não concorre menos como causa essencial a preoccupação predominante do genial reformador de traduzir e exprimir pela música principalmente os sentimentos, e os movimentos d'alma. Wagner não cogitava de descrever os acontecimentos do mundo extrerior; elle ia buscar no âmago dos corações as paixões que provocavam esses acontecimentos, ou os conflictos que se chocaram na alma de seus personagens. [...] Abandonando muito intencionalmente os assumptos históricos e aquelles em que predominam as inextricáveis tramas de peripécias dramáticas, que não podem ser devidamente tratadas em música, visto como essa arte não tem elementos para representar immediatamente à imaginação e à intelligência do auditório a conceituosidade intellectiva dos factos, elle procurou haurir na fonte riquíssima das lendas e dos mythos os seus poemas tão singelos, mas onde predominam os sentimentos com uma admirável intensidade emotiva. ([s.a.], *GM*, 1893, n.10, p.148-51.)

O trecho sintetiza duas das ideias amplamente defendidas pela *Gazeta Musical*: o aspecto "dominante" de uma obra que um compositor de talento consegue transmitir, sem perder a sua própria "essência", que é a sua personalidade artística; e a comparação de uma obra de Wagner com um "organismo no seu mais perfeito equilíbrio funcional", explicando a arte musical pelas leis da ciência natural, em uma atitude tipicamente positivista.

A seguir, a *Gazeta Musical* proclama o ideal de unir a melodia "simples e primitiva" à "ciência da orquestração", quando noticia a admiração da Europa pela estética wagneriana:

NOTÍCIAS DO ESTRANGEIRO. Parece que os Srs. Gailhard e Lamoureux pensam em fazer construir em Versailles um novo theatro semelhante ao de Bayreuth para ali fazerem representar as obras de Wagner e *as tentativas dos jovens compositores que se inclinem para a obra que parece ser a do futuro, onde a melodia simples e a primitiva se una à mais completa sciência de orchestração.* A sala sera luxuosamente decorada e a orchestra e o palco perfeitamente iguaes aos do theatro de Bayreuth. (*GM*, 1891, n.10, p.14.)

Formou-se em Londres um syndicato para alli fazer representar as óperas allemães [sic]. O fim do syndicato é fazer representar as peças com artistas, adereços e coros allemães e fazer o possível para reproduzir em uma sala de theatro inglez os effeitos obtidos em Bayreuth. As óperas serão dadas sem o menor corte. (*GM*, 1892, n.2, p.28.)

Alfred Bruneau, crítico e compositor adepto da linguagem wagneriana, teve, de maneira geral, boa aceitação da crítica francesa:

[...] a partitura inteira [da obra *Le Rêve*] é construída sobre certas phrases características e este emprego dos *leit motiv* combinados, desenvolvidos ou modificados no acompanhamento orchestral, é levado aos extremos limites. (Adolphe Julien, *GM*, 1892, n.2, p.22.)

O *Rêve* é um successo para o Sr. Alfredo Bruneau. Não sei de que forma uma certa fracção do público aceitara uma obra tão artisticamente concebida, tão desdenhosa dos meios vulgares. Mas em todo caso, applaudiram com calor, com enthusiasmo mesmo, uma música muito expressiva, muito livre de formas, em desacordo completo com os tristes hábitos dos nossos theatros lyricos e por consequência em accordo absoluto com as situações que ella se proponha traduzir. (Alfred Ernest, *GM*, 1892, n.2, p.22.)

Quando surge a disputa entre "harmonia e melodia", na qual o wagnerismo representa o desenvolvimento da harmonia e da orquestração, a obra de Miguéz, na *Gazeta Musical*, encontra-se acima de tal discussão. Os autores do periódico evitam filiar Miguéz a qualquer escola, a fim de poupar qualquer tipo de crítica às suas obras; preferem afirmar que suas obras contêm as qualidades atribuídas à música do futuro e ao wagnerismo e, ao mesmo tempo, àquelas comumente atribuídas à corrente dos melodistas:

> [...] os enthusiasmos pela ópera vão desapparecendo, e quem sabe mesmo até onde nos levará este desprendimento, que Reichet attribue ao esgotamento da nossa escala, mas em que em boa verdade se pode attribuir à nova maneira de vêr em arte do nosso fim de século. A instrumentação, a harmonisação de um trecho, é por nós considerada com especial atenção; e muitas vezes nos preoccupamos mais com o trabalho da orchestra do que com a própria melodia, e a termos de escolher entre um compositor inspirado mau instrumentador e outro mais pobre de ideas, mas que saiba aproveitar todo o colorido, todas as nuanças da sua composição, [...] alguns preferem este e estão promptos a lhe darem a palma. Juntar as duas qualidades: a inspiração grandiosa e rica de melodia, a harmonisação de primeira ordem, moderna, cheia, vibrante de enthusiasmo ou lânguida de sentimento, estallada de indignação ou murmurada em amor – mas que nós tenhamos estas impressões na instrumentação como na melodia – é este o ideal da mais bella das artes, é este o typo do compositor de primeira ordem. Junta Miguéz as qualidades que vimos de apontar. (*GM*, 1892, n.12, p.177.)

A *Gazeta Musical* não poupa elogios à ópera *Tannhäuser* encenada no Rio de Janeiro em 1892 e destaca a "elevação do sentimento estético" do Brasil:

> A sociedade fluminense teve occasião de assisitir na noite de 1 do corrente a uma solemnidade apparatosa que se celebrava no templo destinado ao culto da arte musical. Cantava-se no Theatro Lyrico o *Tannhäuser* de R. Wagner, e esse acontecimento memorável, que deve ser registrado nos fastos da grande arte como um documento da elevação do sentimento esthético deste paíz, tinha congregado n'aquelle recinto a parcella da nossa população que cultiva com mais acatamento o amor das harmonias. [...] O *Tannhäuser*, que todos sabem não ser a última manifestação d'aquelle gênio, que elevou tanto e tanto, que excedeu a estatura de todos os artistas do seu século, fez-nos, ainda assim, uma impressão profundíssima de

pasmo, de estupefacção; foi um verdadeiro deslumbramento diante d'aquella grandeza, foi uma vertigem que nos entonteceu pelo excesso de brilho que se irradiava d'aquella catadupa de sonoridades feitas de harmonias, que se succediam na mais perfeita cohesão, de melodias que traduziam as paixões mais violentas e os sentimentos mais elevados. [...] o *Tannhäuser*, esse maravilhoso drama lyrico que parece ter conseguido resolver um dos principaes problemas da música que é – fazer vibrar as cordas mais íntimas da alma reproduzindo todos os movimentos que se operam nesse mundo ideal, e attingindo ao último limite da expressão do sentimento. Uma ópera como essa, que desabrochou do íntimo d'alma saturada de uma sentimento profundo e impregnada de uma rica sensibilidade produz commoções violentas, e as nossas sensações, perdendo sua concentração interior, e assumindo um caracter mais preciso identificam-se com ella evolando-se às alturas em que pairam os ideaes, formando imagens que são verdadeiras representações de toda aquella situação moral. Estes phenômenos explicam-se por isso que as emoções que essa música excita, já por um effeito de sua originalidade, já pela sua animação artística, desenham-se em nosso espírito sob a forma de intuições e de imagens, accentuando as impressões de nossa alma. Essas imagens adquirem no nosso espírito proporções gigantescas de visão poética que nos absorve e nos arrebata, e a nossa alma recebe a impressão grandiosa e austera, a fé contagiosa e pura no credo do artista omnipotente. Desejaríamos ficar aqui limitando-nos a externar a nossa admiração, genuflexos e maravilhados [...]. ([s.a.], *GM*, 1892, n.17, p.257-8.)

Nesse texto não assinado, o wagnerismo está associado a um sentimento que se aproxima do êxtase religioso. Os exemplos seguintes contêm essa mesma religiosidade:

As phrases d'esse côro [coro dos peregrinos] são marchetadas de uns prelúdios de charamella, admiravelmente imitada por um corne inglez com uma doçura e suavidade encantadoras. É de um encanto arrebatador essa simultaneidade de caracter religioso e pastoril;

esse mixto inexplicável de austeridade e melancolia, de gravidade e doçura. ([s.a.], *GM*, 1892, n.17, p.260.)

É preciso que a imaginação esteja chumbada à terra; é preciso que o espírito seja muito tardio e lento para comprehender; é preciso que o coração endurecido não possa commover-se; é preciso que a alma se tenha materialisado exclusivamente no gozo carnal para que o homem deixe de dobrar o joelho em uma homenagem de admiração deante da grandeza do gênio que se revela na sublimidade d'aquella imensa concepção. ([s.a.], *GM*, 1893, n.10, p.150.)

Em 1893 a *Gazeta Musical* dará atenção ainda maior ao wagnerismo, publicando diversos artigos a favor (e alguns contra). Um dos principais textos wagnerianos intitula-se "O theatro wagneriano de Bayreuth", assinado por "Dr. Henry Contagne":

Ricardo Wagner deu bastantes provas das tendências autoritárias e radicaes de seu espírito, para que nos não cause admiração o projecto de um theatro construído segundo as suas ideas e destinado exclusivamente às suas obras. [...] a escolha de Bayreuth deve ter correspondido a uma intenção determinada: Wagner quis fazer valer todo o seu prestígio sobre o seu público e subtrahí-lo, tanto quanto possivel, a influências rivaes, operando em um meio isolado e desprovido por si próprio de qualidades attractivas. (*GM*, 1893, n.3, p.37-8.)

As impressões que os dramas musicais de Wagner encenados em Bayreuth causaram no francês Contagne foram traduzidas para as páginas da *Gazeta Musical*:

Desde os primeiros compassos da orchestra invisível e cuja presença nada faz suspeitar (é prohibido aos músicos preludiarem quando estão em seus logares), a attenção do auditório está voltada para a ópera. O seu recolhimento sustenta-se apezar do caracter abstracto e da extensão do espectáculo (o primeiro acto do *Parsifal* dura uma hora e 45 minutos). Não se admittiriam as nossas interrupções ordinárias por signaes de approvação ou desapprovação [...] Nós mesmos tomamos parte, depois de fechado o panno de bocca e alumiada novamente a salla, a lucta de applausos e de *chuts*, entre o grosso do público, que queria manifestar a satisfacção que acabava de accumular durante um acto, e os wagnerianos intransigentes, guarda das tradições do mestre, que não admittiam que se julgassem suas obras antes da última nota do ultimo acto. [...] Não farei senão confirmar a opinião geral dos que têm ido a estas festas artísticas, testemunhando o seu alto valor esthético e declarando que é difícil chegar mais perto à perfeição do que n'essas interpretações scênicas dos dramas wagnerianos. [...] o expectador pode julgar-se transportado a um mundo antigo de raro sabor. Notei principalmente a arte com que as evoluções do corpo de baile alliavam a vivacidade dos rythmos com attitudes de uma nobreza toda atheniense, muito differentes das banalidades de estylo choreográphico ordinário. (*GM*, 1893, n.6, p.93-4.)

Na continuação desse artigo, Contagne afirma a necessidade de uma "atenção sustentada" para que o espectador possa perceber o valor estético da obra de Wagner. Essa atenção respeitosa do público era um fator que poderia sacralizar a música, tirando-a da condição de entretenimento, como era comumente considerada na França:

Se, graças ao conjuncto das condições materiaes assignaladas acima, essas representações attingem a um alto grao de perfeição, e isto à custa de grandes exigências impostas aos expectadores, estas exigências não estão em proporção com o fim que se tem em vista, ellas ficaram sendo um mystério para o grande público, incapaz de supportá-las até mesmo de comprehendê-las e impedirão definitivamente que generalisem-se em outros theatros as reformas realizadas em Bayreuth. Notemos, primeiro que tudo, que as innovações em questão não podem ser qualificadas de radicaes senão em relação a certos costumes theatraes, nos quaes não insistiremos muito, pelo interesse do nosso amor-próprio nacional. [...] a obscuridade da sala em toda a duração dos actos pratica-se em grao mais ou menos notável em todos os theatros allemães. Mas encaremos isto de mais perto. É certo que o litígio em questão não poderá ser resolvido sem um accordo sobre o fim e o caracter que a representação theatral deve têr em nossa vida social. Wagner não estará longe de ter ganho a sua causa, se reconhecermos que o drama lyrico deve corresponder a uma forma artística elevada e constituir um todo, cujas partes se completam e se encadeiam, a ponto de ser indispensável uma atenção sustentada para perceber o seu valor esthético. Ao envez d'isso, os seus críticos terão razão se o theatro deve ser, deixem-nos empregar uma expressão corrente, um ponto de diversão, uma espécie de intermediário entre um salão e um passeio, em que o espectáculo não é completo senão sendo a um tempo na sala e no proscênio. [...] No primeiro caso, o theatro lyrico volta à origem sagrada de onde veio. Toma o valor de uma manifestação intellectual collectiva de uma grande força. Commove e instrue ao mesmo tempo, gravando profundamente no espírito do público as peripécias de seus assumptos históricos ou apaixonados, pela união da poesia, da música, da mímica e da decoração scênica. No segundo caso, nós devemos gravitar em redor de um gênero que compositores de gênio não puderam salvar de uma profunda decadência; é a *ópera da virtuosidade*, isto é, uma obra em que as forças creadoras do auctor estão reduzidas a seu mínimo e constantemente limitadas pelas exigências de executantes muitíssimas vezes despóticos ou incapazes. [...] do theatro-diversão ao theatro *livre* só há um passo. As suas variedades são numerosas, desde a *platea* italiana, em que o dilettante veio ouvir uma ariasinha passeando e fumando o seu charuto, até o café concerto, abaixo do qual é difícil imaginar um espectáculo que seja um esforço intellectual menos sustentado. Valeria a pena fazer um estudo curioso psychológico sobre os actos mentaes effectuados pelos espectadores de um drama lyrico. Qual a natureza e a força das impressões que nossos sentidos recebem n'este meio? Qual a correlação que existe entre o exercício de nossas faculdades cerebraes e a producção do resultado que se designa então pelo termo tão elástico do *prazer*? Permitta-se-nos deixar aqui estas questões irrespondidas, por quanto os desenvolvimentos de uma tal discussão nos levarião [sic] muito longe. Contentemo-nos somente em insistir na enorme influência que a educação artística pode exercer sobre a natureza e a intensidade d'estes phenômenos. É certo que a música [...] toma, há alguns annos, um logar cada vez maior na vida popular. O grande público interessa-se por todas as obras musicaes de que elle tem conhecimento e inicia-se às vezes com uma facilidade singular nas que, d'entre ellas, apresentam qualidades sérias. Assim preparado, elle vae para as audições theatraes com uma somma de attenção, de que não seria capaz outr'ora, e é este um factor que os compositores contemporâneos não levam bastante em conta. Não sei se o meio lyonnez apresenta condições excepcionalmente favoráveis para a contestação d'este facto; mas confessam ter ficado muitas vezes maravilhados pelo recolhimento com que os espectadores dos últimos logares do nosso Grande Theatro ouvem e apreciam as óperas de uma forma tão abstracta, como *Sigurd*, *Samsão e Dalila*, *Lohengrin*. Ou nos enganamos muito, ou o público exigirá, cada vez mais, dos seus compositores favoritos a investigação sincera da expressão dramática e saberá recompensá-los pelos esforços que elles tiverem feito n'este sentido. (*GM*, 1893, n.7, p.104-6.)

A *Gazeta Musical* faz então um único comentário desfavorável a *Tannhäuser* e nos fala da liberdade que críticos, intérpretes e maestros do século XIX tinham para modificar a partitura original de um compositor (hábito, aliás, criticado por Rubinstein), mesmo que este fosse Richard Wagner:

> Se fôssemos um regente do mérito incontestado e do prestígio incontestável do cavalheiro Mancinelli, ousaríamos modificar por nossa conta essa melodia dos peregrinos, quando dita pelos coros, para evitar uns cruzamentos que n'ella dão-se. Faríamos isso sem prejuízo de uma nota siquer e da seguinte forma: trocaríamos a parte dos segundos tenores pela dos primeiros baixos, destruindo o cruzamento entre essas duas vozes. E, para que a parte principal (a dos primeiros tenores) fosse bem distincta, faríamos ainda uma pequena

pausa no fim de cada membro de phrase. Ainda assim os primeiros tenores se cruzariam, mas todo o effeito desejado dependeria apenas de um equilíbrio de sonoridade fácil de conseguir. ([s.a.], *GM*, 1892, n.17, p.260.)

O autor desse mesmo artigo ressalta ainda as diferenças entre Wagner e seus seguidores:

> O que essencialmente distingue Wagner de todos os seus imitadores – ninguém os teve ainda em maior quantidade, podendo-se mesmo affirmar que todos os compositores de ópera que appareceram depois delle deixaram-se influenciar poderosamente pela sua dynâmica revolucionária – é a espontaneidade ingênita, qualidade que não se encontra em nenhum dos que lhe seguem os passos. (Ibid., p.261.)

Dessa forma, os seguidores de Wagner são, às vezes, criticados em artigos publicados na *Gazeta Musical*, como neste texto traduzido de Arthur Pougin:

> Ora, quando se querem seguir até o desespero, se é possível, as doutrinas de Ricardo Wagner devem-se pelo menos tomar a este mestre symphonista prodigioso aquellas de suas qualidades que são verdadeiramente apreciáveis. Esse Wagner infelizmente sacrifica tudo à orchestra, em compensação pode-se dizer que esta orchestra é maravilhosa e que elle manifesta-se constantemente por inspirações muitas vezes sublimes. Mas a inspiração é o ponto fraco do Sr. Bruneau e d'ella não existem vestígios nos quatro mortaes actos do *Rêve*. É apenas o desejo de imitar Wagner nos seus erros, no seu amor infantil pelos *leit-motives*, no seu discurso musical ininterrupido sem tréguas nem descanço, sem vírgula ou cesura, no seu horror do accorde de duas vozes simultâneas, no seu pueril desprezo pelos coros. (*GM*, 1891, n.9, p.5.)

Também B. R. teceu críticas aos seguidores de Wagner que tentaram impor as obras do grande mestre a um público ainda despreparado para ouvi-las, não dando a oportunidade de amar as suas tradições e a partir daí desenvolver a sua própria música nacional:

> De vez em quando uma das canções populares atravessa o oceano e vae, como o *Qu'e d'ella a chave?*, fazer um successo em Pariz ou em qualquer outro grande centro. O indígena, então, arregala os olhos de espanto, admira-se da estupidez do europeu e continua a querer impingir à massa ignorante *As Walkírias* e o *Tannhäuser*! Nós, porém, cujo nome ainda não é antecedido de um opus qualquer, que estamos livres do rótulo da celebridade; nós que podemos emittir todos os juízos sem que nos tenham a censurar as ouzadias; nós que investigamos as origens e procuramos as causas; nós cujo amor à música vae a todas as transigências e obriga a todas as investigações, pensamos muito differentemente e, em cada pequena cousa nós encontramos um ponto de apoio para as nossas observações e os nossos estudos de amador. [...] Todos os enthusiasmos de hoje pela scena lyrica existiam n'esse tempo [nos tempos das serenatas, das modinhas e dos lundús] e o enthusiasmo de então era mais verdadeiro e mais ruidoso. Não appareceu um só artista lyrico, um concertista que tivesse de queixar-se d'esse tempo, e os modernos, os que veem com maus olhos esta nossa maneira de pensar, os apologistas do elemento estrangeiro da nossa música, os inimigos da bella e suave melodia, os mathemáticos musicaes, os sonhadores, precisam concordar em que eram bem mais festejados os artistas então do que hoje e que, no tempo da modinha e do lundú, das serenatas, nós soubemos ter um theatro lyrico e dramático e soubemos applaudir os primeiros artistas que de França e de Itália nos vieram para os palcos lyricos, dramáticos e de óperas cômicas. [...] Nós temos uma tendência decidida por tudo quanto é estrangeiro; nós temos mania de principiar pelo mais difícil e vem d'ahí o não produzirmos cousa que preste [...]. (*GM*, 1892, n.14, p.210-2.)

Apesar da "contribuição" de B. R., o grosso dos textos antiwagneristas da *Gazeta Musical* concentram-se nos artigos de Rubinstein. Em visita ao compositor Félix Mendelssohn, em 1846, Rubinstein teria ouvido a opinião que este tinha sobre Richard Wagner:

> O homem que sosinho escreve o libreto e a música das suas óperas é por isso só um homem extraordinário, mas isso não altera em cousa alguma a opinião que faço dos compositores modernos; Wagner é decerto um artista muito notável, mas, sobre o ponto de vista especialmente musical, não lhe acho, por qualquer lado que o examine, nem grandeza, nem elevação, nem profundura. (Felix Mendelssohn apud Anton Rubinstein, *GM*, 1892, n.21, p.330.)

Wagner acha na música vocal a mais alta expressão da arte musical; para mim, à excepção da canção e da oração, a música principia unicamente quando a palavra cessa. Wagner proclama *uma só arte universal* ou a união de todas as artes em uma só, sob o ponto de vista do theatro; acho que por esta união não pode satisfazê-la plenamente. Wagner é pela legenda, isto é, pelo sobrenatural nos assumptos de ópera; acho que o sobrenatural é apenas uma expressão fria da arte. O sobrenatural pode bem offerecer um *espectáculo* interessante, mesmo poético, mas não pode fornecer o *drama* porque nos não é possível identificar com os seres sobrenaturaes. Quando um tyranno dá a um pae a ordem de furar com um tiro de besta uma maçã collocada sobre a cabeça de seu filho, quando uma mulher se interpõe para impedir o punhal de um inimigo de trespassar o coração de seu esposo, [...] nós ficamos commovidos até o mais íntimo da alma [...]. Mas quando um heroe se torna invencível pelo auxílio de um talisman, quando um amor sem limites nasce de um philtro, [...] estas situações podem ser bellas ou poéticas, podem nos lisongear os olhos e os ouvidos, mas deixam a nossa alma completamente indifferente. O *leit motiv* escolhido para caracterisar uma personalidade ou uma situação é um processo idiota, que se presta mais ao gracejo do que a uma discussão séria. O *rappele* (um processo musical muito velho) é às vezes feliz, mas é preciso não abuzar delle porque a repetição do motivo à apparição do mesmo personagem ou simplesmente quando se falla delle, e isto em cada situação, é uma característica que ultrapassa todos os limites, direi mesmo que é uma caricatura. [...] A *obscuridade* da salla de espectáculo durante a representação é mais uma phantasia do que uma necessidade esthética; a quantidade de luz que por essa forma ganha a scena e os personagens é por demais mínima para contrabalançar o desagrado que experimenta o espectador, que é dessa forma obrigado a reclamar phósphoros. Unicamente os directores podem se mostrar reconhecidos ao novo processo, porque lhes diminue as despezas da illuminação. [...] Se Wagner não tivesse senão composto, executado ou publicado suas obras, sem as commentar em opúsculos litterários, tê-los-iam louvado ou censurado, adorado ou detestado, como acontece a todos compositores; mas quando um homem se intitula o único possuidor da verdadeira lei, isso faz nascer necessariamente o protesto e a resistência. É verdade que elle escreveu muitas cousas notáveis; [...] mas a sua pretensão de impor princípios, a sua mania de philosophar, diminuem a meu ver em grande parte o mérito das suas creações. A ausência de natural e de simplicidade na sua música fazem com que ella me seja pouco sympáthica. Todos os seus personagens apparecem de cothurnos. Declamam sempre e nunca fallam; são deuses ou pelo menos semideuses, e nunca simples mortaes. (*GM*, 1892, n.21, p.331-3.)

Outro artigo antiwagnerista na *Gazeta Musical* – "Wagner e Schopenhauer" – é assinado por "a", um "philósopho-crítico-musicista":

Damos ao goso bisarro dos leitores da *Gazeta Musical* um specimen da transcendência hypercrítica de um philósopho-crítico-musicista, extrahído do *Teatro illustrato* [sic] de Milão: As sympathias sensuaes aguçadas ao ponto de tornarem-se um estado anormal trazem em si o germen de um desprezo romântico pela vida e conduzem a um não culto impregnado de allucinações religiosas e de arrevesada methaphysica. [...] Quem quizer conhecer bem a moderna pathologia do espírito deve igualmente conhecer a fundo o estado actual da alta sociedade, que se manifesta nos pontos de partida da arte e, particularmente, da música, resentidas de romantismo e de phylosophismo. A *Phylosophia sensual* de Feuerbach teve a princípio um ardente propugnador no representante da música do futuro, o qual diz dedicar àquelle phylósopho liberal a sua obra esthética, intitulada: *A obra artística do futuro*. Ricardo Wagner, que na época dos movimentos liberaes não só havia adoptado o sensualismo de Feuerbach, mas também sonhava uma política republicana do futuro, mais tarde deu um passo atraz e fez-se sectário do romantismo de Schopenhauer, a ponto de aprovar a reacção política. Noto, porém, que esta passagem das sympathias sensuaes ao extremo totalmente, ainda que em apparência, contraposto, não passa de um postulado d'uma lei geral da natureza. Effectivamente, os excessos da vida sensual devem terminar n'uma mistura, que contém, sim, ainda uma parte delles, mas que, em última anályse não é mais que uma espécie de glorificação despresadora do mundo, pelo que parece cousa mais decorosa de professar o mysticismo de Schopenhauer, ignorando com elle, apparentemente, toda a religião popular, do que enveredar pela estrada já gasta da reacção religiosa. R. Wagner não deixou de fazer propaganda por Schopenhauer nas rodas que lhe eram dedicadas, as quaes, por sua vez, não queriam reconhecer seriamente [...] os grandes merecimentos pessoaes do phylósopho, o qual, por sabedoria muito superior a todos os seus contemporâneos, [...] possuía também uma boa dose de sarcasmo, para della servir-se na occasião, contra a corrupção social, e especialmente contra os abusos e a prepotência dos litteratos. Mas as classes sociaes privilegiadas não sabem apreciar estes dotes do espírito e do caracter de Schopenhauer. A essas falta inteiramente toda a sympathia pelo sentimento do que é justo, e nem sentem a necessidade de desvendar francamente as condições sociaes corrompidas. Si, portanto, o músico do futuro passou da phylosophia realista do futuro de Feuerbach à romântica do passado de Schopenhauer, a classe luxuriosa da sociedade tambem se sentia, por instincto, arrastada a fazer-se estimular, tanto com as práticas de uma vida de prazeres e de dissoluções, como com as emoções contrárias, derivadas da própria abjecção e abatimento. É próprio aos elementos sociaes corrompidamente conservadores, a inclinação para as nebulosidades mysticas, com o fim de mergulhar a própria miséria em um nada ambíguo todo-devorante, mas que ainda por pouco sustenta a sua vaidade. [...] Voltando a R. Wagner, diremos que o caracter das composições poéticas, para não dizer dos seus poemas musicados, nos offerece a prova da existência de um gosto eminentemente depravado. Até que ponto possa reinar a desordem esthética nas altas classes sociaes, temos uma prova inconfutável nos poemas de Wagner. [...] A *obra artística do futuro* deveria ser universal e representar também no poema fallado alguma cousa grande. Mas, ao em vez, ella não é senão uma monstruosidade romântica, na qual os caractéres, em geral infantis, do mundo fabulesco, são até ultrapassados pela estranha exposição do pretenso poeta. Vemos pigmeus, gigantes e dragões, resolverem-se com desenvoltura mais desenfreada, e as palhaçadas de Alberigo não mereciam, nem ao menos, de figurarem no peior livrinho illustrado que se dá às creanças para divertimento. [...] A glorificação requintada da arte deve prestar o seu serviço aonde a vida sã deixou de existir. A *obra artística do futuro* não passa de uma monstruosidade do passado, e os elementos sociaes que se sentem satisfeitos com a physionomia d'este monstro não têm, com certeza, um futuro. ("a.", *GM*, 1893, n.3, p.41-3.)

Com esta citação de "a." encerramos as críticas à estética wagneriana, para iniciarmos os exemplos na *Gazeta Musical* dos artigos nacionalistas/ cosmopolitas, nos quais a consolidação do Estado-nação almejada por muitos países daquela época, entre eles o Brasil, refletia-se na arte musical.

2.3 A música nacional na *Gazeta Musical*

Na *Gazeta Musical* é possível identificar a convivência entre ideias cosmopolitas e nacionalistas, sem que isto pareça contraditório, uma vez que o cosmopolitismo incluía as ideias nacionalistas tanto dos românticos alemães quanto dos franceses, após a derrota que estes sofreram para a Prússia na guerra de 1870-1871. Moreira Leite (1976) explica-nos a questão:

> Os românticos alemães [...] serão os iniciadores dos conceitos modernos de *caráter nacional* ou *espírito nacional*. É que para os franceses a unidade nacional e o prestígio francês em toda a Europa eram indiscutíveis: o século XVIII foi um século francês. Os alemães, ao contrário, precisavam provar a existência da unidade alemã e, como não a encontravam no presente, precisavam justificá-la com a história. À falta desta, justificaram a nação através do mito. Tanto isso é verdade, que o pensamento nacionalista francês só apareceu nos fins do século XIX, depois da derrota diante da Prússia; nesse caso, os autores franceses precisavam provar que a Alsácia e a Lorena eram regiões francesas, e não alemãs. (Leite, 1976, p.23.)

Desde a primeira metade do século XIX, como afirma Hobsbawm ([1977] 2010), as relações entre artistas e sociedade eram particularmente intensas, e dificilmente os artistas não seriam inspirados ou mesmo envolvidos em assuntos públicos. A música, aparentemente a mais neutra das artes, teve fortes vinculações políticas através das óperas, escritas como manifestos ou assim consideradas. É ainda Hobsbawm quem declara que:

> O elo entre assuntos públicos e as artes é particularmente forte nos países onde a consciência nacional e os movimentos de libertação ou unificação nacional estavam se desenvolvendo. Não foi por acaso que o despertar ou ressurreição das culturas literárias na Alemanha, na Rússia, na Polônia, na Hungria, nos países escandinavos e em outras partes coincidissem com – e de fato fossem sua primeira manifestação – a afirmação de uma supremacia cultural da língua vernácula e do povo nativo, ante uma cultura aristocrática e cosmopolita que constantemente empregava línguas estrangeiras. É bastante natural que este nacionalismo encontrasse sua expressão cultural mais óbvia na literatura e na música, ambas artes públicas,

que podiam, além disso, contar com a poderosa herança criadora do povo comum – a linguagem e as canções folclóricas. (Hobsbawm, [1977] 2010, p.404.)

A busca por um caráter nacional nas artes dos países periféricos da Europa torna-se importante para a consolidação de um Estado-nação. A partir daí, críticos e musicólogos procuram identificar tal caráter na música de seus países. Assim, Rubinstein faz o seguinte elogio à música de Mikhail Glinka (1804-1857):

> [...] Glinka, n'este gênero [música nacional], mostrou-se de uma tal superioridade que fica acima de todos quantos se quizeram aventurar por essa trilha. [...] Há sempre grupos inteiros para cada expressão da arte musical. [...] Em todos estes compositores, a par de uma canção, de um côro ou de uma dansa de caracter nacional, ouvimos música como de todas as nações; com Glinka é diverso: da primeira à última nota, na protophonia, como nos recitativos, nas árias e conjunctos, a melodia, a harmonia e até a orchestração teem um caracter nacional. (*GM*, 1892, n.18, p.277-8.)

Entretanto, Rubinstein acreditava que a compreensão da música de caráter nacional ficava restrita à nação a qual pertencia, não atingindo o valor de uma obra artística "universal":

> [...] há uma creação nacional muito desejada pela qual se esforçam atualmente. Esta música é decerto interessante, mas não pode pretender a sympathia universal, não tendo absolutamente senão um interesse ethnográphico. Uma melodia que faça derramar copiosas lágrimas a um finlandez é muito capaz de não causar impressão a um hespanhol. [...] poderão duas nações sentir com igual intensidade a mesma melodia? Os compositores que de caso pensado escrevem música nacional devem contentar-se com a admiração de seus compatriotas, muitas vezes levada, é facto, até à adoração. Taes homenagens não são para desdenhar, é certo; teem o seu valor e podem causar muita satisfação a muitos artistas. (*GM*, 1892, n.16, p.245.)

O uso de elementos do folclore pelos compositores românticos brasileiros seguia o caminho trilhado pelos compositores europeus. Cardoso de Menezes enaltece Alexandre Levy e o proclama, à semelhança de Glinka, lançador da semente da escola musical genuinamente nacional:

> Elementos para formar uma escola nossa, é cousa que não nos falta; temo-los em prodigiosa abundância. O que nos falta é vontade determinada de reuni-los em grupo concreto e, a exemplo do que têm praticado os centros artísticos mais adiantados do velho mundo, sujeitá-los ao trabalho da systematisação, de onde possa emergir o movimento evolutivo e a solução final desse alto e fatal problema sociológico. (*GM*, 1892, n.1, p.8-9.)

Para Cardoso de Menezes, o trabalho de sistematização, ou a "ciência musical", era essencial para transformar as melodias simples ou primitivas em obras genuinamente nacionais, algo que Levy havia realizado com sucesso, segundo sua opinião:

> [...] sob a impressão das reminiscências saudosas de sua família, dos dias venturosos de sua infância tão alegre e despreoccupada, que elle lembrou-se d'aquella conhecidíssima canção popular – *Vem cá, Bitú...* – Aquella melodia tão chã, tão singela, que chegou até a representar para nós o *ridículo musical*, levou ao seu espírito um turbilhão de recordações pungentes, e adquiriu as proposições de um cântico que symbolisasse o seu amôr filial e fraternal, ou de uma elegia pelo seu pressentimento de que não mais tornaria a ver a sua terra natal e os entes que lhe eram tão caros. Sentou-se ao piano e sobre aquelle thema popular escreveu umas variações, onde derramou todas as suas tristezas, todas as suas dores, todas as saudades que elle tinha acumulado no fundo do seu coração. [...] Em novembro de 1887 regressou de Pariz, e com as alegrias de tornar a ver a sua terra natal, voltou-lhe o amor ao estudo, e continuou a dedicar-se aos segredos profundos da sciência musical. (*GM*, 1892, n.4, p.54.)

No trecho anterior, extraído do número especial da *Gazeta Musical* em homenagem a Levy por ocasião de sua morte prematura, observamos a ideia – básica também no positivismo comtiano – de nacionalismo romântico que mistura e aproxima os sentimentos de ternura pela família e pela pátria, tomando esta como uma extensão daquela.

No entanto, para a *Gazeta Musical*, o fato de um compositor optar pelo uso do folclore não o tornava, necessariamente, mais nacionalista do que outro que não tivesse feito essa opção. O uso do folclore parecia ser uma boa "fórmula" para expressar o sentimento nacional, que, no entanto, não se restringia a ele. Volpe (2001) demonstra que o indianismo e a descrição musical da paisagem foram outras duas fórmulas de expressão nacionalista comumente utilizada durante o século XIX e as primeiras décadas do século XX. Independentemente da utilização ou não do folclore, os compositores e intelectuais ligados à *Gazeta Musical* e ao Instituto Nacional de Música nos primeiros anos da República sentiam-se nacionalistas e faziam música brasileira, descrevendo as paisagens locais e, acima de tudo, colocando a sua arte a serviço da nação. Eram patriotas formando uma sólida escola brasileira, para que as gerações futuras – que tantas vezes os taxaram de "imitadores" europeus – pudessem ter as condições ideais de chegar à "autêntica" música nacional.

B. R. sempre apoiou, em seus artigos, os compositores que utilizavam o folclore – o que não quer dizer que tenha desprezado a obra de Miguéz. Ele tece elogios às composições de Miguéz e ao seu patriotismo, em artigos citados no Capítulo 1 deste trabalho. Entretanto, como dito anteriormente, é nítido que o apoio de B. R. à utilização do folclore era mais uma questão didática, uma forma de aproximar-se do povo para educá-lo, da mesma forma que Lutero havia aproximado o povo alemão da Igreja que ele instituíra com o auxílio da música:

> O canto evangélico é um aproveitamento do canto popular e portanto differente, na sua origem e individualidade, deixem-nos assim dizer, do choral gregoriano, do qual erroneamente o teem querido

fazer descender. Este último é musica sem compasso, *música plana* (de onde se deriva *plain-chant* e canto-chão), aquelle é o canto popular rythmado, faz parte da música *mensurata*. (*GM*, 1892, n.2, p.18.)

Luthero lançou mão d'esses cantos populares e sobre elles fez mais duas, três e quatro vozes differentes, alcançando resultados admiráveis, e modificando completamente esse canto popular, que recebeu da Egreja Protestante o influxo benéfico que o elevou ao ponto em que se acha. Foi pela belleza do canto lutherano que o povo se cercou da nova Egreja e a acceitou. Os choraes obtiveram n'este tempo a máxima belleza e vigor, e o povo – caso extraordinário! – aceitou uma religião pela influência da arte, que considerava quazi divina. A Egreja Cathólica, ciosa da preponderância que o lutheranismo assumia entre o povo alemão, para quem o maior prazer era o ir à egreja reformada cantar em lettra que entendia – porque todos os coros adoptados por Luthero eram escriptos na língua pátria – e entoar uma música harmonisada, com encantos novos, cheia de effeitos, que lhe fallava à alma, resolveu mandar tambem organisar livros de canto e fez duas tentativas para esse fim: a primeira confiada a Miguel Vehe, de Alle, em 1537, a segunda em 1567 confiada a Leisentrit, de Bautzen. Os resultados obtidos pelo papado foram os mais desastrosos possíveis e os effeitos contraproducentes. É que esses cânticos não eram um producto natural de uma raça, como os do Luthero, e não tinham como esses o cunho, a alma, o espírito, o sentimento d'aquelle povo [...] (Ibid., p.19.)

Vê-se por aqui a influência real que o canto-choral tem sobre o povo. Esses coros foram por todos acolhidos com o máximo enthusiasmo; adoptaram-se nas escolas superiores e mais tarde em todas as escolas primárias da Saxônia. Pouco a pouco os paes foram aprendendo com os escolares esses cânticos que lhes deleitavam o ouvido pelas combinações de harmonia e lhes lisongeava o orgulho nacional por serem escriptos na sua língua [...]. Do que temos dito até agora apuramos o seguinte: o effeito da música em côro bem harmonisada e escripta na língua do paíz em que é cantada é tão poderoso que foi até à creação de uma nova Egreja o que só a música seria capaz de conseguir, tão diffícil achamos desarreigar crenças religiosas do coração de um povo [...] a música em côro deve ser ensinada em todas as escolas, porque d'ellas depende o futuro musical de um paíz que a essa arte seja propenso; é pela música que se consegue a reforma dos costumes de um povo e que se tornam conhecidos os seus poetas e compositores. (Ibid., p.20-1.)

B. R. acreditava que era necessário chegar ao povo, conquistá-lo com o folclore e com a música popular que lhe era familiar e espontânea, para que ele tivesse condições de, mais tarde, apreciar a música "universal" (termo também usado por Rubinstein). Desse modo, o articulista acreditava unir três objetivos em uma única ação: o amor às coisas e à cultura "primitiva" da pátria, a reeducação do gosto do público, que aos poucos iria adquirir uma moral mais adequada, tudo isso levando o país a um grau de desenvolvimento civilizatório superior, através das melodias folclóricas especialmente harmonizadas para a prática do canto orfeônico.

A *Gazeta Musical* afirma que o regime político de uma "civilização adiantada" só poderia ser o republicano; por isso, Miguéz é o "modesto correligionário" da causa republicana e o artista "plethórico mais vigoroso do nosso meio" (*GM*, 1891, n.4, p.2). A propaganda que a gazeta fez constantemente dos ideais políticos e artísticos republicanos auxiliou o grupo de intelectuais e artistas ligados ao Instituto, numa clara tentativa de fortalecer esse grupo, pois seus colaboradores e o proprietário acreditavam no poder dos periódicos, meio de comunicação de maior acesso ao público do século XIX. Segundo Ribeiro (2009, p.217), o jornalista ou gazeteiro no Brasil do século XIX "era um homem de letras portador de uma missão política e pedagógica, que difundia ideias e que usava o espaço do jornal para polemizar e influenciar a opinião pública".

Os autores da *Gazeta Musical* estão cônscios da importância educacional e da propaganda ideológica dos periódicos. À semelhança dos primeiros periódicos musicais de negros americanos analisados por Karpf (1997), a *Gazeta Musical* levanta interessantes questões sociais ligadas à prática musical; demonstra preocupação com a divulgação da prática musical de um determinado grupo; pretende levar conhecimento geral de música ao seu público, através de artigos de caráter didático. Aplicando as conclusões de Karpf à *Gazeta Musical*, poderíamos dizer que esse periódico também teve como objetivo fixar uma *intelligentsia* de músicos ligados ao regime republicano, com o constante reforço de ideias que se repetem em vários dos artigos, constituindo a mentalidade daquele grupo em relação à prática musical.

A *Gazeta Musical* seguiu o padrão da imprensa brasileira do século XIX – na qual nação e cidadania eram assuntos primordiais (Ribeiro, 2009, p.217) – divulgando, interpretando e reconstruindo o meio musical de acordo com os interesses daqueles que ela representava, no caso, a elite musical fluminense ligada ao Instituto. O compositor Alexandre Levy, após a sua morte, terá um importante papel na representação dessa elite. As homenagens que a *Gazeta Musical* presta a ele e os aspectos realçados em sua biografia servem de reforço às ideias que o periódico difundia, resumindo seus ideais de refinamento, modernidade e nacionalismo.

Os compositores franceses e alemães são diversas vezes citados como modelo de aprendizagem de Levy na "ciência musical":

[Levy] Admirava com verdadeiro enthusiasmo as partituras de Schumann, Goldmark, Massenet, Beethoven, Haydn, e ultimamente Wagner. Lia constantemente, inteiramente absorto nesse afan, as bellas paginas da *Walkiri*, do *Parsifal*, de *Tristan et Iseult* e dos *Mestres cantores*, e tencionava visitar este anno Bayreuth para assistir ao festival annunciado para julho e agosto. [...] cada uma dellas [das composições de Levy] era uma revelação da sua enorme aptidão, e um documento da boa orientação dos seus estudos e da sua predilecção pelos bons autores como Beethoven, Mozart, Haydn, Mendelssohn, Chopin, Bach, etc., sendo que deste último conhecia de cór grande parte das fugas. [...] Em 1885 escreveu o seu primeiro quarteto de cordas [...] que dedicou ao seu amigo Leopoldo Miguéz, artista a quem elle tanto admirava e estimava. [...] Em 14 de julho de 1889 dirigio em scena aberta, obtendo um verdadeiro triumpho, e sendo bisado a instâncias do público, o seu *Hymne à 14 juillet*, expressamente composto para aquella festa franceza, para orchestra e fanfarra. A combinação dos effeitos intercalados, ora o *Chant du Départ*, ora a *Marseillaise*, produzio um dos effeitos mais brilhantes que o hábil instrumentista podia tirar. Teve uma verdadeira ovação. Em outubro de 1889 compoz uma *Rêverie* para quarteto de cordas, moldada no gênero Schumann-Reinecke, conservando naturalmente a sua verdadeira originalidade e o seu stylo, que principiava a destacar-se em suas novas composições. [...] Para o *Diário Popular* havia elle escripto em abril de 1890 o seu originalíssimo *Tango brazileiro*, finamente acabado, e conservando o nosso tão afandangado rythmo nacional, produzindo um verdadeiro *tango* e sahindo das banaes formas, tão mal comprehendidas infelizmente e applicadas às danças do paíz. Alexandre Levy tinha uma vocação extraordinária para utilizar-se de todos os nossos mais ordinários themas e rythmos e formava com elles as mais brilhantes scenas nacionaes, como acontece na sua *Scène Brésilienne*, onde figuram diversos motivos conhecidos e desenvolvidos artisticamente com todo o cuidado, dando por essa forma a verdadeira creação da nossa Música Brazileira. [...] De julho a outubro de 1890 havia elle composto a sua *Suíte Brésilienne*, para orchestra [...]. Neste explêndido e acurado trabalho, procurou o novel compositor descrever a nossa verdadeira scena brazileira, e o realisou de um modo muito característico como já dissemos. Entre os cantos nacionaes que apparecem envolvidos entre as bellíssimas harmonisações orchestraes, destaca-se, no Prélude, o *Bitú*, finamente intercalado entre outras phrases originaes, e mais longe na originalíssima *Dança rústica*, verdadeira obra campestre. Finalmente, para terminar a lista de suas composições deixou para piano as *Schumannianas*, pequenas composições à Schumann, esmeradamente escriptas por mão de mestre. [...] Nos últimos tempos estudava dias e dias, sentado, curvado e attencioso, as partituras de *Walkyria* tanto as de orchestra como as de piano e canto. [...] a sua affeição ao autor da *Walkyria* era tamanha que já tinha prinicipiado o estudo da língua allemã, unicamente para poder ouvir as grandiosas obras do grande mestre em Bayreuth. [...] Era extraordinariamente apaixonado pela litteratura e sempre dizia que *um bom músico deve ler as melhores obras litterárias, deve educar-se na litteratura*. Apreciava os naturalistas. (*GM*, 1892, n.4, p.54-9.)

O trecho acima apresenta o compositor Alexandre Levy como um símbolo que sintetiza as ideias principais da *Gazeta Musical*: sua biografia resume a França como modelo de civilização e lugar privilegiado para o estudo da "ciência musical", ao lado da Alemanha. O germanismo é evidente na citação da maioria de compositores alemães apresentados como exemplos para Levy; este é considerado um wagnerista; Miguéz é elevado à categoria dos grandes compositores europeus, sendo citado como compositor que Levy respeitava e a quem dedicou uma obra; a Levy é atribuída a criação da música brasileira, pelo aproveitamento de ritmos e melodias populares "desenvolvidos artisticamente", saindo das "formas banais" aplicadas às danças do país; a descrição da paisagem aparece como uma das características que tornam a sua música nacional; as relações entre música e literatura, sobretudo com a poesia, cara ao romantismo alemão, também aparecem nessa homenagem, onde Levy é considerado por Miguéz "talvez o maior dos poetas músicos brasileiros!" (*GM*, 1892, n.4, p.60).

O fato de Alexandre Levy ter falecido muito jovem contribuiu para o desejo de transformá-lo em uma espécie de herói da música nacional, assim como Tiradentes fora para a nação, com a vantagem de não oferecer nenhuma ameaça à figura e à carreira de Miguéz. B. R. chega a considerar Levy um dos "três mártires" do meio artístico nacional, afirmação que nos remete ao próximo capítulo, dedicado à relação entre as ideias positivistas e o projeto musical atribuído ao Instituto Nacional de Música divulgado pela *Gazeta Musical*.

Capítulo 3
Positivismo e institucionalização da música na primeira década da República

Com o intuito de entendermos as nuances existentes entre diversas correntes positivistas, recorremos ao artigo de Jerzy Giedymin (1975) que aponta algumas das características definidoras do que chama de "positivismo em estrito senso", ou seja, o positivismo de Auguste Comte e o de John Stuart Mill. Giedymin enumerou as doutrinas de Comte (sua visão da ciência, não incluindo a religião da humanidade) e as de Mill que, apesar de algumas diferenças, guardam semelhanças, as quais ele classificou como "positivismo estrito" (1975, p.276). A lista compreende os seguintes itens:

1. Identificação do conhecimento com a ciência (natural e social) e com a matemática, com a exclusão de outras áreas, por exemplo, a ética;
2. Empirismo na forma extrema, isto é, uma teoria que sugere a redução da ciência a afirmativas sobre fatos diretamente observáveis, assim excluindo, por exemplo, a metafísica;
3. A redução da filosofia à "lógica da ciência" (filosofia da ciência) e da matemática;
4. Naturalismo metodológico (monismo naturalista metodológico), isto é, a ideia de que as ciências sociais e mesmo as

humanidades têm basicamente os mesmos fins e métodos das ciências naturais;
5. Relativismo sociológico no que diz respeito a normas, em particular às normas éticas;
6. Ênfase no valor social da ciência e em suas aplicações práticas.

Giedymin sugere a possibilidade da existência de 64 variações dessas "regras" positivistas, uma vez que cada um dos seis itens citados pode ser afirmado ou negado, independentemente dos demais. Giedymin considera que há "positivismo estrito" apenas quando uma corrente filosófica contém os seis itens anteriores listados; de outro modo, a classificação torna-se uma decisão terminológica arbitrária. Entretanto, no sentido não estrito ou mais amplo, qualquer filosofia pode ser identificada como uma nuance de positivismo, ou como contendo elementos positivistas, desde que enfatize fortemente a atitude antiespeculativa tanto da teoria científica quanto da filosofia, e a preferência por problemas que possam ser resolvidos cientificamente e que tenham utilidade prática (Giedymin, 1975, p.276-7).

Não podemos rotular os colaboradores da *Gazeta Musical*, ou mesmo o periódico, de "positivista". De maneira geral, os indivíduos tendem a modificar o modo como veem determinado problema com o passar do tempo e a se tornar mais distantes ou mais próximos de uma doutrina como a positivista, de acordo com o momento que vivenciam. Podemos verificar isso nos escritos de muitos autores, como nos de Sílvio Romero, por exemplo. Até mesmo os membros do Apostolado Positivista do Rio de Janeiro não poderiam ser considerados "positivistas estritos", dado que é difícil definir até que ponto eles seguiam as teses positivistas de 1 a 6 listadas por Giedymin. Basta observarmos as diferenças existentes entre os discursos que faziam, (em que destacavam o empirismo e a observação "neutra" dos fatos reais) e as soluções completamente subjetivas que acabavam sugerindo para a resolução de um problema, muitas vezes sem possibilidade de aplicação prática. Isso acontece em vários dos artigos da *Gazeta Musical*, nos quais seus autores prometem fazer "críticas desapaixonadas" e acabam enveredando para o caminho oposto. Como afirma Cruz Costa:

> Uma visão dos problemas práticos da existência humana, obtida no recesso dos gabinetes, como foi a de Auguste Comte e que seria seguida fielmente pelos discípulos brasileiros do Mestre, levá-los-ia, como últimos abencerragens do romantismo, a uma concepção positiva paradoxal, em que os problemas perdiam de realidade para ganharem em abstração... O conceito vago de *regeneração* toma, assim, no sistema de Comte, algo que se assemelha à *salvação* ou à *remissão dos pecados* da tradição teológica que os positivistas tanto combateram. (Costa, 1967, p.249.)

Em consequência desse paradoxo positivista, a classificação de "positivismo em sentido mais amplo", ou positivismo moderado, seria a mais adequada aos artigos da *Gazeta Musical*.

É ainda Cruz Costa quem afirma que o romantismo e o positivismo, dois grandes sistemas da vida espiritual do século XIX, partilham certo parentesco: ambos estudariam o passado para encontrar, cada um à sua maneira, o germe do futuro (1967, p.277-8).

Ao menos teoricamente o positivismo tinha o seu ponto de partida no que é dado de fato, abrindo-se às diversidades e oposições da realidade, esforçando-se por encontrar as leis que regem os fenômenos do mundo real; já o romantismo negligenciaria a diversidade do real e tinha firme convicção da verdade do ideal (Höffding apud Costa, 1967, p.278).

Os positivistas brasileiros procuravam solucionar os problemas do país baseando-se em soluções que reconheciam como "científicas". Diversas vezes encontramos na *Gazeta Musical* esse tipo de argumentação para justificar opiniões e projetos musicais apoiados pelo periódico, e é comum encontrarmos em suas páginas a expressão "ciência musical" seguida por um discurso que induz o leitor a pensar que a solução dada aos problemas era a única aceitável, uma vez que era uma solução "científica".

Pelo hábito de os positivistas se considerarem sempre donos da "verdade científica", Sílvio Romero (1895, p.96) faz severas críticas ao Apostolado Positivista Brasileiro, que, com seus "chavões", parecia ter uma solução para todos os problemas da humanidade. Segundo Romero, o positivismo oferecia soluções no campo das ciências, das artes, da filosofia, da política ou da religião, tornando-se "apetitoso" para aqueles que queriam uma fórmula pronta. Isso dava espaço, de acordo com Romero, para os positivistas "circularem" em correntes filosóficas diversas, sem nenhum comprometimento, pregando uma síntese geral que certamente era muito subjetiva.

Portanto, a mistura de "chavões" positivistas com outros, provenientes, por exemplo, do romantismo, era comum e de fato aparece com frequência em textos da *Gazeta Musical*.

Outro autor citado nos textos do periódico é Herbert Spencer, representante de uma linha derivada do positivismo de Comte. Romero se diz "spenceriano" e faz a seguinte classificação dos positivistas brasileiros:

- Corrente positivista ortodoxa, com Miguel Lemos, Teixeira Mendes e, apesar de pequenas dissidências, Benjamin Constant;
- Bifurcação spenceriana do evolucionismo naturalista, com Sílvio Romero, Clóvis Beviláqua, Samuel de Oliveira e João Bandeira.[1]

Encontramos na *Gazeta Musical* um intenso convívio entre ideais do positivismo comtiano, do jacobinismo, do idealismo romântico e até mesmo da maçonaria. Todas essas correntes tinham pontos em comum e se baseavam no lema "liberdade, igualdade e fraternidade" da Revolução Francesa.[2]

---

[1] Romero, Evolução da literatura brasileira, 1905, apud Costa, 1967, p.93-4.
[2] Os maçons denominam-se criadores do lema da Revolução Francesa e inspiradores da mesma: "Norteia-se a Maçonaria pelo lema: Liberdade, Igualdade e Fraternidade. [...] Tão significativas são elas, [essas três palavras] que as adotou

A maçonaria, assim como a Religião da Humanidade de Comte, é nacionalista, valoriza os ideais patrióticos, exigindo que "seus membros sejam bons e leais cidadãos" (Albuquerque, 1958, p.191), e luta para que a Humanidade venha a constituir uma Família. Atribuem um importante papel à contribuição que prestaram em todos os momentos políticos relevantes no Brasil e colocam Benjamin Constant no rol dos grandes maçons brasileiros.[3]

Por outro lado, os republicanos denominados jacobinos também se misturaram aos positivistas brasileiros, sobretudo no governo de Floriano Peixoto. A "quase fusão" entre positivistas e jacobinistas é mencionada por Sevcenko ([1983] 2009, p.90) e por Carvalho ([1990] 2009, p.2), que afirma que Comte manifestava admiração pelos jacobinos, "nos quais provavelmente via uma antecipação do sacerdócio positivista" (Ibid., p.133).

Na *Gazeta Musical* convivem artigos que ora se aproximam ora se afastam das teses positivistas listadas por Giedymin, provando a dificuldade em rotular o periódico e os seus colaboradores. O principal exemplo de afastamento da *Gazeta Musical* do positivismo comtiano encontra-se em um artigo que critica duramente a Intendência do Governo, acusando-a de ultrapositivista:

> Não se realisa o concerto projectado para o festejo de *Tiradentes*. Os nossos collegas do *Fígaro*, moços de vistas largas, modernos, que entendem estas cousas de arte, que sabem o quanto valem os grandes concertos symphônicos, não só como grandiosidade de festa, como ensinamento proveitoso, fizeram quanto lhes foi possível para o conseguir, mas à última hora esbarraram os seus esforços ante esta declaração ultrapiramidal e talvez ultrapositivista da Intendência: *que esta resolvera fazer os festejos, mas sem dispender de dinheiro!!!!*

---

a Revolução Francesa, que foi, indiscutivelmente, um dos maiores, senão o maior empreendimento maçônico" (Albuquerque, 1958, p.111).

3 "O primeiro Ministério republicano foi integralmente constituído de maçons: Rui Barbosa, Aristides Lôbo, Demétrio de Toledo, Eduardo Wandenkolk, Quintino Bocaiuva, Campos Sales e Benjamin Constant Botelho de Magalhães." (Albuquerque, op. cit., p.214.)

Esta reposta [sic] dada a quem ia receber ordens para a organisação pode ser que seja muito comtista, mas não é de certo positiva. [...] Atiremos todas as culpas para a Intendência, que só ella é culpada, e que se esqueceu de que no seu positivismo feroz prejudicou o ensinamento do nosso povo amador de música. (*GM*, 1892, n.5, p.76-77.)

Não é o objetivo deste trabalho a classificação da *Gazeta Musical* ou de seus autores em categorias herméticas que não nos auxiliariam na compreensão do ambiente musical da época; o que queremos afirmar é que a elite musical fluminense, que àquela época estava à frente do Instituto Nacional de Música e da *Gazeta Musical*, viviam como todos os intelectuais fluminenses da época, sob um paradigma positivista que influenciou a forma de ver e de buscar soluções para o desenvolvimento da música no Brasil.

O lema "Ordem e progresso" aplica-se a vários textos da revista e na forma de organização seguida pelo Instituto Nacional de Música. O "progresso" levaria a nação a um alto grau de civilização no futuro, que começara a se concretizar a partir da ação das instituições "nascidas" com a proclamação da República. O otimismo com relação ao futuro e a época de "transição" que os textos da *Gazeta Musical* insinuam têm pontos em comum com o positivismo comtiano: a construção de uma escola sólida para o futuro, que fundamentaria o desenvolvimento da "autêntica música nacional", era o objetivo principal do Instituto e da *Gazeta Musical*. O outro objetivo, intrinsecamente ligado ao primeiro, era a missão civilizadora do país, que caberia aos artistas – sobretudo aos músicos – realizar.

Antonio Cardoso de Menezes, Miguel Cardoso, Alfredo Camarate e B. R., além de outros autores que não assinam seus artigos na *Gazeta Musical*, fundamentam seus discursos em ideias que se associam ao positivismo. Por ter sido militar, admirador de Floriano Peixoto e de Benjamin Constant, é muito provável que B. R. tenha tido contato intenso com os positivistas do Exército e, por isso, seus textos são o melhor exemplo de positivismo na *Gazeta Musical*.

Nos artigos que escreveu para a *Gazeta Musical*, ele tenta aplicar princípios básicos do positivismo ao meio musical fluminense, procurando estruturá-lo da mesma forma que os seguidores da doutrina tentavam fazer em um âmbito maior, ou seja, no âmbito político e social. Portanto, é na organização – ou na ordem – do Instituto e nas ideias que lançava para o progresso do país pela educação do "gosto" musical do povo que B. R. mais se aproxima do positivismo.

As características que Sevcenko ([1983] 2009, p.181-2)[4] aponta como pertencentes à formação positivista de Euclides da Cunha assemelham-se às de B. R., embora este as aplique ao meio musical para depois atingir a sociedade de forma mais abrangente: o papel central do Estado no fomento e organização da arte musical brasileira; a convergência das decisões para uma elite técnica e científica agindo no meio musical; e o papel integrador da educação para elevar o gosto musical do povo e a incorporação da música das classes populares à música erudita. Segundo B. R., tudo isso era essencial ao estabelecimento de uma base sólida para o desenvolvimento da "autêntica" música brasileira no futuro. Essa "fase de transição" pela qual B. R. afirmava passar a arte musical no Brasil parece corresponder ao segundo estado no processo evolutivo comtiano.[5]

A utilização da arte como ferramenta de transformação da sociedade tinha raízes no Iluminismo do século XVIII, que fundamentou muitas das ideias de Comte, e na própria Revolução Francesa. Para Jacques-Louis David (1784-1825), que nos tempos da Revolução já se consagrara como pintor e revolucionário, a arte deveria ser vista também como um conjunto de valores sociais e políticos, segundo

---

4 "Não é difícil avaliar o quanto seus projetos [de Euclides da Cunha] devem às linhas gerais da sua formação positivista. O papel central do Estado, concentrando e desprendendo ordenadamente as energias sociais. A convergência das decisões para uma elite técnica e científica. [...] O papel integrador da educação e do direito e o esforço obstinado pela incorporação das classes populares à vida civil." (Sevcenko, op. cit., p.181.)

5 Comte considerava três estados básicos na escala evolutiva da humanidade: o estado teológico-militar, o estado metafísico ou de transição e o estado positivo industrial. Os positivistas brasileiros acreditavam que, com a mudança do regime monárquico para o republicano, o Brasil encontrava-se no estado metafísico, transição para o futuro estado positivo.

nos relata Carvalho ([1990] 2009): o artista francês afirmava que "as artes deviam inspirar-se em ideias grandiosas e úteis" e que seu fim era "contribuir poderosamente para a educação pública" (Ibid., p.11).

Às artes, como instrumento de educação pública, juntava-se a grande importância que Comte atribuía ao sentimento, essência de toda a expressão artística. Teixeira Mendes, um dos líderes da Igreja Positivista do Rio de Janeiro, afirmou que:

> A ciência desvenda ao coração os entes que devemos servir, mas é a *arte* que nos revela todo o encanto e todas as delícias da dedicação, pondo em relevo as qualidades eminentes que os atributos inferiores poderiam velar. Ambas representam a existência real; mas a minuciosidade científica torna difícil a justa apreciação do aspecto afetivo dos entes que adoramos. A arte, pelo contrário, abstrai tanto quanto possível das imagens capazes de incitar os instintos egoístas, e só combina os elementos suscetíveis de provocar emoções desinteressadas. É nisto que consiste a idealização verdadeiramente artística. [...] Em nossos dias, porém, uma escola perversa inverteu o destino da abstração afetiva, realçando o aspecto egoísta dos fenômenos inferiores [...]. (Folheto da Igreja Positivista n.308, p.25.)

Na estética positivista, a inspiração artística vem do sentimento, tendo por base a razão; assim, a arte não se afasta da realidade definida pela ciência, e deveria "agir" politicamente, como uma espécie de idealização que ressaltasse os valores sociais e as pessoas consideradas modelos para a humanidade. Dessa forma, o belo se subordinaria a uma noção de verdade (científica) a serviço do bem (Carvalho, [1990] 2009, p.132).

Essa visão de arte, especialmente da musical, fica evidente nos textos de B.R. Por isso, é necessário recordarmos a importância que teve a filosofia de Comte – incluindo-se aí a Religião da Humanidade – e do Apostolado Positivista no Rio de Janeiro para os intelectuais brasileiros do final do século XIX. Com este fim, realizamos pesquisas em documentos da Igreja Positivista, cujo templo situa-se ainda hoje na rua Benjamin Constant, bairro da Glória, no

Rio de Janeiro. Grande parte desses folhetos encontra-se atualmente na Biblioteca do Museu da República, no Catete.

Os apóstolos da Igreja Positivista fluminense tinham por hábito a publicação de folhetos que visavam esclarecer os seus fiéis e o grande público a respeito da filosofia e da religião de Comte e dos projetos e práticas dos positivistas no Brasil. Esses folhetos também justificavam as atitudes dos membros do Apostolado, tais como a separação, ocorrida no final da década de 1870, entre a Igreja Positivista brasileira (liderada por Miguel Lemos e Teixeira Mendes) e a francesa (sob a liderança de Pierre Laffitte).

Um dos folhetos escritos por Miguel Lemos em 1889 (Folheto n.168, p.8-9), à época da proclamação da República, demonstra a relevância do positivismo no novo regime: adoção da inscrição da divisa "Ordem e progresso" na bandeira nacional; a separação entre a Igreja e o Estado; a instituição do casamento civil; e um decreto instituindo as festas nacionais. O autor também fala sobre o "despreparo de Benjamin Constant para a situação política que se impunha", confirmando a dissidência entre Constant e o Apostolado, por não concordar com a liderança e ideias autoritárias que Miguel Lemos conferia àquela instituição.

As adversidades entre Constant e Miguel Lemos e a separação da Igreja Positivista brasileira da francesa dividiram os positivistas da época. Os militares, em sua maioria, continuaram ao lado de Constant, assim como os positivistas mais moderados. O templo fluminense perdeu muitos de seus membros, restando apenas aqueles que concordavam com Lemos, em sua maioria civis, constituindo a ala mais ortodoxa do positivismo fluminense da época.

Alguns anos mais tarde, sobretudo após a morte de Benjamin Constant, ocorrida em janeiro de 1891, os positivistas ortodoxos já podiam vê-lo como herói republicano, e as divergências entre Constant e Lemos foram, pouco a pouco, caindo no esquecimento. Constant é homenageado pelos positivistas do Apostolado e pela *Gazeta Musical*, assim como o marechal Floriano Peixoto, que era católico e simpatizante do jacobinismo:

A ideia de uma república ditatorial, social e virtuosa, e a oposição à representação política, à elite bacharelesca, permitiram uma fusão parcial dessa corrente [positivista] com o jacobinismo que surgiu durante o governo Floriano e marcou a política republicana até 1897. Embora Floriano fosse católico e aborrecesse o positivismo, o estilo de governo que representou – autoritário, anticasacas, contra o grande capital, moralista (ao menos na aparência), populista – tinha vários pontos de contato com a proposta positivista [...]. (Carvalho, [1990], 2009, p.42.)

[...] Floriano, é sabido, não gostava da bandeira e chegou mesmo a encorajar, quando presidente, um projeto de lei que propunha modificá-la, retirando o lema positivista [...]. (Ibid., p.48.)

Jacobinistas e positivistas tinham em comum muitos princípios, como o autoritarismo e o moralismo, opondo-se ao mercantilismo, ao qual a *Gazeta Musical* faz críticas em vários textos. Estes aspectos merecem ser destacados pela importância que tiveram nas diretrizes e projetos de música apresentados pela *Gazeta Musical* e como norteadores do Instituto Nacional de Música. A ditadura aparece na *Gazeta Musical* em moldes positivistas, ou seja, apresenta Miguéz como um líder preparado para o cargo que exercia e com poder absoluto para gerir a instituição e implantar um projeto de música em âmbito nacional. Da mesma forma, outros aspectos do positivismo também se encontram nas páginas da *Gazeta Musical*: o futuro idealizado, no qual a música desempenhava papel relevante na missão civilizadora; um amor devocional à pátria, que lembra a religião positivista do civismo; o desejo do estabelecimento de uma ordem rígida para que houvesse progresso; a preocupação em pensar soluções adequadas à realidade brasileira (clima, raça e paisagem) no campo da música; as "trindades" que os positivistas tanto prezavam e que B. R. também criou para simbolizar o meio artístico de sua época; e os padrões morais como critério para a escolha de gêneros musicais, que precisavam estar presentes na obra e na vida do artista.

A moral é um aspecto marcante em muitos textos da *Gazeta Musical*. B. R. estabelece relações entre música e moral que lhe ajudam a justificar as escolhas que faz sobre gêneros musicais e compositores de sua preferência; procura juntar valor moral e incorporação da cultura das classes populares ao meio musical erudito. A inclusão da música popular, seja folclórica ou urbana (em gêneros que não comprometessem a moral), no meio erudito poderia muito bem equivaler, em termos musicais, a uma das principais metas dos positivistas da época: a incorporação do proletariado à sociedade.

No trecho abaixo, pertencente a um dos artigos mais significativos escritos na *Gazeta Musical* e assinado por B. R., vemos a importância dada ao aspecto moral ligado ao desenvolvimento do "bom gosto" musical e à valorização da cultura das classes menos privilegiadas socialmente:

> Dissemos no princípio d'estes artigos que em França se tinha obtido a modificação dos costumes pela creação de sociedades orpheônicas. Na nossa terra – mais que em outra qualquer – trariam ellas resultados magníficos, tão seguros estamos do gosto musical do nosso povo. D'haí nos adviriam três vantagens: a extincção d'estes focos de prostituição que se intitulam sociedades de dança, a educação artística do público e o descobrimento de vozes aproveitáveis que se não encontram habitualmente entre aquelles que se dedicam ao estudo do canto. É para notar-se que a creação das sociedades de dança nos veio com a extincção das serenatas, prohibidas pela polícia. Os que olham superficialmente para os nossos hábitos, os que cultivam a música em um certo e determinado meio, não buscam jamais nas camadas inferiores da nossa sociedade as razões do ser ou não ser das nossas tendências musicaes. Entre nós, despreza-se absolutamente o elemento popular da nossa arte musical e os músicos aristocratas, os schumanianos, os mozartianos, os wagnerianos fazem pouco cabedal da nossa música popular, negam-lhe a existência, attribuem-n'a a origem estrangeira e seguem avante na sua ideia de passarem de salto este povo da *canção do pescador* ao *coro das fiandeiras*, do cateretê à *damnação de Fausto*. Depois, há

uma negação absoluta para tudo quanto seja nacional, e cuida-se das canções populares francezas, suecas, napolitanas, hespanholas, russas, todas quantas se cantarem em língua estrangeira, mas absolutamente se não pensa nas canções populares nacionaes. [...] Ainda não há muito tempo – é de hontem, todos nós assistimos a ellas [às serenatas] – nós víamos a influência que na nossa classe baixa exerciam as serenatas. Os nossos melhores músicos fizeram parte dellas, e é bem possível que muitos dos nossos leitores tivessem acompanhado Callado, Domingos Alves, Viriato e outros que se não pouparam a essa espécie de divertimento inoffensivo, e de grande valor para a nossa música. [...] O violão e a flauta imperavam; não havia luar sem serenata; formavam-se grupos de artistas, bacharéis e doutores e cantava-se e tocava-se nas ruas, sob a janella da namorada, junto à morada de um amigo com todo o lyrismo de 1830. Fallava-se neste tempo muito pouco em Schumann e desconhecia-se Wagner, mas o sentimento poético do povo estava no seu auge e apareceram vozes bonitas e compositores poetas e músicos inspirados. Tocava-se e cantava-se na rua, e estávamos no período agudo de um lyrismo hoje considerado piegas, mas os lupanares eram em pequeno número e o impudor era recatado. [...] muito mal se tem feito ao nosso progresso em música com o abandono completo do elemento popular que possuíamos. [...] Hoje o sentimento esthético do nosso povo abandalhou-se e chegou ao último extremo. [...] para nós esse sentimento esthético tinha de desapparecer com o desapparecimento das manifestações lyricas populares, com esses elementos primitivos e simples e bons que constituem o grao de ingenuidade de uma sociedade como a nossa. Não queremos andar para traz. Não desejamos voltar à modinha sentimental do meiado d'este século, mas queremos provar que é uma necessidade o alimentar a veia e tendências poéticas populares e deixar ao povo essa infantilidade de crear as suas canções. [...] Mas será difícil cooordenar músicas populares brasileiras e com ellas construir a base dos nossos orpheons futuros? Pois será difícil fazer executar em público, cuidadosamente harmonisados, trechos de canções populares cheias de sentimento e de belleza como tantas que possuímos? [...] Não temos música nacional, dizem os modernos, e nós respondemos-lhes com um moderno que tinha muito vivo o sentimento do brazileirismo: Alexandre Levy. Porventura não encontrou elle melodia popular para escrever o seu magnífico "Samba"? Porventura temos peça mais trabalhada do que o seu *Bitú* para piano? [...] desappareceu esse artista [...] que sabia procurar o elemento nacional e torná-lo conhecido, sendo ao mesmo tempo grande artista e grande patriota. [...] infelizmente não vemos quem queira seguir-lhe as pegadas e ser brazileiro antes de ser wagneriano e allemão *à outrance*. A *Gazeta Musical* que [...] nos chamou para seu collaborador sabe que não podem accusar-nos de antigo e retrógrado ao progresso da arte musical brazileira. [...] Mas temos pelo nosso lado o nativismo da *Gazeta* a dar-nos força e censuraremos, sem distincção, a quantos vejamos desprezarem o elemento nacional, porque nos parece que seria elle o mais seguro meio de êxito para a obtenção das nossas sociedades choraes. (*GM*, 1892, n.14, p.209-12.)

A moral servirá a B. R. como um dos parâmetros para separar a "boa" música popular da "ruim". Dessa forma, as serestas, as modinhas e os gêneros populares urbanos instrumentais são considerados "bons"; não são imorais. Aqueles que servem para animar as danças nas sociedades da época são gêneros "menores", imorais e sem valor para elevar o país a um grau superior de civilização. Por essa convicção B. R. lamenta a repressão policial feita à serenata, à boemia e ao violão, instrumento que a representava.

A admiração por certos gêneros e manifestações de música popular urbana e a crítica às elites aristocráticas não eram exclusividade de B. R. na *Gazeta Musical*, conforme atesta o trecho abaixo, não assinado:

[...] quando o governo [monárquico] teve a fantasia de mandar fazer n'aquelle local o luxuoso jardim, que hoje alli existe e onde só podem penetrar os que usam lenço ao pescoço e andam calçados. [...] O Rio de Janeiro, até o tempo do extincto [teatro] Provisório conhecia, da arte musical, apenas as modinhas, os lundús bahianos – gênero essencialmente nacional – a polka Lulu, a Warsoviana [...]. Os trovadores de esquina passavam as noites de luar dedilhando o violão [...]. O luxo d'essas lânguidas *serenatas* consistia na voz gutural e nos gemidos da *pestana* do violão. Era uma delícia! Foi pena acabarem-se essas phalanges de sonhadores menestréis, mensageiros da melancolia e rivaes do Tamberlick! ([s.a.], *GM*, 1891, n.5, p.1-2.)

Se no Instituto Nacional de Música e na alta sociedade as serestas e o violão eram depreciados, já havia intelectuais na década de 1890, como B. R., que de dentro do próprio Instituto defendiam a música popular nascida na boemia urbana. A simpatia de B. R. com relação às modinhas, lundús e serestas associadas a um "proletariado" musical já poderia ser considerada um respaldo intelectual que antecede em duas e três décadas, respectivamente, as atitudes de Nepomuceno e Gallet no início do século XX, tidas como pioneiras pelas pesquisas musicológicas realizadas até o momento.[6]

A geração de músicos e intelectuais que se organizaram em torno do Instituto Nacional de Música sob a direção de Miguéz foi considerada pouco favorável ao intercâmbio entre a música popular urbana e a erudita (Augusto, 2008), mas, se levarmos em conta os artigos de B.R. na *Gazeta Musical*, poderemos concluir que ao menos um dos membros da diretoria do Instituto – o próprio B.

---

6 Wisnik: "E as peças de Nazareth, se provocaram tumulto policial em 1922, quando Luciano Gallet pretendeu levá-las pela primeira vez às salas de concerto, entraram, posteriormente, para o repertório dos pianistas, evidenciando que nada ficaram a dever a peças consideradas eruditas" ([1974] 1983, p.44). Corrêa do Lago: "A precedência que se pode atribuir a Milhaud está no destaque que ele dá aos 'compositores de tangos, maxixes, sambas e cateretês', notadamente Ernesto Nazareth e Marcelo Tupinambá, valorizando a sua produção a ponto de colocá-la no 'primeiro plano' da música brasileira. O artigo de Milhaud [na *Revue Musicale*, 1920] conferia um respaldo intelectual prestigioso a uma tendência que – apesar de fortes oposições – se desenvolvia desde o convite pioneiro feito por Alberto Nepomuceno a Catulo da Paixão Cearense para apresentar-se no Instituto Nacional de Música em 1908, e de Luciano Gallet a Ernesto Nazareth para apresentar-se no mesmo Instituto em 1922" (2010, p.241).

R., que era seu primeiro secretário –, além dos professores, valorizava os compositores de música urbana e que a atitude corajosa e pioneira de Nepomuceno em 1908 não estava isolada dentro daquela instituição. Essas tentativas da inserção da música popular no meio erudito poderiam ter por base as ideias positivistas de inclusão do proletariado à sociedade, como dito anteriormente. Ademais, as manifestações artísticas ajudavam na valoração do sentimento, que era, segundo Comte, superior à razão. O filósofo francês defendia que a vida humana girava em torno de três atividades básicas: pensar, amar e agir. O pensar ligava-se à filosofia e à razão; o amar era o sentimento e a poesia; e o agir estava relacionado à política. A filosofia estabelecia entre todos os pensamentos uma conectividade fundamental, primeira base da ordem social. Comte dizia que o "gênio estético embeleza e nobilita toda a nossa existência, idealizando dignamente os nossos diversos sentimentos" e que

> a arte social, cujo ramo principal é constituído pela moral, rege imediatamente todos os nossos atos, públicos ou privados. Tal é a íntima solidariedade que o positivismo estabelece entre os três grandes aspectos, especulativo, sentimental e ativo, peculiares à vida humana. (Folheto da Igreja Positivista n.162, p.16.)

Explicavam-se, assim, para os positivistas, as relações entre filosofia, arte e política.

Ligada à campanha da incorporação do proletariado, os positivistas defendiam ainda a "superioridade afetiva da raça negra" (Costa, 1967, p.216), expressada em sua resignação na condição de escravos, condição esta que teria sido essencial para o progresso do Brasil. Se a "raça negra" era superior na afetividade e no sentimento, fazia todo o sentido que, artisticamente, a sua música fosse uma forma de expressão do belo a ser "refinada" para o enriquecimento da música nacional erudita.

Em contrapartida, as classes proletárias ganhavam, através da educação, o bom gosto musical e a elevação moral.

A razão para acreditarmos que as ideias positivistas da Religião da Humanidade influenciaram os textos da *Gazeta Musical*, em especial os de B. R., reside também no fato de Teixeira Mendes, um dos principais líderes da Igreja Positivista, ter realizado à época uma conferência no Instituto Nacional de Música para expor o programa político do positivismo nacional (Ibid., p.243).

A seguir, alguns exemplos de textos positivistas da Religião da Humanidade que guardam afinidades com os de B. R.:

> [...] A sorte da República brasileira depende da elevação do caráter nacional, da formação de verdadeiros cidadãos. Seria inútil demonstrar aos fundadores da República em nossa pátria que quase tudo está ainda por fazer em tal sentido. [...] a elevação do caráter brasileiro consiste essencialmente na elevação do proletariado, porque ele constitui a quase totalidade da nação; é ele que forma propriamente o *povo*; é dele que saem e é para ele que revertem todas as outras classes sociais. (Mendes apud Costa, 1967, p.235.)[7]

> Os corifeus do realismo corrompem o senso moral das populações. Semelhantes degradações hão de desaparecer no dia em que uma opinião pública fortemente constituída fizer voltar a arte ao sublime destino que lhe assinala a evolução humana. (Teixeira Mendes, Folheto da Igreja Positivista n.308, p.26.)

> A educação tem por objeto a elevação moral do homem. (Ibid., p.28.)

> A educação positiva baseia-se na cultura assídua do sentimento moral – o dever. (Ibid., p.31.)

---

7 Costa explica que para os positivistas a "elevação do proletariado" não significava o enriquecimento material do pobre, mas a dignificação da pobreza, que eliminaria a miséria (1967, p.236).

A organização do Instituto Nacional de Música também tinha raízes em outra ideia positivista: o totalitarismo, aspecto muito importante para o programa político dos positivistas brasileiros.[8] Essa forma de ditadura positivista assemelhava-se à que foi implantada no Instituto Nacional de Música sob a liderança de Leopoldo Miguéz, em ao menos dois aspectos: 1) a união entre progresso e ditadura, ou "o progresso pela ditadura, pela ação do Estado" (Carvalho, [1990] 2009, p.27), fórmula adotada pelo positivismo e pelo Instituto Nacional de Música, conforme aferimos nos textos da *Gazeta Musical*; 2) e as constantes críticas feitas ao regime monárquico, condenado em nome do "progresso" e da "modernidade".

Os positivistas acreditavam que a monarquia fora responsável por muitos dos males da sociedade, assim como para a *Gazeta Musical* ela fora responsável pelo atraso do meio musical nacional. A revista considerava o Instituto Nacional de Música uma criação puramente republicana, que não devia nada ao regime monárquico, embora muitos dos professores do Instituto tenham lecionado anteriormente no Conservatório Imperial.

Era como se a monarquia e o Conservatório tivessem desaparecido em novembro de 1889, sem deixar nenhuma contribuição ou influência. Sílvio Romero, em seu livro *Doutrina contra doutrina: O evolucionismo e o positivismo no Brasil* (1895, p.XXXII), afirma que os positivistas eram um grupo de republicanos ingênuos "que levavam a arrogância e a vaidade ao ponto de negar a simples existência de restauradores no Brasil". Segundo Romero, isso era uma verdadeira aberração do juízo político, uma vez que a monarquia estivera por quatro séculos no país e sobre o povo; seria impossível

---

8 O programa político do Apostolado Positivista apresentava os seguintes tópicos: ditadura republicana a ser mantida em caráter definitivo; o sucessor de um presidente seria sempre escolhido livremente pelo ditador, sob a sanção da opinião pública; haveria a supressão do ensino oficial, salvo o ensino primário e a liberdade completa de profissões, nos quais seriam extintos os privilégios inerentes aos diplomas científicos ou técnicos e todos os cidadãos assumiriam a responsabilidade de seus escritos, assinando-os (Costa, 1967, p.230-1).

que não tivesse deixado "o menor vestígio ou a mais leve influência nos espíritos e nos fatos".

Outro aspecto que chama a atenção para as semelhanças entre B. R. e os positivistas do Apostolado fluminense é a criação de uma "trindade artística", que aparece no texto que B.R. dedica a Alexandre Levy por ocasião de seu falecimento.

Os positivistas apreciavam símbolos como a trindade para destacar os heróis nacionais: um folheto da Igreja Positivista de 1939 (n.168, p.14), publicado em comemoração ao cinquentenário da República, formou uma trindade republicana constituída por Benjamin Constant (fundador da República), marechal Deodoro da Fonseca (cujo apoio tornara a revolução pacífica) e marechal Floriano Peixoto (que a defendera). Na mesma página desse folheto, uma "trindade civil" também é homenageada: Julio de Castilhos e Demétrio Ribeiro, do Rio Grande do Sul, e João Pinheiro da Silva, de Minas Gerais. No entanto, a mais tradicional "trindade positivista" é formada por três heróis nacionais: Tiradentes, José Bonifácio e Benjamin Constant, que "constituem a trindade augusta da fundação da pátria brasileira" (Folheto da Igreja Positivista n.171, p.4).

Carvalho ressalta a importância dessa trindade para os positivistas brasileiros:

> Um ano depois [da morte de Benjamin Constant ocorrida em 1891], Teixeira Mendes publicava sua biografia. Nesta, Benjamin é colocado no panteão cívico do Brasil, ao lado de Tiradentes e José Bonifácio. Tiradentes na Inconfidência, José Bonifácio na Independência, Benjamin na República, era essa, para os ortodoxos, a trindade cívica que simbolizava o avanço da sociedade brasileira em direção a seu destino histórico, que era também a plenitude da humanidade em sua fase positiva. ([1990] 2009, p.41.)

De maneira semelhante à dos positivistas, B. R. formou uma "trindade artística nacional":

N'esta terra sem tradições artísticas, n'este paíz cujos descobridores jamais pensaram em arte, n'esta terra de carolice e de política, os artistas acham-se isolados e como que se consideram differentes da massa geral dos seus concidadãos incapaz de os compreender. Então, procurando pela união fazerem-se fortes, ligam-se uns aos outros os homens de arte e empenham contra a estúpida sociedade indiferente uma campanha de talento. [...] No nosso meio artístico eram três estes mártyres do seu grande coração: Alexandre Levy, Rodolpho Bernardelli e Leopoldo Miguéz. Capazes de todos os sacrifícios pela arte, estes dois músicos e este esculptor estavam sempre unidos para fazer o bem aos seus companheiros, para os incitar a proseguir na carreira que abraçaram, para se imporem constantemente ao público de quem não precisavam e que tinha de vir súpplice pedir-lhes as manifestações do seu talento. Alexandre Levy tinha a mais que os seus companheiros o gênio arrojado da tentativa e uma tenacidade admirável. Era capaz de um sacrifício enorme de tempo, de dinheiro e de desgostos para realizar um concerto que educasse os seus coestadinos e depois de todos os dispêndios e de todos os desgostos, impunha silêncio ao seu coração magoado e ia... tratar de realizar outro concerto, porque havia um público a educar e o seu egoísmo era suffocado pelo amor da arte. (*GM*, 1892, n.4, p.63-4.)

Neste trecho, B. R. deixa claro que vê os "mártires do meio artístico" com a missão definida e primordial de educar o gosto do povo; essa seria a principal motivação do artista inserido naquela "época de transição". Em sua idealização das artes e dos artistas, B. R. esquecia-se de que eram motivados também (ou principalmente) por seus interesses pessoais, em busca de sustento, fama ou poder.

Mas para B. R. a morte de Levy não fazia sentido, principalmente por ter interrompido a missão de "educador do povo" que lhe atribui. Dando sequência ao seu discurso, B. R. elogia as qualidades morais de Levy e critica o mercantilismo:

Impondo-se pelo seu talento enorme, pela sua reputação de bom, de leal, pelos conhecimentos que já possuía e que augmentava todos os dias, Alexandre Levy em mais dez annos de vida teria collocado S. Paulo à frente do movimento artístico d'este paíz. Alexandre teria feito da sua terra o refúgio da Arte Brazileira, tão mal comprehendida por esta gente de especulações commerciaes, absorvida pelo mercantilismo, sem as ideias adiantadas do adiantado S. Paulo. Infelizmente a besta da morte assassinou-o! [...] Eis o que posso dizer sobre o bom, o symphático, o talentoso, o honesto Alexandre Levy [...]. Quando soubemos da morte, veio ao nosso encontro o grande esculptor brazileiro e disse-nos com a voz trêmula de commoção [...] – Mas que diabo! Por que há-de morrer um artista? Só pode fazer mal a si próprio, mas ao seu paíz só pode fazer bem... E o nosso querido Bernardelli lá se foi nervoso, [...] desesperado com a falta d'aquelle que completara essa bella trindade de artistas. (Ibid., p.64.)

B. R. procurava criar "símbolos" para o meio musical republicano, mas sua tentativa fracassou: sua trindade foi constituída por um artista plástico e dois compositores que nunca atingiram a popularidade de Carlos Gomes. Sobre a eficácia da criação de símbolos, afirma Carvalho:

A falta de envolvimento real do povo na implantação do regime leva à tentativa de compensação por meio da mobilização simbólica. Mas, como a criação de símbolos não é arbitrária, não se faz no vazio social, é aí também que se colocam as maiores dificuldades na construção do panteão cívico. Herói que se preze tem de ter, de algum modo, a cara da nação. Tem de responder a alguma necessidade ou aspiração coletiva, refletir algum tipo de personalidade ou de comportamento que corresponda a um modelo coletivamente valorizado. Na ausência de tal sintonia, o esforço de mitificação de figuras políticas resultará vão. Os pretendidos heróis serão, na melhor das hipóteses, ignorados pela maioria e, na pior, ridicularizados. ([1990] 2009, p.55-6.)

O fato de Levy ser um compositor talentoso e de ter morrido ainda muito jovem não foi suficiente para transformá-lo em um símbolo nacional comparável a Carlos Gomes, ou em um mártir de nossa música, como nos sugere B. R.

Outro denominador comum a positivistas e colaboradores da *Gazeta Musical* foi a preocupação em não "copiar" padrões estrangeiros. A revista aqui estudada, apesar de wagnerista, deixou espaço para opiniões contrárias a esta corrente, pesquisando a melhor forma de construir uma escola nacional em termos de linguagem musical moderna sem que isso significasse copiar um padrão europeu. Analisava criticamente as tendências que vinham da Europa, discutindo-as e justificando suas respostas de acordo com suas convicções políticas e filosóficas, que procuravam adaptar à realidade brasileira.

Os discursos positivistas são semelhantes neste aspecto: muitos dos textos, como este de Miguel Lemos, realçam os "perigos" da simples imitação de realidades estrangeiras:

> Não nos deixemos levar pela cega imitação das instituições vigentes neste ou naquele país; lembremo-nos de que cada nacionalidade tem uma feição própria que resulta do conjunto de seus antecedentes históricos. (Lemos apud Costa, 1967, p.231-2.)

Por sua vez, Teixeira Mendes afirmava que "os positivistas foram os únicos republicanos que não se deixaram seduzir 'por essa vaga filantropia' denominada cosmopolitismo" (Folheto da Igreja Positivista n. 190, p.3).

Os positivistas brasileiros falavam em regeneração intelectual e moral, tendo a sociologia como base para a reorganização social (Costa, 1967, p.248). Para eles, a questão social não poderia ser resolvida por meios políticos, mas sim por meios intelectuais e morais. Chamavam de "utopias comunistas perigosas à sociedade" qualquer corrente que pregasse os meios políticos como solução – pregavam mesmo a "regeneração das opiniões e dos costumes" para a correção dos defeitos da sociedade (Ibid., p.249). Ao aspecto moral juntavam-se o amor à pátria, o dever cívico e o culto aos ídolos nacionais, características que ligam o positivismo aos ideais da época da Revolução Francesa: lembremos mais uma vez de Jacques-Louis David como exemplo de artista engajado politicamente e que, à época da Revolução, já se tornara um dos principais representantes do classicismo. Segundo nos conta Carvalho ([1990] 2009), ele afirmava que o estilo clássico era mais que uma linguagem artística: "Era a simplicidade, a nobreza, o espírito cívico das antigas repúblicas; era a austeridade espartana, a dedicação até o sacrifício dos heróis romanos. O artista devia usar sua arte para difundir tais valores" (Ibid., p.11).

Esse aspecto cívico das antigas repúblicas é, como vimos, a base do civismo positivista – "Instituamos a religião do civismo!", proclamavam os positivistas (Folheto da Igreja Positivista n.171, p.8).

O civismo unido ao moralismo pode ser encontrado no drama musical *Os saldunes*,[9] de Miguéz, com libreto de Coelho Neto. Apesar de posterior à publicação da *Gazeta Musical*, aqui nos servirá de exemplo do paradigma positivista que tanto influenciou os artistas e os intelectuais republicanos brasileiros do final do século XIX.

Julyan e Armel são saldunes jovens, gauleses, fortes, de uma beleza viril. Os dois estão apaixonados por Hêna, filha do patriarca da tribo de Carnac. No entanto, Hêna corresponde ao amor de Julyan e prometem-se um ao outro. Mas para desespero do jovem casal, Julyan deve partir para a guerra contra os romanos. Armel confessa a Julyan o amor que sente por Hena e sua infelicidade ao perceber que Hêna não nutre por ele o mesmo sentimento. Enfurece-se ao saber que Hêna retribui o amor de Julyan. Os dois jovens, por serem saldunes, guerreiam acorrentados um ao outro. Na batalha, Armel é ferido gravemente. Julyan o ampara e cuida do amigo durante o regresso da guerra na qual foram derrotados. De repente, escutam uma linda voz que logo reconhecem como sendo a voz de Hêna. Ela e sua mãe Margarida, ambas maltrapilhas, refugiavam-se em uma caverna naquelas paragens. Julyan e Hêna abraçam-se e agradecem ao deus Hésus pelo fortuito reencontro. Mas Armel, louco de mágoa

---

9 "Saldunes – aqueles que entre os gauleses faziam juramento de eterna amizade seguindo para a peleja unidos por uma corrente porque nem a Morte os devia separar – eis a semente; o drama que decorre dessa ideia é o arbusto." (Coelho Neto, Libreto de *Os saldunes*.)

e ódio, retira seu curativo expondo a ferida aberta que sangra e o enfraquece em minutos, levando-o à morte. Antes de morrer, relembra a Julyan do juramento dos saldunes. Julyan não tem outra escolha a não ser tirar a própria vida. Hêna, pegando o mesmo punhal de Julyan, mata-se também, unindo o seu corpo ao do amado.

O conceito de pátria que encontramos na obra assemelha-se ao de Comte:

> De especial importância é a ênfase dada por Comte à noção de pátria. A pátria é a mediação necessária entre a família e a humanidade, é a mediação necessária para o desenvolvimento do instinto social. [...] A pátria perfeita deveria ter como característica os dons femininos do sentimento e do amor. A boa pátria será a mátria. Tal visão, se era incompatível com a ideia de nação sem patriotas, também fugia do comunitarismo de Rousseau, que possuía elementos contratuais e, portanto, traços de individualismo. O cidadão positivista não age na praça pública, não delibera sobre as questões públicas. Ele se perde nas estruturas comunitárias que o absorvem totalmente. (Carvalho, [1990] 2009, p.22.)

Várias cenas e diálogos do libreto realçam o amor à pátria, como um dever que se sobrepõe ao amor entre os dois jovens. Por exemplo, ao saber que Julyan parte para a guerra, Hêna exclama: "Morrer?"; ao que responde Julyan: "A Gália assim o exige e eu... sou gaulês!". O amor à pátria deveria estar acima de todas as outras formas de amor, e Julyan deixa isso muito claro nos diálogos com Armel; acima de tudo, eles eram gauleses. Da mesma forma, o voto dos saldunes está simbolicamente relacionado à camaradagem necessária ao cumprimento do dever cívico, entre homens dispostos a morrer pela pátria.

No segundo ato, o drama intensifica-se quando Julyan e Armel, acorrentados um ao outro pelo voto dos saldunes, confessam o amor que sentem e que descobrem ser pela mesma mulher. Ao tomar conhecimento de que Armel também ama Hêna, Julyan angustia-se com a ideia de qualquer possível traição ou falsidade nas palavras de

Hêna. Mas Armel confessa nunca ter sido correspondido, e assim Julyan tem a certeza do amor puro e verdadeiro de Hêna por ele. Dessa forma, o amor "puro" de Hêna coincide com a ideia positivista em relação à mulher e que não diverge da imagem da mulher "pura e casta" da tradição católica.

É interessante observar que, logo em seguida a este diálogo, o amor à pátria é novamente destacado, através da cena de um ritual de sacrifício presenciado pelos saldunes antes da partida para a batalha e que tinha por objetivo conceder a vitória aos gauleses: sobre uma pedra sagrada, um mancebo e uma virgem proclamam a felicidade que sentem por irem em direção à eterna bem-aventurança de viver nos céus e de rever seus antepassados. Antes de ser sacrificada e queimada na pira, a virgem exclama: "Hésus! Defende a Gália contra o romano alvar!". O escritor Coelho Neto deixa claro em seu libreto que os gauleses partiam para a guerra não para conquistar outro povo ou outras terras, mas para se defender da invasão romana. Dessa forma, a guerra justificava-se e enobrecia os gauleses; a defesa da própria pátria era a única forma de guerra aceita pelos positivistas.

Nesse drama de Coelho Neto, o deus Esus – que aparece sempre grafado com "h" e acento agudo no "e" – é o único deus invocado pelos gauleses, que, entretanto, não eram monoteístas. Esus corresponde ao Mercúrio romano; seu nome significa "senhor". A escolha parece proposital: invocado inúmeras vezes pelos personagens do enredo, seu nome assemelha-se ao de Jesus. Para exemplificá-lo, há uma cena no terceiro ato, quando Julyan e Hêna reencontram-se; o casal sente-se "protegido e abençoado" por Hésus. Dessa forma, o libreto de *Os saldunes* emana uma religiosidade associada à pátria e ao papel moral da mulher, enquadrando-se, ao mesmo tempo, na tradição católica e nos moldes do positivismo da Religião da Humanidade.

Esse drama musical segue as concepções estéticas de Comte, segundo as quais "a arte deve ser a idealização da realidade, a exaltação do lado altruísta e afetivo do ser humano, deve promover o culto cívico da família, da pátria e da humanidade" (Carvalho, [1990] 2009, p.45). Em *Os saldunes*, o culto patriótico é colocado em primeiro plano, em um formato que se harmoniza perfeitamente com os ideais propostos pelo positivismo comtiano:

> [...] foi sobretudo a partir do encontro com Clotilde [Clotilde de Vaux, musa inspiradora do filósofo francês] que Comte desenvolveu os elementos utópicos e religiosos de seu pensamento. O sentimento foi colocado em primeiro plano, deslocando a razão, base de sua obra anterior, para uma posição subordinada. [...] Pretendendo ser uma concepção laica, fundia o religioso com o cívico, ou melhor, o cívico tornava-se religioso. [...] Ainda na esteira do comunitarismo católico, salientou as instituições de solidariedade, hierarquizando-as. Na base, ficava a família, seguida da pátria e, como culminação do processo, a humanidade. A guinada "clotildeana" foi indiscutível na elaborada visão da mulher e de seu papel na evolução social. No *Cours de Philosophie*, sua posição em relação à mulher não discrepava da visão tradicional de inferioridade em relação ao homem. Agora, misturando descobertas da biologia e visões católico-feudais, ele terminou por afirmar a superioridade social e moral da mulher sobre o homem. (Carvalho, [1990] 2009, p.130.)

Os aspectos religiosos e ritualísticos em *Os saldunes* possuem uma simbologia que agradava muito aos positivistas. Esse imaginário era, para os seguidores da doutrina, uma forma de idealização da realidade, de fatos comprovados cientificamente, como observamos neste texto:

> Amar e servir à Pátria são duas grandes funções do coração e da atividade humana. [...] os laços que nos prendem à Família não bastam ao nosso desenvolvimento total. [...] a Pátria é um agrupamento político caracterizado pela comunidade de governo e pela série de fatalidades cosmológicas e sociais que a limitam a uma porção determinada do planeta humano. É um ente coletivo intermediário entre a Família e a Humanidade. O patriotismo, admirável propriedade do coração humano, carece de cultivo e direção, como

todas as manifestações funcionais de nosso organismo. (Folheto da Igreja Positivista n.171, p.5-6.)

Dessa forma, o drama *Os saldunes* compartilha muitas características com a religião do civismo dos positivistas.

3.1 A *Gazeta Musical* e a institucionalização da música

Uma das grandes preocupações da *Gazeta Musical* dizia respeito à maneira como se deveria instituir a música, primeiro na capital federal, para que depois servisse de modelo aos outros Estados brasileiros. O programa de organização musical proposto pelos colaboradores do periódico previa, principalmente, um total apoio financeiro do governo ao Instituto Nacional de Música (INM). Este, por sua vez, teria uma ação bastante abrangente em todo o meio musical fluminense e posteriormente em âmbito nacional, organizando as bandas militares brasileiras, as orquestras dos municípios e os concertos populares, além de supervisionar o ensino da música nas escolas primárias.

O INM seria, portanto, o "quartel-general" da institucionalização da música no país. Seu modelo de organização seguia uma linha semelhante aos modelos do positivismo ortodoxo: a ditadura realizada por um líder competente para a função, nos moldes dos déspotas esclarecidos do Iluminismo, que teria total poder sobre os projetos musicais e a distribuição de cargos e de empregos no meio musical.

Apesar desse modelo, a *Gazeta Musical* jamais mencionou a Religião da Humanidade ou o nome de seus dois principais líderes, Miguel Lemos e Teixeira Mendes.

Embora os positivistas ortodoxos do Rio de Janeiro ligados à Religião da Humanidade tenham desempenhado importante papel durante o Governo Provisório em 1891, as páginas da *Gazeta Musical* não fazem nenhuma alusão direta a eles ou à religião fundada por

Auguste Comte. No entanto, o Governo Provisório é elogiado várias vezes no periódico e a ele é atribuído o desenvolvimento das artes e a fundação do Instituto Nacional de Música. O papel de fomento que o Governo Provisório desempenhou junto ao INM é citado na *Gazeta Musical* como exemplo para os governos futuros:

> Não é bastante a boa vontade, o talento e o trabalho dos artistas [...] é preciso o favor do governo, mas favor largo e poderoso. De todo auxílio que o Governo Provisório deu às bellas-artes nós vemos já patentes os resultados benéficos. Começam a apparecer os productos da semeadura lançada ao campo da arte pelo ministro Aristides Lobo, cuja intuição artística é provada. A Escola Nacional de Bellas-Artes e o Instituto Nacional de Música são duas escolas-modelo, como as não há melhores no estrangeiro. À frente d'ellas, aparecem-nos dous artistas que rivalizam em talento e em patriotismo e que são duas promessas. [...] N'aquelles estabelecimentos trabalha-se, faz-se arte, educa-se uma geração futura de artistas. Entre os nossos artistas nota-se uma solidariedade de irmãos; juntam-se pintores e músicos para de commum accordo trabalharem pelo engrandecimento da arte brazileira [...] Esta expansão artística deve-se à proclamação do novo regimen e ao auxílio que às artes prestou o Governo Provisório. O que irão fazer, porém os governos futuros, os governos legislativos? Que meios fornecerão para o engrandecimento do nosso meio artístico? Qual será o grao de intuição artística das câmaras legislativas? [...] São interrogações estas que nos deixam aprehensivos e medrosos [...]. (*GM*, 1891, n.8, p.2.)

A direção do INM tinha esperanças de que Benjamin Constant continuasse a apoiar a instituição e os seus projetos, como lemos neste trecho:

> [...] transmittimos aos leitores da *Gazeta* algumas informações relativas ao Instituto. Creando este estabelecimento por acto de 12 de janeiro de 1890 e dotando-o de todos os elementos necessários para o preenchimento do fim a que se destina prestou o primeiro

ministro da Instrucção, o illustre cidadão Dr. Aristides da Silveira Lobo, com relevantíssimo serviço à arte brasileira, erguendo-a por esse modo à altura compatível com o grande adiantamento e civilisação do nosso país. Os esforços fecundos e patrióticos desse cidadão foram secundados com vantagem pelo seu successor, o benemérito Dr. Benjamin Constant, que egualmente tão grande impulso deu à Instrucção em nossa pátria. [...] Tendo em vista melhorar de accordo com o progresso que vamos tendo, a instrucção musical teórica e prática nas bandas militares, e aproveitar verdadeiras vocações artísticas, que entre os músicos do Exército não raro se encontram, propôz L. Miguéz ao ministro Benjamin Constant a criação do *Gymnásio Militar*, e chama em seu relatório a attenção do Governo para o projecto que n'esse sentido apresentou naquella época e que se acha hoje na Secretaria de Guerra. (Ibid., n.8, p.10.)

Entretanto, o INM não poderia contar por muito tempo com o apoio de Constant, falecido em janeiro de 1891. Apesar das diferenças que teve com Miguel Lemos, Constant é considerado pelo Apostolado Positivista, após a sua morte, fundador da República no Brasil. B. R. pretendia homenageá-lo instituindo o dia da criação do orfeão nacional, no dia de seu falecimento:

Incontestavelmente as bellas-artes brazileiras devem muito ao fundador d'esta república, o nosso querido Benjamin Constant. A data do seu fallecimento, essa data de lucto nacional em que todos nós perdemos um chefe e um amigo que a pátria perdeu, o mais prestimoso dos seus filhos, não foi ainda dignamente commemorada. Pois bem que seja ella escolhida para dada [sic] inicial da creação do nosso orpheon. (*GM*, 1892, n.20, p.305.)

B. R. era admirador de Floriano Peixoto, que por sua vez era jacobinista. Como visto anteriormente, jacobinistas e positivistas uniram-se durante o governo de Floriano Peixoto, levando-nos, portanto, a considerar os textos de B. R. escritos na *Gazeta Musical* como o melhor exemplo, dentro desse periódico, de uma organização do meio musical pensada essencialmente em moldes positivistas. No entanto, não podemos negar que B. R. se identificava com certas ideias jacobinistas. Estes eram conhecidos como xenófobos que canalizavam sua agressividade principalmente contra os portugueses, em sua maioria donos de casas comerciais no Rio de Janeiro. Da mesma forma, B. R. enxergava em nossa herança portuguesa a causa do atraso em nosso meio artístico:

> O elemento portuguez, que serviu de base à nossa nacionalidade, trouxe-nos, com a sua actividade commercial e especuladora, a feição que accentua o seu paíz como o mais atrazado representante da arte latina. A audácia dos descobrimentos, o sonho da riqueza do Novo Mundo, não deixaram logar ao luzitano para occupar-se de acompanhar a Itália e a França no caminho artístico cuja meta as duas procuravam attingir. O nosso clima, a nossa natureza, o cruzamento das raças, a poesia natural do nosso gentio operaram este reviramento e trouxeram-nos este temperamento especial e indígena muito propenso à arte. (*GM*, 1891, n.7, p.6-9.)

B. R. deprecia os portugueses em uma típica atitude de seus contemporâneos jacobinistas, mas encontra uma "solução" para neutralizar-lhes a suposta falta de pendor artístico dentro de um molde bem positivista: a valorização da mistura racial própria da cultura popular do proletariado, somada à cultura refinada do europeu, seria a grande "vantagem" que transforma e justifica os pendores artísticos da "raça" brasileira:

> A importação hecterogênea, desencontrada, sem escola, das músicas europeas, os cantos estimados e sentidos da ópera italiana, as canções populares do immigrante, os trabalhos musicaes dos artistas do norte da Europa, reuniram-se à melopea plangente das toadas africanas, aos cantos primitivos da musica indígena e, d'haí, uma feição característica do nosso povo, feição que se há de accentuar mais e mais e que fará – quem sabe? – uma escola, talvez, com

um cunho muito particular de originalidade e de brazileirismo. [...] e depois que tivermos, e bem, imitado todos os mestres, italianos ou allemães, latinos ou saxões, havemos de emancipar-nos d'esse captiveiro e crearemos, talvez, um estylo nosso, uma música perfeitamente accentuada, que não se confundirá com a dos outros povos; música apaixonada, de accentuação poética, melancólica mas enérgica, apaixonada mas viril, que marque perfeitamente o cunho da nossa nacionalidade. Predizer os meios por que se fará essa transformação, antecipar o estudo d'essa modificação da nossa música, é tarefa por demais pesada para que nos mettamos n'ella, tanto mais que dificilmente se poderá prever a forma por que há de operar-se. [...] Da fusão de todas as escolas, do estudo de todas as formas, d'essa apreciação de todos os mestres é que há de vir a sciência musical para unir-se à tristeza do nosso sentimentalismo artístico e fazer a nossa característica musical. Não somos um povo que se molde a formas velhas [...]. Não haverá molde velho que nos sirva, que temos as tendências arrojadas para as grandes concepções, todas as audácias dos grandes creadores, toda a indisciplina dos grandes artistas. Mas hão de ser justamente essas tendências, essas indisciplinas, essas audácias, ligadas à tristeza natural da nossa melodia, ao lyrismo do nosso canto, à indolência originada pelo nosso clima, que irão constituir o nosso estyllo do futuro, a nossa música nacional, a nossa feição característica especial, a nossa individualidade artística. Quando chegará, porém, essa época de nacionalisação? [...] O futuro o dirá. [...] na música, deixamos as bellas producções de Carlos Gomes e os trabalhos magistraes de Miguéz a provarem o arrojo e a imaginação de um e a competência, a arte, o estudo, a concepção e o talento de outro. O período brilhante do renascimento da nossa arte chegou-nos com a República, como o nosso atrophiamento artístico se accentuou com a existência da monarchia. [...] na vida dos povos as conquistas de liberdade pública são conquistas no campo da arte. O povo opprimido não produz, não se manifesta, não pode mostrar-se grande e as ruas athenienses não seriam, como foram, exposições de monumentos de arte, sob um regimen de tyrania e oppressão. A expansão de liberdades públicas revela-se pelas concepções artísticas e Miguéz não se manifestaria grandioso no seu poema symphônico *Ave Libertas!* sob um regimen hypócrita de monarchia religiosa. [...] Foi precizo o grande movimento que nos elevou à altura de um povo culto, essa conquista que nos deu direito à supremacia entre os americanos, essa victória de um povo, para inspirar aquella página sublime de arte brazileira [...]. (Ibid., p.6-9.)

Naturalmente, como aconteceu com os demais intelectuais de sua época, B. R. assimilou ideias positivistas e de outras doutrinas semelhantes, ou derivadas do positivismo. Por isso, as nuances do positivismo no Brasil foram muitas, o que torna difícil o trabalho de distinguir o positivismo "original" de Comte de suas diversas ramificações. No entanto, são relevantes as ideias positivistas de B. R. por ter sido ele o porta-voz do Instituto Nacional de Música no que concerne à institucionalização dos projetos musicais na primeira década da República, não importando se as suas ideias foram determinantes ou simples reflexo das ações daquela instituição.

Para instituir a música nacional, B. R. e demais colaboradores da *Gazeta Musical* iniciam uma campanha de valorização do canto em língua portuguesa e dos artistas nacionais. O articulista destaca o sentimento e a capacidade poética do povo (proletariado) brasileiro, superiores às classes burguesas e aristocráticas, assim como a valorização do canto em língua vernácula. Para isso recorre, mais uma vez, ao exemplo vindo da Europa:

> Não só em todas as festas populares da Áustria se encontra este uzo [o fato de as valsas vienenses serem cantadas] – o que não é para admirar no povo, muito mais poeta, com muito mais sentimento íntimo do que as classes burguesas e aristocráticas – mas também é de praxe em todas as reuniões campestres da mais alta sociedade. Não há convescote que não termine em baile, e a valsa é a música predileta para elles. [...] No interior do Brazil o povo dança ao som de coros harmonisados em terceiras e sextas, e o efeito é deveras bonito, apezar de todo o primitivo da harmonisação e da absoluta falta de noção artística do nosso povo. (*GM*, 1892, n.6, p.81-2.)

O que chamava a atenção de B. R., tanto no exemplo da valsa vienense como no das danças populares brasileiras, era a capacidade poética do povo, que segundo ele era maior que a dos burgueses e aristocratas – o que também usará como justificativa para a incorporação de elementos populares na música erudita.

B. R. nos dá o seu maior exemplo de valorização da música e dos artistas nacionais em seu importante artigo do número 14 da *Gazeta Musical* de 1892 (p.209-12, com continuação no número 15, p. 226-9), no qual procura demonstrar a importância do canto coral brasileiro – n.14, p.213 – e a adequação da língua portuguesa ao canto: "[Dizem] os pessimistas que a nossa língua não presta, que não temos música nacional!!! [...] A língua portuguesa – e especialmente a língua portuguesa que se fala no Brasil será menos musical do que a alemã ou a russa?" (n.15, p.229).

A criação do orfeão no INM também foi incentivada por Miguéz. Entretanto, não fica muito claro se Miguéz apoiava o orfeão cantado em português proposto por B. R. ou um coro infantil que cantasse um repertório de "merecimento", conforme escreve em um dos artigos da *Gazeta Musical*, intitulado "Instituto Nacional de Música":

> Sendo de primeira necessidade a creação de grandes *orpheons*, onde se eduque a nossa mocidade, se lhe dê independência de ouvido e se lhe aperfeiçôe o gosto musical pelos trabalhos choraes de merecimento, está mais que provado que é necessária a adopção do diapasão normal, typo da extensão da voz humana. Si com o nosso clima já é difícil a obtenção de vozes com timbre seguro e perfeito, não deve o governo vacillar na adopção de uma medida que é de fácil execução no nosso paíz, de insignificante dispêndio e de resultados promptos e úteis a todos nós. (*GM*, 1892, n.18, p.274.)

A *Gazeta Musical* procurava sempre a valorização dos artistas nacionais, ainda que seguisse, para tal propósito, os padrões europeus:

No dia vinte e oito do corrente [março], por occasião dos ensaios para o concerto symphônico do festejo ao marechal Floriano Peixoto, o Sr. Oscar Guanabarino dirigindo-se à orchestra alli reunida disse que: até hoje se tem deixado no esquecimento todos os nossos grandes homens; que citamos apenas os oradores estrangeiros deixando no olvido os tribunos nacionaes; que todos os artista do estrangeiro são por nós admirados e que nem siquer pensamos em que já tivemos artistas brazileiros tão ou mais valiosos do que aquelles deante dos quaes nos admiramos agora; que a República já começou a fazer justiça aos seus homens e que o esquecido Tiradentes já foi posto em evidência, no logar e com a importância que lhe era devida; que aproveitava a occasião de se achar alli reunido tão importante número de bons professores de orchestra para lhes dizer que era tempo de que a corporação musical fizesse reviver o nome de um músico brazileiro que escreveu um *Te-Deum* que podia ser assignado por Mozart, Haydn, Haendel e até por Bach; que esse artista que deseja fazer lembrado e para quem pede a justiça de uma commemoração é o grande músico brazileiro Padre José Maurício [...]. Desde já a *Gazeta Musical* applaude o Sr. Guanabarino pela sua ideia, associa-se a essa festa com todo o interesse da sua arte e do seu patriotismo [...]. (*GM*, 1892, n.6, p.90-1.)

Outra preocupação da *Gazeta Musical* consistia em desenvolver ao máximo a arte musical no Brasil, para que o país pudesse ter uma boa imagem perante a Europa. Para isso, mais uma vez, exigiam apoio financeiro do governo:

INCREMENTO ARTÍSTICO. Sob este título publica o nosso estimado collega *O Fígaro* o artigo que aqui abaixo transcrevemos e em que judiciosamente se mostra a actual predisposição pública para as bellas-artes e o quanto é preciso que seja ella auxiliada pelos poderes públicos. [...] "Já o dissemos na *Gazeta Musical* e repeti-mo-lo: em um futuro mais ou menos remoto – depende da intervenção dos governos – nós accentuaremos de maneira clara e precisa a nossa posição de povo artístico neste vasto continente americano

[...] *O Fígaro*, na sua qualidade de jornal moderno tem pugnado e pugna pelo progresso das bellas-artes no nosso paíz [...]. À frente da Escola Nacional de Bellas-Artes temos o famoso artista Rodolpho Bernardelli; à testa do Instituto de Música acha-se Miguéz. [...] Collocados à frente de duas instituições cujos resultados eram nullos, os nossos dois grandes artistas, cheios de audácia, de patriotismo e boa vontade, sacrificando seus interesses particulares, souberam não só moralisar e fazer respeitar as repartições de que tomaram conta, como imprimir no público esse desejo de as ver ir avante. [..] A causa d'isto? O valor acctual das instituições em boa hora confiadas aos dois distinctos artistas; as promessas de um futuro magnífico, o resultado de uma dedicação sem limites. No nosso pequeno meio artístico tem-se ultimamente produzido verdadeira revolução [...]. Já é tempo de nos convencermos de que não basta o café para representar o nosso paíz no estrangeiro [...] deve ter passado o período mercantilista em que todos os esforços do governo eram para o bem estar do commércio. ([s.a.], *GM*, 1892, n.7, p.104-6.)

Quando o governo não apoiava o Instituto Nacional de Música e o seu diretor Leopoldo Miguéz da maneira como a *Gazeta Musical* exigia – e, o que era ainda pior, quando lhe negava patrocínio financeiro –, o tom dos artigos era de profunda mágoa e revolta:

Parece que um anáthema cruel pesa sobre a nossa música, e que por todos os meios possíveis pensam os governos d'esta terra em prejudicá-la. Passamos a vida a gritar que é n'este ramo de arte que havemos de aparecer; levamos incessantemente a apresentar ao governo os meios de tirar do estado de apathia em que até agora tem vivido a música brazileira [...] No *Jornal do Commercio* de 18 do corrente [maio] vemos uma lista dos indicados para representarem o Brazil n'aquella exposição [Exposição de Chicago]. Pois bem; d'essa lista, da qual com muita razão faz parte o nosso estimado amigo Rodolpho Bernardelli, foi excluída – não sabemos por que – a música brazileira! / [...] o governo não esqueceu as bellas-artes, mas foi buscar um dos mais distinctos professores das artes plásticas para o incluir como representante das bellas-artes brazileiras. [...] Em outro qualquer paíz onde houvesse um poema symphônico como o *Prometeu*, como o *Ave Libertas!*, como *Parisina*, seria o governo o primeiro a fazer incluir trabalhos d'esse jaez nos programmas dos concertos da exposição, porque era essa a occasião de mostrar o valor de um compositor de primeira ordem e à altura dos mais distinctos da Europa. Não somos suspeitos; a justiça que fazemos a Leopoldo Miguéz não é uma subserviência de um jornal que vive dos seus assignantes, que diz francamente a sua maneira de pensar e que absolutamente não depende nem do distincto compositor nem do director do Instituto de Música. Não podemos no entanto furtar-nos a dizer aos nosso homens públicos: Com os poemas de Miguéz podeis, senhores do governo, mostrar ao mundo civilisado de quanto somos capazes n'aquelle ramo dos conhecimentos humanos e o nosso grao de adiantamento como nação civilisada. N'essa exposição, a que de certo não deixam de ir grandes músicos de todos os paízes do mundo, nós podemos alcançar muita glória e foros de paíz culto; mas para isso não bastam os productos agrícolas e as manufacturas que mandarmos, nem será bastante a exhibição do *Guarani*. ([s.a.], *GM*, 1892, n.8, p.116-8.)

Carlos Gomes vem apresentar um novo trabalho que destina à exposição de Chicago e que se intitula *Christovam Colombo*. [...] Na exposição de Chicago, nesse grande certamen americano, para o qual deviamos concorrer com todos os elementos, por cuja grandiosidade deviamos trabalhar com grande empenho americanista, onde devíamos comparecer como o povo representante das bellas-artes americanas, Carlos Gomes vae aparecer sosinho, sem o bafejo official, sem proteções do governo que as não sabe dar aos artistas. [...] É a desgraça d'este Brazil, entregue à administração dos bacharéis e militares, sem intuição artística, e para quem é de nenhuma monta o desenvolvimento, o progresso das bellas-artes! [...] E ainda há quem negue a influência perniciosa da nossa hereditariedade... Pobre Brazil! ([s.a.], *GM*, 1892, n.12, p.186-7.)

A crítica que o autor desse artigo não assinado faz em relação ao Brasil ser administrado por militares e bacharéis é comumente encontrada também nos folhetos da Igreja Positivista. O líder Miguel Lemos não gostava de militares no poder e queria a supressão do ensino oficial. O Apostolado Positivista, inclusive, foi contra a criação das universidades no Brasil.[10]

Nesse mesmo ano de 1892, um importante concerto foi programado em comemoração ao aniversário de Floriano Peixoto. Miguéz, à frente do Instituto Nacional de Música, aproveitou a ocasião para privilegiar a produção musical brasileira, sobretudo a sua própria, como insinuado neste artigo não assinado:

> No dia 30 de abril realisou-se no Theatro S. Pedro de Alcântara um bello concerto, commemorativo do anniversário natalício do chefe da nação, concerto que havia sido confiado à organisação do nosso estimado compositor Leopoldo Miguéz. [...] O theatro achava-se virtuosamente enfeitado e ao chegar o marechal Floriano Peixoto, à uma hora da tarde, subiu o panno deixando ver o palco, [...] onde se achava o busto do marechal circulado por uma guarda de honra de alumnos do Collégio Militar, e [...] ao fundo, [...] estavam quatro bandas: a do Arsenal de Guerra, a da polícia de Nitheroy, a de um nosso batalhão policial e a do Asylo de Meninos Desvalidos. Segundo o que determinava o programma, deu principio à festa a execução do bello *Hymno da República*, ouvido de pé e muito applaudido depois da execução. [...] Da segunda parte da festa, que era dedicada ao concerto, resava o programa: Prelúdio da *suíte em ré*, H. Oswald; *Prometheu*, poema symphônico, L. Miguéz; *Souvenir*, melodia, Alberto Nepomuceno; *Aveu*, romança, I. Porto-Alegre; *Ave, Libertas!*, poema symphônico, L. Miguéz. Pela primeira vez, que nos lembre, vimos organisado um concerto--festival exclusicamente [sic] com música de artistas nacionaes e isto prova que ainda mais uma vez a preocupação de Miguéz em provar aos públicos poderes que neste ramo de conhecimento nós

---

10 Cf. Costa (1967) e vários folhetos da Igreja Positivista.

não nos arreceiamos de confrontar com os estrangeiros. [...] Seguia-
-se [à suíte de Oswald] o *Prometheu* o bello poema symphônico de
Miguéz. Ao apparecer sobre o palco o grande compositor brazileiro
recebeu-o uma salva de palmas, que o acompanhou ao estrado da
regência, e que ao chegar ahí redobrou de forma não costumada do
nosso público. [...] Esta música soberba [*Ave Libertas!*, de Miguéz],
em que ouvimos pulsar o coração do grande compositor brazileiro,
há de passar a nossos filhos como a mais grandiosa epopea da nossa
emancipação política. Sempre que ouvimos esse poema symphônico, somos arrebatados pelos mesmos enthusiasmos, sentimos a
mesma vibração patriótica que nos agitava na segunda quinzena de
novembro de 89. À festa assistiram os ministros, chefes militares,
de mar e terra, artistas e tudo quanto a nossa sociedade tem de mais
elevado e distincto. No fim do concerto o Snr. [sic] Vice-Presidente
da República mandou chamar ao seu camarote o nosso amigo
Miguéz e cumprimentou-o lisongeiramente, o que não impediu
que pouco tempo depois o Governo se esquecesse de que havia
semelhante artista para o mandar à exposição de Chicago! (*GM*,
1892, n.8, p.123-6.)

O ensino de música nas escolas primárias foi outro tema delicado
para os colaboradores da *Gazeta Musical*, que exigiam que este fosse
supervisionado pela direção do Instituto Nacional de Música:

É que actualmente para ser professor [de música nas escolas
primárias] não é preciso saber cousa alguma. O médico, o engenheiro, o advogado, precizam provar que o são, para que lhes seja
confiado trabalho da sua especialidade; mas àquelles que ensinam
ao médico, ao engenheiro, ao advogado as primeiras lettras, os
primeiros rudimentos, os de música inclusive, ninguém pede
attestado de habilitação e pode à vontade ensinar as mais disparata-
tadas theorias, atrophiar o cérebro e a voz de pobres creanças que
lhe tenham sido confiadas. [...] Não cessaremos de reclamar, que
n'esta faina passamos sempre. Trata-se das vozes dos nossos filhos
estragadas nas escolas. Trata-se da impossibilidade da creação do

Orpheon Brazileiro. É esta cousa que se julga de pequena monta, o nosso *Orpheon*, é o único estalão por onde se poderá aferir do nosso adiantamento como nação musical. Emquanto as escolas e os mestres particulares seguirem n'essa empreitada de estragarem quantas vozes lhe são confiadas, podemos perder a esperança sobre a regularidade, a criação e o futuro desenvolvido do canto-choral na nossa terra. (*GM*, 1892, n.13, p.196.)

B. R., em artigo repleto de ideais positivistas ligados à família e à pátria, alerta os leitores da *Gazeta Musical* para o "fato" de o gosto musical e das vozes das crianças estarem sendo estragados nas escolas primárias:

> Nós só pedimos à municipalidade e ao governo que não deixe – como hoje se faz – estragar completamente nas suas escolas o gosto e as vozes das creanças que alli estudam. [...] é na escola, é com o ensinamento das primeiras letras, é na primeira página do syllabário que se forma o caracter do cidadão! É ao soletrar as primeiras palavras da cartilha que se pode implantar no coração da creança o amor pela pátria, pela família, pela sociedade. É na primeira leitura que se lhe pode mais facilmente dar noções de dignidade e de honra! (*GM*, 1892, n.23, p.354-5.)

Após este alerta de B. R., na primeira página do número seguinte, a *Gazeta Musical* solicitou a supressão do ensino de música nas escolas primárias:

> A *Gazeta Musical*, fiel ao seu programma, cônscia de cumprir um dever que lhe é imposto, certa do applauso dos poucos que se interessam pela desventurada arte musical, vem, por esta forma, junto ao Conselho Municipal, que tão digno e alevantado tem sabido ser, pedir-lhe a supressão do ensino da música nas escolas primárias e nos jardins de infância, como o único meio de impedir um attentado official e retribuído pelos cofres públicos contra as vozes e a constituição orgânica das onze mil creanças que frequentam as

escolas públicas! [...] Veio a República. No sangue quente d'este povo arrebatado e inconscientemente artístico foi injectada nova seiva. [...] viu-se que era preciso ir por deante e que sem serem impulsionadas as bellas-artes não podíamos dar prova de adiantamento e mostrar noção do progresso. D'ahí a creação da Escola de Bellas-Artes e do Instituto Nacional de Música [...] D'ahí a inclusão do estudo de música em todos os programmas de ensino, em todas as escolas primárias e secundárias. D'ahí essa vida fictícia que por algum tempo nos encheu de enthusiasmo, mas que aos poucos parece ir cahindo por falta de protecção e auxílio officiaes. Tinham-se creado as cadeiras de música. A exemplo do que se faz na França, na Allemanha, na Bélgica, em todos os países civilizados, nós íamos cuidar da educação musical do nosso povo e tivemos esperança, logo amortecida, de ver cultivar a predisposição musical, as tendências inatas do nosso povo. Mas veio o empenho, veio a política, vieram as conveniências e os pedidos, e as cadeiras nas escolas foram providas, na sua maior parte, por quem não tinha competência para occupá-las. Professores nomeados para regerem cadeiras de canto-choral e acompanhamento a piano foram, depois de nomeados, arranjar professores que lhes ensinassem solfejo! [...] Ao vermos publicado o projecto primitivo acariciávamos a esperança de que alguma cousa se ia fazer em benefício do estudo da música, porque do Conselho de Instrucção faziam parte os dois directores das escolas de bellas-artes e de música. Íamos ter quem fiscalisasse o estudo artístico, quem negasse competência a professores analphabetos em música [...]. ([s.a.], *GM*, 1892, n.24, p.369-72.)

O artigo, não rubricado, gerou certa polêmica, pois a *Gazeta de Notícias* refutou as opiniões apresentadas pela *Gazeta Musical*. Sob o título "Onze mil crianças esganiçadas", o articulista da *Gazeta de Notícias* afirmou:

Nem há necessidade de deixar musicalmente aphônicas onze mil creanças pela degolação de tantas aulas de música e solfejo sempre utilíssimas, nem de distrahir o director do Instituto Nacional de

Música dos milhares de preoccupações de espírito que lhe proporcionam a sua zelosíssima probidade de funccionário e as multíplices difficuldades com que tem e terá de luctar ainda alguns annos para formar, quer no ensino elementar, quer no superior, um instituto digno do seu nome e da capital dos Estados Unidos do Brasil. (*GM*, 1893, n.1, p.2.)

O autor do artigo é mais realista do que os autores da *Gazeta Musical*, ao afirmar que o INM ainda se encontrava em processo de formação. O texto sugere que Miguéz deveria concentrar-se na organização e na direção do Instituto, pois ainda havia muito a se fazer. A *Gazeta Musical* responde, utilizando um argumento fundamentado na "ciência médica":

> Permittam-nos os nossos illustres collegas da *Gazeta de Notícias* que façamos algumas considerações ao seu bem lançado artigo. Nós absolutamente não nos reportamos à época da muda no nosso artigo [...]. Nós apenas dissemos – baseados na opinião de Morel Mackenzie, de Mattei e de tantos outros médicos [...] – que era uma barbaridade o fazer-se cantar em coro creanças de 4, 5, 6 e 7 annos, porque isto era contrário a todas as prescripções médicas e artísticas; [...] e que a esthética, a arte e a medicina soffriam com esse attentado diário [...] de vermos creanças a *berrarem* coros impossíveis como forma, de *tessitura* imprópria, em língua desconhecida aos nóveis cantores e sob direcção de mestres incompetentes. E a prova de que a razão está do nosso lado é que o illustrado médico [...] Sr. Dr. Alfredo Barcellos, referindo-se à nossa modesta folha [...] disse em uma das passadas sessões do Conselho Municipal: "Sr. Presidente, li em um jornal, creio que official, do Instituto Nacional de Música, um protesto contra o ensino de música às crianças, sobretudo contra o ensino de canto. Sempre fui enthusiasta da música, e sempre entendi, como os antigos spartanos, que o canto, principalmente o patriótico, serve para insufflar o patriotismo na alma do povo e, especialmente, das crianças [...]. Pensei, pois, maduramente, sobre as observações feitas no jornal alludido,

e convenci-me que de facto, uma criança, começando desde a idade de 6 a 7 annos a abusar do órgão vocal, as irritações produzem-se e podem affectar a larynge gravemente [...]. Repito, sou enthusiasta da divina arte da música, e acredito que os cantos patrióticos despertam enthusiasmo não só nas crianças como nos adultos. E isso foi confirmado pelo que vimos na Suíssa [...]. Na Allemanha [...] o canto patriótico constitue uma das diversões mais amadas do povo germânico. A *Marselhesa* foi o cântico sagrado que levou as hostes francezas da 1ª República à conquista da liberdade." Nós queremos que aos 9 annos se principie a ensinar rudimentos de solfejo aos alumnos das escolas primárias e que os exercícios de canto em coro sejam feitos em livros apropriados, quaes nós temos professores capazes de organizar, e que nesses livros se attenda aos seguintes requisitos: música nacional escripta em *tessitura* apropriada e de estylo fácil e agradável para as creanças; lettra sobre assumptos patrióticos que deem noções de civismo aos pequenos cantores; professores escolhidos cujas habilitações téchnicas sejam reconhecidas pela escola official do ensino da música no Distrito Federal. [...] É opinião nossa que se deviam aproveitar para ensinar nas escolas primárias os alumnos que tivessem o curso completo de solfejo e os três primeiros períodos de piano do Instituto Nacional de Música, escolhidos ou indicados pelo director do mesmo estabelecimento de como mais aptos para esse ensino. (*GM*, 1893, n.1, p.3-6.)

Outro ponto importante para que Miguéz, à frente do Instituto, conseguisse um poder amplo sobre o meio musical nacional era a realização da reforma das bandas militares do país, o que seria empreendido através da criação de uma instituição específica encarregada da educação dos músicos da Marinha e do Exército. Dessa forma, Miguéz e demais intelectuais ligados ao INM e à *Gazeta Musical* poderiam controlar a "qualidade" e o repertório das bandas, que, muitas vezes, constituíam a única experiência musical acessível à população das mais remotas localidades brasileiras:

Até hoje não se pensou na creação do Gymnásio Militar, curso annexo a este Instituto e destinado a melhorar as nossas bandas militares [...] no tempo do Governo Provisório foi entregue ao Sr. Ministro da Guerra de então um memorial assignado por quase todoso os músicos militares da Capital Federal pedindo a creação desta escola a elles tão necessária; pois bem, apezar de tudo isso, nunca se tratou de semelhante assumpto e era justamente no Instituto e no Gymnásio que eu me apoiava para firmar entre nós o diapasão normal, já adoptando-o naquelle, já organisando as novas bandas com instrumentos justos de 870 vibrações. Todos os meus esforços a este respeito teem sido pura perda, e si continuo a insistir neste ponto é que me parece que merecia sério estudo do Governo esse projecto que foi attentamente lido pelo nosso grande patriota, o Dr. Benjamin Constant e por elle mostrado a muitos officiaes superiores do nosso Exército, que sobre esse trabalho me teem dado opiniões lisongeiras. (Miguéz, *GM*, 1892, n.18, p.274-5.)

A reforma das bandas e a adoção do diapasão normal, que segundo Miguéz ajudaria na prática do canto, são temas insistentes na *Gazeta Musical*, assim como são insistentes nesse periódico as reclamações de seus colaboradores, que já pressentiam o desinteresse do governo pelos assuntos da arte musical do país.

3.2 A educação do gosto musical

Como dito anteriormente, o ideal de transformar o país em uma nação civilizada só poderia ser alcançado, segundo a *Gazeta Musical*, pela educação artística do povo. As artes eram o parâmetro do "grau de adiantamento" de uma civilização e, dentre elas, a música era a que para a *Gazeta Musical* possuía maior poder e proximidade com o "povo":

A educação artística de um povo faz-se pela música. É a música que dá molde novo ao caracter de um povo e só ella é capaz de n'elle crear um sentimento novo. [...] A instituição de concertos populares, onde se eduque o gosto do público, a creação de orchestras municipaes de primeira ordem que executem as grandes composições dos nossos maestros, a reforma radical das nossas bandas militares, que actualmente são inúteis, imprestáveis, sem organisação, eis as primeiras cousas a fazer, o primeiro passo que pode dar o nosso governo para o desenvolvimento e o progresso da arte musical entre nós. (*GM*, 1891, n.8, p.2-3.)

Entre as artes, apenas a música, aos olhos da *Gazeta Musical*, parecia ser capaz de transformar o "caráter de um povo", e grandes nações europeias como a França e a Alemanha eram prova disso. Preocupado em achar um modo de com a música alcançar rapidamente o maior número de pessoas em um país tão grande como o Brasil, o colunista B. R. dedica especial atenção à reforma das bandas militares proposta por Miguéz:

[...] precisamos vêr que a banda militar não se destina apenas a fazer marchar soldados; ella tem um fim muito especial, muito necessário, muito merecedor da consideração dos nossos governos, qual, a educação musical do nosso povo. [...] Destacadas para todos os pontos da República, ellas são as encarregadas de modificar o gosto do público e dar-lhe a educação musical que elle não pode receber, por falta de centro artístico onde possa ouvir as grandes concepções musicaes. Na velha Europa há o maior cuidado na organisação de boas músicas militares, por isso que os governos de lá conprehendem, e bem, qual é a missão civilisadora d'essas bandas. (*GM*, 1891, n.9, p.3.)

Sempre seguindo modelos europeus, sobretudo o francês, a *Gazeta Musical* encontrou na imprensa fluminense um aliado em seus discursos para o desenvolvimento das artes no Brasil: o periódico *O Fígaro*, de Medeiros e Abuquerque, foi também "secretariado" por B. R.:[11]

---

11 Ver o Anexo 1, Eduardo de Borja Reis.

> Recebemos a visita d'este estimável collega da imprensa diária. [*O Fígaro*] É uma gazeta moderna, interessante, bem-feita, vazada nos moldes da moderna imprensa franceza, occupando-se proficientemente de todos os assumptos e cuidando muito de arte, o que é raro no nosso paíz. [...] damos-lhe as boas-vindas, desejamos-lhe todas as prosperidades e pedimos-lhe que se interesse muito pelo alevantamento da música no nosso paíz, de tendências accentuadamente musicaes, mas onde se põem de lado todos os tentamens artísticos sem se pensar em que é pelo desenvolvimento nas bellas-artes que se aquilata do adiantamento de um povo. Mais uma vez, os nossos sinceros cumprimentos e felicitações ao collega *vermelho*, que representa na imprensa o grupo republicano puro. (*GM*, 1892, n.2, p.26.)

Em 1892, B. R. anuncia o projeto educacional que ele julgava o mais importante para a educação do gosto musical do povo:

> Nós reclamamos constantemente do nosso governo a sua intervenção em assumptos de arte musical [...]. Sabemos, porém, que muito dificilmente conseguiremos o que desejamos, porque aos nossos homens públicos falta a noção de arte necessária à comprehensão da urgência do que pedimos, o que não admira em um paíz novo como o nosso, sem tradições artísticas [...]. Se devemos, pois, desculpar os nossos governos, que não veem o quanto é necessário aproveitar a nossa aptidão musical, não devemos também descançar n'esta propaganda sem tréguas que nos impuzemos, e com a qual pretendemos vencer a indiferença pública, o desleixo artístico e o desfavor do governo. Por estas columnas mostramos o quanto é preciso cuidar-se das nossas orchestras, das nossas bandas militares; pois bem, hoje tratamos de uma instituição tanto ou mais valiosa que aquellas – a creação do *Orpheon Brazileiro*. (*GM*, 1892, n.1, p.2.)

A falta de tradição artística do Brasil não seria um problema intransponível, uma vez que a tradição coral na França também era recente. Segundo B. R., com o apoio financeiro do governo, a França tinha realizado um trabalho excepcional com os coros orfeônicos, conseguindo mudar o "caráter" do povo francês em menos de meio século. Aquele país, portanto, era o modelo recomendado para o Brasil, por possuir uma realidade semelhante à nossa no que dizia respeito à falta de tradição coral; já a Alemanha tinha suas sociedades corais instituídas há séculos, graças ao trabalho de Martinho Lutero. Numa tentativa de apoderar-se de toda e qualquer manifestação musical da cidade, B. R. critica a falta de gosto da Igreja Católica em relação à música tocada e cantada em suas paróquias. A Igreja teria uma estética "ultrapassada", que não contribuía com a educação do gosto musical de seus fiéis, que não eram poucos no país:

> D'esse atrazo da Igreja Cathólica, d'essa falta de sentimento esthético, desse arreigamento pelo seu cântico gregoriano muito primitivo, apezar das suas raras bellezas, para as exigências do desenvolvimento do nosso gosto musical, vem a introducção no seu culto de cantos profanos, do aproveitamento que foi obrigado a fazer da música de ópera lyrica. E esse enxerto de uma música profana no canto religioso é tão notório que tem merecido reparos de quantos se dedicam à música sacra. [...] Repetimos: o canto da Egreja Cathólica não satisfaz absolutamente o desenvolvimento esthético actual e, ao envez do que faz, devia a Egreja aproveitar o caminhar da sciência musical para reformar completamente a sua música, guardando todavia com extrema avareza as obras geniaes de mestres como Palestrina, Cherubini e outros. [...] Se o canto-choral tem servido como reformador dos costumes, se é pelo canto-choral que se tem educado o povo, não é com certeza à Egreja Cathólica que se deve essa educação e essa reforma, que o seu canto só poderá affugentar os seus fiéis e não congregá-los; não é o canto gregoriano que tem levantado ao ponto a que chegou o moderno canto-choral; não é à força de antíphonas de caracter ultraprimativo [sic] que se concorre para o desenvolvimento do gosto artístico e para o engrandecimento da música em nossos dias. Quando pensamos que o soldado allemão segue para o combate, sereno e calmo, entoando os seus hymnos de guerra, hymnos que lhe recordam os seus grandes homens, os seus heroes, e que lhe dão o enthusiasmo e o ardor para a peleja junto

à ideia do amor da pátria, [...] sentimos todo o enthusiamo pela criação de *orpheons* em todos os paízes, em todos os lugares. [...] Quando a Allemanha se colloca à frente da sciência musical pelos seus coros, pelo seu gosto artístico por estes desenvolvidos; a Egreja Cathólica conserva-se estacionária, impede o aperfeiçoamento dos cantos primitivos, impede que as mulheres cantem nos seus coros, castra creanças para substituí-las, e mostra-se refractária à arte, sem a qual a religião se não comprehende, se não impõe! (*GM*, 1892, n.3, p.34-6.)

B. R. demonstra interesse também pelos concertos realizados na cidade, do ponto de vista da educação musical. O projeto de ópera a preços reduzidos no Theatro Recreio, do empresário Dias Braga, deve ter causado uma polêmica que serviu de pretexto para mais um discurso do colunista sobre a necessidade da educação do gosto musical do povo:

> É bem provável que o móvel que levou o Sr. Dias Braga a dar a preços reduzidos representações de ópera fosse puramente de interesse mercantil; mas o que é verdade é que nós devemos appoiar essa tentativa pelas vantagens que se podem tirar della. O gosto musical do nosso público – não nos fartamos de o dizer – acha-se pervertido pela exhibição de peças sem valor, pela audição de músicas perniciosas à arte que representamos. A opereta, a mágica obrigada a jongos e rebolados de ancas, a peça de costumes sem elevação própria, prejudicaram de tal forma o sentimento estético do publico fluminense que muito difficilmente conseguiremos encarreirá-lo de novo. Para isso faz-se mister as grandes audições musicaes, os grandes concertos symphônicos, a criação de orpheons [...] mas não resta dúvida que um dos mais poderosos elementos de que se podia lançar mão para conseguir o alevantamento da música no Rio de Janeiro era justamente essa [sic] da criação da ópera popular, de representações de ópera ligeira a preços ao alcance de todas as bolsas, por isso que constitue o início, ou por outra o ponto de transigência de que se deve cuidar para passar da audição perniciosa, banal, baixa

da música que condenamos para as boas audições de música séria e elevada. [...] nesta nossa capital as companhias dramáticas não vingam, [...] emquanto a opereta desbragada e a mágica debochada tripudiam. O que levou o sentimento do nosso público a este nível baixo e pervertido, a causa prima desta prostituição de sentimento esthético, fora diffícil de explicar. (*GM*, 1892, n.18, p.283-4.)

B. R. menciona, nesse mesmo artigo, a existência de um grupo de amadores (provavelmente em sua maioria pertencentes às classes mais abastadas do Rio de Janeiro) que se esforçava por organizar audições de óperas na cidade:

> Empenhamos toda a nossa boa vontade por uns e por outros, muito mais quando nos parece que aos dois cabem missões differentes que todavia se completam. O grupo de amadores, pelos elementos aristocráticos que o constituem, impõe ao gosto do público a música de uma certa elevação e congrega em seu redor a parte mais elevada da nossa sociedade; a ópera lyrica a preços baratos do Recreio educa a camada mais baixa da nossa sociedade, e, recebendo o influxo benéfico do grupo de amadores, dá-lhe tambem auxílio preparando o público, diffundindo o gosto pela música, elevando um e outro o sentimento esthético d'este povo, educando e disciplinando convenientemente as nossas orchestras, fazendo aparecer regentes que muito raros hoje são e que é preciso que tenhamos. (Ibid., p.285.)

O aspecto "democrático" das sociedades corais francesas chamava a atenção de B. R.: "D'este assumpto de magna importancia nós cuidaremos em artigos subsequentes, justificando a sua necessidade e apontando os resultados obtidos na Europa com estas instituições escencialmente democráticas" (*GM*, 1892, n.1, p.4).

Em sua última colaboração na *Gazeta Musical*, ainda no artigo intitulado "O canto-choral", B. R. cita mais uma vez a França como modelo e o valor democrático dos corais:

Depois de termos estudado sob differentes phases a necessidade e o valor das agremiações choraes, precisamos ainda salientá-las pelo seu lado puramente democrático. Não consta que se tenha conseguido mais a este respeito do que pela creação dos *orpheons* onde todas as classes sociaes se dão as mãos, onde todos os ódios e todas as rivalidades desapparecem, para a grandeza da música. No grande concurso orpheônico realisado em Lyon em 1865 [...] Emilio Guimet, um enthusiasta dos orpheons francezes, [...] teve o trabalho de fazer uma estatística dos seis mil setecentos e sessenta e quatro executantes que alli compareceram a justar n'este torneio musical. O resultado dessa estatística foi o seguinte: 3.068 operários, 920 agricultores, 896 empregados diversos, 756 industriaes e commerciantes, 394 proprietários, 312 professores e artistas, 296 médicos, advogados, tabelliães e escreventes de cartório, 60 militares, 41 *maires [prefeitos de província]*, 18 padres, 1 marquêz, 1 pastor, 1 senador. [...] Na nossa terra não temos felizmente as distinções de classe a separarem os elementos que podiam dar vulto ao *Orpheon Brazileiro*; mas há um certo escrúpulo mal-entendido, uma resistência inexplicável, uma falsa noção de vergonha a impedir commettimentos artísticos e muito difficilmente se poderia hoje obter um grande coro de amadores e principalmente de amadoras para a execução de algum grande trabalho musical. (*GM*, 1893, n.4, p.49-50.)

O projeto do orfeão brasileiro de B. R., "democrático" e "moralizador" do povo, tinha a capital federal como local mais adequado para o seu estabelecimento:

> [...] vejamos qual o meio prático de crearmos o *orpheon* brazileiro tão necessário, como temos dito, ao desenvolvimento do nosso gosto musical, à educação artística do nosso povo, à moralisação das camadas inferiores da nossa sociedade. Está provado que o ensino official da matéria não pode dar expansão immediata ao canto em coro, e nós precisamos tratar immediatamente da nossa música. O ensino official é obrigado a basear-se na mais sã das

escolas: a allemã, e esse systema perfeitamente applicável às escolas allemãs não pode dar resultado nos paízes latinos e muito principalmente no Brazil onde o temperamento arrebatado da mocidade se não coaduna com as *cacetadas* do Wulver e de outros autores sem nervos e sem expansão, sábios profundos em música, grandes professores para os seus compatriotas, mas que parecem não provar bem neste clima tropical. [...] Precisamos então crear pequenos grupos choraes, sob a direcção de professores hábeis, onde se aggremiem boas vozes e onde se cantem peças do gênero livre perfeitamente harmonisadas [...]. Foi assim que se fez em França, porque a história do canto choral em França data de hontem, não tem alli as raízes profundas que tem na Allemanha onde há três seculos está perfeitamente organisado. [...] No Brazil há três pontos onde se podia crear o nosso *orpheon brazileiro*: a Capital Federal, S. Paulo e o Rio Grande do Sul. S. Paulo, pelo seu elemento estrangeiro, e o Rio Grande, pelo mesmo motivo, correm o rico de implantar o orpheon italiano ou allemão em vez do brazileiro e trazer para a música nacional uma influência com que ella não poderá luctar, e dahí a absorpção d'essa música cuja originalidade e cunho especial já são hoje contestados. Não resta dúvida que em qualquer dos dois pontos se pode fazer em dois annos o que na capital levará seis ou oito annos; mas é mais que certo também que a característica do nosso caracter e temperamento desappareceriam nessa união com italianos e allemães, e não haveria esforços capazes de evitarem a influência de qualquer dos dois povos sobre nós. Na Capital Federal, não. O elemento estrangeiro é o portuguez e esse é refractário à musica em geral e ao canto-choral especialmente. Aqui temos não só a influência benéfica do Instituto de Música, essas centenas de alumnos que nos veem d'alli sabendo solfejo, com o ouvido emancipado nas classes de canto-choral, perfeitamente educados e disciplinados, representando um elemento preciosíssimo de que devemos lançar mão [...]. Não cessaremos porém de dizer: cantemos em portuguez e com música apropriada ao nosso temperamento musical. (*GM*, 1892, n.20, p.305-7.)

> Se a música é – como temos repetido, como dizem os maiores vultos da nossa sciência, como temos a mais ampla convicção – a primeira das artes; se a nossa tendência musical é tão accentuada e valiosa, por que havemos de recusar-lhe a primazia e por que se lhe não há de dar o valor que tem, e usar d'ella como o mais útil dos meios de propaganda histórica e de educadora cívica? Por que não havemos de convidar os nossos poetas e compositores a escreverem cantos patrióticos destinados às escolas primárias? Por que não havemos de procurar as nossas músicas populares e harmonisá-las para serem cantadas nos cursos das nossas escolas musicaes? Por que não havemos de começar pelo princípio e de irmos firmar as bases da nossa música brazileira e o seu desenvolvimento? A isto respondem os pessimistas que a nossa língua se não presta, que não temos música nacional!!! [...] A língua portugueza – e especialmente a língua portugueza que se falla no Brazil – será menos musical do que a allemã e a russa? (*GM*, 1892, n.15, p.229.)

Segundo indicia a *Gazeta Musical*, houve uma séria intenção de implantar o projeto do canto orfeônico de B. R. no Rio de Janeiro:

> A ideia apresentada pelo nosso collaborador B. R. da necessidade de se organisarem grupos orpheônicos destinados a desenvolverem o gosto do nosso povo por esse gênero de música principiou a encontrar echo, e alguns coristas dos nossos theatros com quem o nosso companheiro Porto-Alegre se entendeu a respeito, applaudiram com enthusiasmo semelhante ideia e pensam em constituir-se em socieadade choral. A *Gazeta Musical*, no intuito de concorrer para a realisação d'essa tentativa, que tão grandes resultados pode trazer à arte musical brazileira, mandou fazer a circular que abaixo transcrevemos e que vae ser distribuída aos coristas de todos os nossos theatros [...]. ([s.a.], *GM*, 1892, n.21, p.328.)

O projeto de canto orfeônico, muito semelhante ao proposto por B. R., concretizou-se quase meio século depois, no governo de Getúlio Vargas, tendo Heitor Villa-Lobos como coordenador. Entretanto, as páginas da *Gazeta Musical* provam que a autoria desse projeto pertence aos intelectuais e músicos vinculados ao Instituto Nacional de Música, que, no início da era republicana brasileira, tencionaram realizar, por meio da música, o ideal positivista de educação moral e cívica, a fim de promover a ordem e o progresso do Brasil.

Conclusão

Os estudos realizados demonstraram que o periódico fluminense *Gazeta Musical* serviu, em primeiro lugar, como instrumento das ideologias vigentes no Instituto Nacional de Música (INM), instituição oficial de música no início da República brasileira. Os vínculos que a *Gazeta Musical* manteve com o Instituto são facilmente verificados em seus textos e também pelo fato de seus colaboradores serem, em sua maioria, funcionários do mesmo. Inclusive o proprietário e o redator chefe desse periódico eram professores contratados do INM, à época da proclamação da República.

O Governo Provisório, o primeiro a assumir o poder logo após a proclamação da República e idealizador do INM, foi largamente elogiado nas páginas da *Gazeta Musical*. Com o passar do tempo, os colaboradores da *Gazeta Musical* ficaram apreensivos com a falta de interesse dos governos republicanos posteriores ao Provisório em patrocinar as atividades da instituição, bem como os concertos e os artistas ligados a ela.

Opiniões divergentes daquelas defendidas pelos colaboradores da *Gazeta Musical* começaram a circular na imprensa fluminense, preocupando ainda mais aqueles que em seus artigos justificavam e apoiavam toda e qualquer atitude da diretoria do Instituto e atacavam duramente os seus adversários. A possibilidade de enfraquecimento do Instituto pela falta de patrocínio público e pelas críticas que começavam a questionar as suas diretrizes assume maiores proporções a partir de 1892. A gazeta, a fim de defender e tentar impor as ideias de Leopoldo Miguéz, diretor do INM, inicia uma verdadeira batalha contra Oscar Guanabarino, importante crítico de arte do final do século XIX, que mantinha uma coluna permanente no jornal *O Paiz*. Nessa disputa, fica ainda mais nítida a linha francamente autoritária seguida pela *Gazeta Musical* e pelo Instituto e que caracteriza um importante aspecto ligado à corrente de pensamento filosófico positivista comtiano.

A *Gazeta Musical* contém um grande número de artigos que nos remetem à cultura europeia, principalmente à francesa. As ideias vindas da França – entre elas o positivismo comtiano – que aparecem nesse periódico tiveram grande relevância na institucionalização da música no Rio de Janeiro.

Em termos especificamente musicais, as páginas da *Gazeta Musical* demonstram que as ideias de linguagem moderna e refinada – identificadas sobretudo naquela época com o wagnerismo – chegaram aos brasileiros por intermédio da França, inúmeras vezes citada como exemplo para a organização do meio musical brasileiro, comprovando o quadro interpretativo proposto por Volpe (2001). Artigos de autores wagneristas e antiwagneristas encontram-se nas páginas da *Gazeta Musical*, reproduzindo os debates que ocorriam nos periódicos franceses e ligando, da mesma forma que ocorria naquele país, o wagnerismo a questões nacionalistas.

Na *Gazeta Musical* verificamos que, embora sob forte influência da França, a elite musical fluminense à frente do Instituto Nacional de Música preocupava-se em pensar os problemas e condições específicas do meio musical nacional, não se reduzindo a meros "imitadores" de padrões europeus, ao contrário da imagem que deles formaram as gerações futuras de músicos.

Os ideais de progresso e civilização associam-se nos textos da *Gazeta Musical* à linha positivista comtiana que, no Brasil, adquiriu características distintas das do positivismo comtiano francês. Essa especificidade do positivismo no Brasil relaciona-se aos aspectos moral e cívico-religioso que nortearam muitos dos textos da *Gazeta Musical*. O periódico apresenta, em seus textos, ideias positivistas que fundamentaram os projetos musicais e a própria organização do Instituto Nacional de Música. Dessa forma, a moralidade positivista revela-se como um fato importante no meio musical fluminense, classificando alguns gêneros da música popular urbana como "imorais e de má qualidade", enquanto a música instrumental, as modinhas, as serestas e os lundús foram reconhecidos na *Gazeta Musical* como genuinamente nacionais. A identificação de certos gêneros urbanos como "música autêntica" do povo pode corresponder a um dos maiores ideais dos positivistas brasileiros, que era a inclusão do proletariado na sociedade.

No meio erudito, a ópera italiana foi o gênero musical frequentemente atacado pela *Gazeta Musical*; classificada como "decadente", conforme observado por Volpe (2001), esteve associada à monarquia e urgia ser substituída pela "música do futuro" e pelo "moderno" drama musical wagneriano, que deveriam simbolizar a República.

O uso do folclore na música erudita nacional e o projeto do canto orfeônico nas escolas para o aprimoramento do gosto musical do povo e o desenvolvimento de seu sentimento patriótico foram algumas das ideias que estiveram intimamente ligadas ao positivismo nos artigos da *Gazeta Musical*. Essas ideias – patriotismo, civismo e moralidade –, vinculadas entre si, promoveriam o progresso que supostamente levaria o país a um elevado grau de civilização no futuro. Defendendo-os, os autores da *Gazeta Musical* pretendiam formar uma sólida escola nacional que serviria de base para o desenvolvimento da "autêntica" música brasileira, que provavelmente (assim acreditavam alguns dos principais colaboradores da revista) faria uso de elementos do folclore nacional.

A forma de ditadura empreendida por Miguéz para gerir o Instituto foi o ponto de partida para refletirmos as relações entre o positivismo comtiano e a elite musical fluminense que assumiu o poder com a República, em 1889.

A leitura dos textos da *Gazeta Musical*, dos folhetos da Igreja Positivista do Rio de Janeiro e dos trabalhos realizados por historiadores especialistas daquela época – sobretudo Cruz Costa (1967), Sevcenko ([1983] 2009) e Carvalho ([1990] 2009) –, fundamentam as relações aqui estabelecidas entre as ideias positivistas e os textos da revista. Em seus textos, o periódico aqui analisado apresenta várias das teses positivistas apontadas por Giedymin (1975), tais como: a identificação de conhecimento com ciência (natural e social); a visão de que as ciências humanas têm basicamente os mesmos fins e métodos que as ciências naturais; o relativismo sociológico; o empirismo; e a ênfase no valor social da ciência, que inclui as suas aplicações práticas.

A relevância do positivismo comtiano na mentalidade daqueles que lecionavam ou dirigiam o Instituto e daqueles que colaboraram na *Gazeta Musical* faz-se notar nos caminhos seguidos posteriormente pela música erudita brasileira, que manteve os mesmos padrões adotados pela elite musical fluminense do final do século XIX.

A desvalorização de uma suposta significância epigonal dos compositores românticos brasileiros, realizada pelos modernistas do século XX, não propôs postura muito diferente do que já vinha sendo defendido por B. R. e outros colaboradores da *Gazeta Musical* na década de 1890: a modernização da linguagem musical, o uso do folclore na música erudita nacional e a implantação do canto orfeônico nas escolas primárias para educação e desenvolvimento do sentimento patriótico.

Os ideais artísticos dos mentores do Instituto Nacional de Música e da *Gazeta Musical*, ligados às ideias positivistas da época, refletem o pensamento da elite musical fluminense do início da era republicana em nosso país. O INM desempenhou papel relevante nas ações institucionais de alcance nacional, reformulando o modelo de ensino da música, promovendo concertos que espelhavam a renovação de repertório e a crescente inclusão de obras de compositores brasileiros, e reivindicando a coordenação do ensino de música nas escolas primárias e da reforma das bandas militares do Brasil. Apoiado pela *Gazeta Musical*, o INM requisitou a competência de lançar as diretrizes para o exercício da música no país, adotando os ideais positivistas em voga na época.

REFERÊNCIAS BIBLIOGRÁFICAS

ALBUQUERQUE, A. T. C. *O que é a Maçonaria*. 3.ed. Rio de Janeiro: Gráfica Editora Aurora, 1958.

ANDRADE, M. *Pequena história da música* [1942]. Belo Horizonte: Itatiaia, 1987.

AUGUSTO, A. J. *A questão Cavalier:* música e sociedade no Império e na República (1846-1914). Rio de Janeiro, 2008. Tese (Doutorado) – Programa de Pós-Graduação em História, Universidade Federal do Rio de Janeiro (UFRJ).

AZEVEDO, L. H. C. *150 anos de música no Brasil*. Rio de Janeiro: José Olympio, 1956.

BLAKE, A. S. *Diccionário bibliográphico brazileiro*. [s.d.]. v.1. [s.l.]: APEX, 1970.

BOTSTEIN, L. Listening Through Reading: Musical Literacy and the Concert Audience. In: *19th Century Music*, University of California Press, v.16, n.2, p.128-45, 1992. Disponível em: <http://www.jstor.org/stable/746262>.

BURKE, M. L. P. A Spectator in the Tropics: A Case Study in the Production and Reproduction of Culture. In: *Comparative Studies in Society and History*, Cambridge University Press, v.36, n.4, p.676-701, 1994. Disponível em: <http://www.jstor.org/stable/179168>.

BURKE, P. *O que é história cultural?* 2.ed. Rio de Janeiro: Zahar, 2004.

CARVALHO, J. M. *A formação das almas:* o imaginário da República no Brasil [1990]. São Paulo: Companhia das Letras, 2009.

COELHO NETO, H. M. *Os Saldunes: Ação Legendária em Três Episódios*. Libreto do drama musical homônimo, de Leopoldo Miguéz. Lisboa: Tavares Cardoso & Irmão Editores, 1900.

COHEN, R. The Nineteenth – Century French Press and Music Historian: Archival Sources and Bibliographical Resources. In: *19th Century Music*, University of California Press, v.7, n.2, p.136-42, 1983. Disponível em: <http://www.jstor.org/stable/746344>.

COSTA, Â. M.; SCHWARCZ, L. M. *1890-1914*: no tempo das certezas [2000]. São Paulo: Companhia das Letras, 2007. (Col. Virando Séculos.)

COSTA, J. C. *Contribuição à história das ideias no Brasil*. Rio de Janeiro: Civilização Brasileira, 1967.

DUPRAT, R. A musicologia à luz da hermenêutica. In: *Claves*, Programa de Pós-Graduação em Música da Universidade Federal da Paraíba, n.3, p.7-19, maio 2007.

FERREIRA, T. M. T. B. C. As origens da resenha no Brasil: as experiências de *O Patriota*. In: CARVALHO, José Murilo de; NEVES, Lúcia Maria Pereira Bastos das (Orgs.). *Repensando o Brasil do Oitocentos*. Rio de Janeiro: Civilização Brasileira, 2009.

GIEDYMIN, J. Antipositivism in Contemporary Philosophy of Social Science and Humanities. In: *The British Journal for the Philosofy of Science*, Oxford University Press, v.26, n.4, p.275-301, 1975. Disponível em: <http://www.jstor.org/stable/686676>.

HOBSBAWM, E. J. *A era das revoluções (1789-1848)* [1977]. 25.ed. São Paulo: Paz e Terra, 2010.

HONEGGER, M. (Dir.). *Dictionnaire de la Musique – Science de la Musique:* Formes, technique, instruments. 2v. Paris: Bordas, 1976.

KARPF, J. The Early Years of Music Periodicals, 1886-1922. In: *International Revue of the Aesthetics and Sociology of Music*, Croatian Musicology Society, v.l.28, n.2, p.143-68, 1997. Disponível em: <http://www.jstor.org/stable/3108447>.

KIEFER, B. *História da música brasileira*. Porto Alegre: Movimento, 1976.

KOLB, K. Music Criticism in Nineteenth-Century France: 'La Revue et Gazette Musicale de Paris', 1834-1880. In: *Music Letters*, Oxford University Press, v.77, n.4, p.621-6, 1996. Disponível em: <http://www.jstor.org/stable/737822>.

LAGO, M. A. C. *O círculo Veloso-Guerra e Darius Milhaud no Brasil*: modernismo musical no Rio de Janeiro antes da Semana. Rio de Janeiro: Reler, 2010.

LEITE, D. M. *O caráter nacional brasileiro:* história de uma ideologia. 3.ed. São Paulo: Livraria Pioneira, 1976.

MAGALDI, C. *Concert Life in Rio de Janeiro.* Los Angeles, 1994. Tese (Doutorado) – University of California.

_____. *Music in Imperial Rio de Janeiro:* European Culture in a Tropical Milieu. Maryland: Scarecrow, 2004.

MARCONDES, M. A. *Enciclopédia da Música Brasileira:* popular, erudita e folclórica. 2.ed. São Paulo: Art Editora/ Publifolha, 1998.

MIGUÉZ, L. *Organização dos conservatórios de música na Europa.* Rio de Janeiro: Imprensa Nacional, 1897.

MORDEY, D. Auber's Horses: L'Année Terrible and Apocalyptic Narratives. In: *19th Century Music,* University of California Press, v.30, n.3, p.213-29, 2007. Disponível em: <http://www.jstor.org/stable/4138585>.

MOREL, M.; BARROS, M. M. *Palavra, imagem e poder:* o surgimento da imprensa no Brasil do século XIX. Rio de Janeiro: DP&A, 2003.

NEWCOMB, A. Once more "Beetween Absolute and Program Music": Schumann's Second Symphony. In: *19th Century Music,* University of California Press, v.7, n.3. p.233-50, 1984. Disponível em: <http://www.jstor.org/stable/746379>.

NEVES, J. M. *Música contemporânea brasileira* [1981]. 2.ed. Rio de Janeiro: Contracapa, 2008.

PASLER, J. "Pelléas" and Power: forces behind the reception of Debussy's Opera. In: *19th Century Music,* University of California Press, v.10, n.3, p.243-64, 1987. Disponível em: <http://www.jstor.org/stable/746438>.

PEREIRA, A. R. S. *Música, sociedade e política:* Alberto Nepomuceno e a República Musical. Rio de Janeiro: Editora UFRJ, 2007.

RIBEIRO, G. S. Nação e cidadania nos jornais cariocas da época da Independência: o *Correio* do Rio de Janeiro como estudo de caso. In: CARVALHO, J. M.; NEVES, L. M. P. B. (Orgs.). *Repensando o Brasil do Oitocentos.* Rio de Janeiro: Civilização Brasileira, 2009; p.207-38.

ROMERO, S. *Doutrina contra doutrina:* o evolucionismo e o positivismo no Brasil. Rio de Janeiro: J. B. Nunes, 1895.

SEVCENKO, N. *Literatura como missão:* tensões sociais e criação cultural na Primeira República [1983]. 2.ed. São Paulo: Companhia das Letras, 2009.

SIQUEIRA, B. *Do conservatório à escola de música:* ensaio histórico. Rio de Janeiro: UFRJ, 1972.

SOUSA, J. G. *O teatro no Brasil.* t.II. Rio de Janeiro: Ministério da Educação e Cultura, Instituto Nacional do Livro, 1960.

VELHO SOBRINHO, J. F. *Dicionário biobibliográfico brasileiro*. v.2. Rio de Janeiro: Ministério da Educação e Saúde, 1940.

VOLPE, M. A. *Compositores românticos brasileiros*: estudos na Europa. In: *Revista Brasileira de Música*, Escola de Música da UFRJ, v.21, p.51-76, 1994/1995.

_____. *Indianism and Landscape in the Brazilian Age of Progress*: Art Music from Carlos Gomes to Villa-Lobos, 1870s-1930s. Austin: The University of Texas at Austin/ Ann Arbor, Michigan: UMI-Research Press, 2001.

_____. José Rodrigues Barbosa: Questões Identitárias na Crítica Musical. In: *Brasiliana, Revista da Academia de Música*, n.25, p.2-9, 2007.

_____. A teoria da obnubilação brasílica na história da música brasileira: Renato Almeida e "A sinfonia da terra". In: *Música em Perspectiva*, Revista do Programa de Pós-Graduação em Música da Universidade Federal do Paraná, v.1, n.1, p.58-71, 2008.

_____. *"Música do futuro", poema sinfônico e wagnerismo*: a ideologia do progresso no Brasil do final do século XIX. Rio de Janeiro: Fundação Biblioteca Nacional/ Programa Nacional de Apoio à Pesquisa, 2009.

_____. Traços romerianos no mapa musical do Brasil. In: LOPES, Antônio Herculano et al. (Orgs.). *Música e história no longo século XIX*. Rio de Janeiro: Fundação Casa de Rui Barbosa, 2011. p.15-35.

_____. A "batalha dos símbolos": ópera no Brasil, da Monarquia à República. In: VOLPE, Maria Alice (Org.). *Atualidade da ópera*. Rio de Janeiro: Editora da Escola de Música da UFRJ/ Programa de Pós-Graduação em Música, 2012. p.185-94.

WISNIK, J. M. *O coro dos contrários*: a música em torno da Semana de 22 [1974]. 2.ed. São Paulo: Duas Cidades, 1983.

Periódicos

Gazeta Musical. Rio de Janeiro: Alfredo Fertin de Vasconcellos, 1891-1893.

O Paiz. Rio de Janeiro. Coluna "Artes e Artistas", Oscar Guanabarino, setembro-dezembro, 1892.

Folhetos da Igreja Positivista do Rio de Janeiro. Rio de Janeiro.

ANEXO 1
EDUARDO DE BORJA REIS

VELHO SOBRINHO, J. F. *Dicionário biobibliográfico brasileiro*. Rio de Janeiro: Ministério da Educação e Saúde, 1940. v.II. p.420.

"Borja Reis – (Eduardo de Borja Reis) – N. na cidade do Rio de Janeiro – 11-7-1859. F. – 30-4-1896).

Filho de Joaquim Antonio dos Reis e de dona Maria Emilia de Borja Reis. Cedo, viu-se forçado a abandonar os estudos de humanidades afim de atender à exigência de seu pai, ferragista, posteriormente sócio da firma Hima & Comp., que o induziu à carreira comercial, trabalhando ao seu lado no mesmo ramo de negócio, circunstância que o levou à abandonar o lar, ainda de menor de idade, ingressando no teatro, como auxiliar de 'ponto'. Versejando com facilidade, escreveu pequenos trabalhos para companhias de revistas e comedias. Colaborou em publicações literárias, compondo ainda versos. Temperamento boêmio, só se afastou do meio teatral quando constituiu família. Foi então aproveitado, por indicação de José Rodrigues Barbosa, secretário de Aristides Lobo, ministro da Fazenda, para organizar a Secretaria, na qualidade de seu primeiro secretário, do Instituto de Música, que teve como primeiro diretor Leopoldo Miguéz. Fez a campanha ao lado de Floriano Peixoto, na imprensa e na Guarda Nacional, no posto de coronel, exercendo o comando do 14º Batalhão de Infantaria, aquartelado em Campo Grande. Político, trabalhou ao lado de Tomaz Delfino, Oscar Godói, Augusto de Vasconcelos, Alfredo Barcelos e outros chefes de prestígio naquela ocasião, primeiros intendentes municipais da cidade, sendo por isso, convidado a organizar a Secretaria do Conselho Municipal, na qualidade de seu diretor geral. Colaborou nos trabalhos de Augusto Severo, seu grande amigo, tendo-o auxiliado eficientemente na construção de seu aeróstato, no Realengo. Jornalista, secretariou o *Fígaro*, de Medeiros e Albuquerque, tendo atuado também no *O Tempo* como cronista.

Bibliografia: A reorganisação da Guarda Nacional (Rio, 1895), 16º; O grito de guerra, Rio; Papus. *A buena dicha*, arte de ler o futuro nas linhas da mão (Rio, Domingos de Magalhães).

O jornal *O Paiz*, de 1º de maio de 1896, noticia o falecimento do tenente coronel Eduardo de Borja Reis, comandante do 14º Batalhão de Infantaria da Guarda Nacional, nascido no Rio de Janeiro e educado em Portugal, onde desde moço trabalhou na imprensa no jornal *Século*, como redator ao lado de Magalhães Lima. No Rio de Janeiro Borja Reis trabalhou no *Novidades*, n'*O Tempo* e na *Gazeta Musical*. Foi primeiro secretário do Instituto Nacional de Música até ser designado para dirigir a Secretaria do Conselho Municipal. Deixou mulher [Carolina de Borja Reis, cuja morte em 1921 é noticiada no jornal *O Paiz*] e cinco filhos na maior pobreza. O diretor central do Partido Republicano resolveu correr uma subscrição para seus amigos e correligionários a fim de comprar uma casa para patrimônio de seus filhos. O enterro foi realizado às 11 horas do dia 1º de maio de 1896, no cemitério de São Francisco Xavier, sepultura n.993. O féretro partiu de São Cristovão, rua José Eugênio."

# ANEXO 2
ANTONIO FREDERICO CARDOSO DE MENEZES

BLAKE, A. S. *Diccionário bibliográphico brazileiro* [?]. [s.l.]: Apex, 1970. v.I. p.174-5.

"Antonio Frederico Cardozo de Menezes e Souza – Nasceu na cidade de Taubaté, província de S. Paulo, a 11 de julho de 1849, sendo seus pais o conselheiro João Cardozo de Menezes e Souza, hoje barão de Paranapiacaba, e da baroneza do mesmo título; é formado em ciências sociais e jurídicas pela Faculdade do Recife, tendo feito os quatro primeiros anos do curso na de S. Paulo, e exerce no Tesouro Nacional o cargo de oficial da diretoria geral do contencioso.

Desvelado cultor da música, tem composto para piano, instrumento de sua predileção, um grande número de peças, e escreveu:

- Folhetins da *Gazeta de Notícias* – Versam sobre vários assuntos, como: Gottschalk; A morte de Chopin; Francisco Pereira da Costa, etc.
- *O doutor negro*: drama traduzido – Não me consta que fosse impresso. Foi levado à cena no Teatro de Sant'Anna a 15 de julho de 1881, onde foi calorosamente aplaudido, sendo o autor, mais de uma vez, chamado à cena.
- *Sebastião de Carvalho*: drama...

- *Um deputado pela eleição direta*: drama em 4 atos – Tanto a letra como a música são de sua pena. Foi levado à cena pela primeira vez com muito aplauso no Recreio Dramático em junho de 1882.

De suas composições de música sei que publicou entre outras:

- *Lacrimosa*: romance sem palavras à memória de M. L. Gottschalk.
- *A hebrea*: recitativo – A poesia é do finado poeta baiano A. de Castro Alves.
- *Hymno a Camões*: composição para ser executada no Teatro S. Luiz, por ocasião do centenário do poeta. Rio de Janeiro, 1880.
- *Rui Blas* de Marchetti: fantasia para salão.
- *Santa Cecília*: noturno romance.
- *Celeste*: cântico do berço.
- *Quadrilha brilhante*: para piano sobre motivos do *Le Roy du salon*, de Massenet.
- *Os canários*: polka característica a quatro mãos.
- *O canto do sabiá*: valsa característica.
- *Canto do peru*: polca de salão.
- *Amado*: polca para piano.
- *Colibri*: polka de salão.
- *Paladini*: polka de salão.
- *Ninguém me queira*: polka lundú.
- *All Right*: polka.
- *Carlos Gomes*: polka.
- *Os rouxinoes*: polka.
- *Rappelle toi*: romance para piano e canto, poesia de Alfredo de Musset.
- *Borghi-Mamo*: valsa brilhante Allá signora Scalchi-Lolli com o retrato da cantora.
- *O cocheiro de Bond*: cançoneta cômica, escrita expressamente para a festa artística em benefício do ator Mattos no Teatro

de Sant'Anna, e a este oferecida – foi executada a 24 de janeiro de 1883, sendo a letra de Arthur de Azevedo.

SOUSA, J. Galante de. *O teatro no Brasil.* **Rio de Janeiro: Ministério da Educação e Cultura, Instituto Nacional do Livro. Tomo II, 1960, p.352-353.**

"MENESES, Cardoso de.

Antônio Frederico Cardoso de Meneses e Sousa, filho de João Cardoso de Meneses e Sousa, filho (barão de Paranapiacaba), nasceu em Taubaté (S. Paulo) a 11 de junho de 1849. Formou-se em Direito (1871) e em 1873 era oficial de gabinete do Ministro da Justiça. Foi depois nomeado oficial da Diretoria Geral do Contencioso do Tesouro Nacional. Jornalista, musicista e dramaturgo. Usou os pseudônimos *Máscara Azul, A. Freza* e *Charnacé*.

Escreveu: *Uma Aranha em Palpos de Aranha*, comédia, repr. no Cassino, a 19 de janeiro de 1874; *O Primo Basílio*, peça extraída do romance do mesmo nome, de Eça de Queirós, repr. no Cassino, em maio de 1878; *Um deputado pela eleição direta*, comédia em 4 atos, escrita a propósito da peça de França Júnior, *Como se fazia um deputado*; *Amores de um sacristão*, comédia em 1 ato; *Sebastião de Carvalho*, drama; *O doutor negro*, drama, trad.; *Camões*, drama em 1 ato, cujos originais ficaram em poder de Sousa Bastos, que havia encomendado a peça ao autor; *Notas recolhidas*, revista, com Antônio Lopes Cardoso.

Sobre o autor podem ser consultados os seguintes trabalhos: A. A. [Artur Azevedo]. *Cardoso de Meneses* (*O Album*, Rio, n.29, julho de 1893); Sacramento Blake. *Dic. bibl. bras.*, I, 174; Sousa Bastos. *Carteira do artista*, pág. 257. Para a iconografia do autor, v. o primeiro trabalho citado."

MARCONDES, Marcos. *Enciclopédia da música brasileira:* popular, erudita e folclórica. 2.ed. São Paulo: Art/ Publifolha, 1998, p.441.

"Por esse tempo, o estudante de direito Antonio Frederico Cardoso de Meneses, que era pianista, compositor e frequentava a Casa Levy, enlevado com o talento dos filhos de Henrique Luís Levy, escrevia carta afirmando que Alexandre se lhe afigurava 'Mozart redivivo' [...]."

ANEXO 3
OSCAR GUANABARINO

O Paiz, 21 de novembro de 1892. Seção "Artes e artistas", p.2.

"ALFREDO NAPOLEÃO.

O programma prestava-se para estudar o notável pianista compositor, dava occasião para se apreciar as suas habilitações em diversos genêros – mas faltou orchestra para acompanhar o *grande concerto*, e ahí teríamos tido ensejo de encará-lo como instrumentador.

Não só por isso mas também tal peça ganharia muito mais se tivesse sido apresentada por todos os effeitos imaginados pelo autor, com a multiplicidade de timbre e contrastes.

Ainda assim applaudimos muito essa brilhante manifestação do seu talento.

Alfredo Napoleão tem trabalhado muito nessa partitura. Encontram-se nessa páginas coisas admiráveis e bellezas infinitas; mas nota-se também preoccupação do *virtuose* agrupando difficuldades em demasia, entrecortando a idea e subjugando a inspiração para oppor effeitos de puro mecanismo.

Ouvimos nessa esplêndida composição muitas phrases de estylo elevado; mas por vezes apparecem motivos vulgares, inda que momentâneos, e o defeito salienta-se porque a essência do bello, na opinião de Mendelssohn, é a unidade na variedade.

Fazemos essas notações não só porque somos enthusiastas do talento de Alfredo Napoleão, como também porque a peça ainda não está impressa e é digna no ponto em que se acha de receber alguns retoques para que possa desassombradamente apparecer ao lado das producções dos grandes mestres naquelle gênero.

E para bem se avaliar o merecimento desse artista cuja excelente exceução foi tão admirada e applaudida hontem, basta que digamos admirar mais o seu talento de compositor que a suas qualidades de *virtuose*. [...]."

O Paiz, 26 de novembro de 1892. Seção "Artes e artistas", p.2.

"CONCERTO ALFREDO NAPOLEÃO.

[...] Podia justificar-me de muitos modos e por diversos testemunhos, mas prefiro fazê-los com as palavras insuspeitas de Arthur Napoleão, collaborador do *Jornal do Commercio*, que terá, portanto, grande valor para a redacção do *grande órgão* e para o público que vai ser juiz nesta questão.

Hontem mesmo dirigi uma carta ao illustrado artista que já me tinha defendido antes do ataque das *Várias*, explicando não comprehender a *embrulhada* e julgando-me incapaz de semelhante confusão como adiante se verá.

Diz Arthur Napoleão na sua carta em que gripharei alguns pontos:

'Oscar Guanabarino – Em resposta ao seu bilhete de hoje tenho a declarar que à saída do concerto dado por meu irmão Alfredo, no Cassino no domingo próximo passado, tomamos juntos o bond e V. *perguntou-me qual a razão por que se tinha dado a substituição do Allegro de concerto* pela *Sonata* de Beethoven. *Fizemos algumas considerações sobre a mesma* do que são testemunhas mais dois amigos que nos acompanhavam. Admirado fiquei pois, no dia seguinte, de ver feita por V. a referência do *Allegro* que não se tinha executado *sabendo V. perfeitamente da substituição*. O que acabo de asseverar sendo a pura verdade, como mais alguem pode attestar, não hesito em declará-lo, assignando-me DV., etc. – *Arthur Napoleão*.'

Seria uma injúria a Arthur Napoleão se provocássemos cartas de umas dez pessoas a quem me referi à propósito dessa *Sonata*, e entre ellas o próprio Cernicchiaro, com quem discuti algum tempo.

Vê-se, portanto, que houve qualquer coisa que deve ser explicada.

Escrevi meu artigo, com sempre, na sala da redacção d'*O Paiz*, onde trabalham muitos companheiros e entram muitas pessoas que querem falar com os redactores.

Nessa dependência do nosso edifício reina a mais franca liberdade, conversa-se e discute-se na maior cordialidade; era um domingo, escrevia às pressas, pensando em aproveitar parte do dia de folga, e sendo interrompido por um desses acasos que todos nós conhecemos dei opinião formada previamente no momento que pretendia noticiar a substituição.

Conheço o *Allegro de concerto* e sei até que o próprio autor vai retocá-lo.

Só o *Jornal do Commercio* podia confundir um *Allegro de concerto* com uma *Sonata*. Mas isso é tão irrisório como se afianssássemos que um dramaturgo tivesse confundido uma tragédia em *4 actos* com uma comédia em um só. O *Allegro de concerto*, dividido em *allegro, scherzo, adagio e rondó final!*

Seria um cúmulo.

Mas o *Jornal do Commercio* pode suppor tal coisa, porque o seu crítico musical, um repórter de polícia, é capaz de confundir uma polka com uma fuga ou symphonia.

Mas interessante nesta história é o *Jornal do Commercio*, na sua *Gazetilha*, de segunda-feira, e no *a pedido da Gazeta de Notícias* chamar essa peça de *Primeira sonata*, quando é a *Quinta, em fá maior, opus 24*, que ouvi executada por Arthur Napoleão e J. White, três vezes nos concertos clássicos na escola da Glória, por Wolff e Sinay no salão do conservatório, e também em reducções para piano, por mim adoptadas para as minhas discípulas, e que se encontram nas lojas de música.

Não era possível, portanto, tal confusão.

Em todo o caso ahí fica a satisfação, julgando-me plenamente justificado.

Cumpro o meu dever.

O *Jornal do Commercio* à minha severidade para com as senhoras de nossa sociedade que se prestam a cantar em festas nacionaes.

É meio de tornar-me odioso, o espectáculo a que allude foi o dia 15 de novembro, em que cantou a artista lyrica Esther de Freitas Reis, que promoveu o espectáculo em seu benefício em sociedade com a empresa do Theatro Recreio Dramático.

As *Várias* terminam assim o seu cavalo de batalha:

'Em todo o caso o sr. Napoleão foi causa de se pregar ao *O Paiz* e aos seus leitores uma das *peças* mais ridículas de que temos tido notícia ultimamente.'

Está enganado.

A *peça* mais ridícula de todos os tempos appareceu no *Jornal do Commercio* três vezes – O *Larousse copiado pelos seus críticos, na Gazetilha*, sem que a redacção tivesse procedido como agora o faço – justificando-se com a verdade diante do público.

Essas é que foram as mais ridículas; agora, as mais escandalosas pode o mesmo *Jornal do Commercio* encontrar, inda que prescriptas, na collecção do *Diário Official* de 20 de setembro de 1866, transcriptas pela imprensa fluminense e relativas à *confusão* de uns *contos* com uma *fuga*... para a América do Norte. – Oscar Guanabarino'

ANEXO 4
TRECHOS DE FOLHETOS PUBLICADOS PELA IGREJA POSITIVISTA DO RIO DE JANEIRO[1]

Identificação do documento na Biblioteca do Museu da República: F/IP-2. Igreja Positivista do Brasil n. 115 / NOTÍCIA sobre a FESTA DE INAUGURAÇÃO da CAPELA DA HUMANIDADE no RIO DE JANEIRO por J. MARIANO DE OLIVEIRA / RIO DE JANEIRO / NA SEDE DO APOSTOLADO POSITIVISTA DO BRASIL / Rua Benjamin-Constant, 30 / 1891 / 103º ano da Revolução Francesa e 3º da República Brasileira.

Página 3:
Notícia sobre a Festa de Inauguração da Capela da Humanidade no Rio de Janeiro

Em 2 Gutenberg (15 de agosto) teve lugar, sob a presidência do Apostolado Positivista do Brasil, a festa de inauguração parcial da Capela que está em construção no Rio de Janeiro, na rua Benjamin Constant. Essa data coincidiu com o dia consagrado por Auguste Comte à Festa da Mulher, destinada a preparar, durante a transição, a transformação do culto da Virgem católica no culto da Humanidade.[...]

A fachada da Capela reproduz o frontispício do Panthéon de Paris, mas com dois terços de seu tamanho.[...]

---

1 Tradução nossa.

Página 4:
O pequeno templo despertou a alegria dos fiéis que lá se encontravam reunidos, e que viram nele o sinal incontestável do progresso de sua fé e a aurora do próximo advento de uma era mais feliz na vida da Humanidade.

[...] A fórmula sagrada do Positivismo: "O Amor por princípio, e a Ordem por base; O Progresso por objetivo".

[...] nossas três divisas, política, moral e prática: "Ordem e Progresso, Viver para o outro, Viver em plenitude".

Uma escada de sete degraus, onde o número corresponde àquele das ciências humanas, dá acesso à Capela.

Página 5:
Por motivos de ordem material, a festa começou com uma hora de atraso, e durante esse tempo, mais de trezentas pessoas esperavam impacientes no pórtico e nas salas inferiores do edifício.

Página 8:
[...]Os treze principais chefes da evolução humana que dão seus nomes aos meses de nosso calendário histórico [...]: Moisés, Homero, Aristóteles, Arquimédes, César, São Paulo e Carlos Magno; [...] Dante, Gutenberg, Shakespeare, Descartes, Frederico, Bichat e Heloísa [...].

Página 9:
Um grupo de senhoras positivistas ou simpatizantes de nossa fé aproximaram-se [...] do harmônio [instrumento de teclado, de fole], localizado em frente à tribuna e acompanhadas pelo instrumento, entonaram na língua original, o "Coro da Caridade" de Rossini, transformado para nosso uso em "Hino do Amor", para a substituição do neologismo "Altruidade", ao seu nome primitivo. Um som melodioso de vozes femininas encheu o recinto, despertando na alma atenta dos ouvintes as mais doces emoções.

Páginas 10 e 11:

Na primeira parte de seu discurso, o Sr. Lemos [líder da Igreja Positivista do Brasil] traçou em linhas gerais a história da marcha do positivismo entre nós; lembrou as grandes reformas sociais e políticas nas quais cooperou; destacou o progresso já realizado, e indicou como tudo anunciava seu triunfo futuro, como atesta esse prédio, edificado graças ao devotamento de seus fiéis e à simpatia dos adeptos. Rendendo justiça às qualidades afetivas do povo brasileiro, ele disse que foi sobretudo devido às condições criadas por tais atributos que o positivismo deveu seu rápido desenvolvimento em nossa pátria, o que aliás fora previsto por nosso Mestre. [...]

A segunda parte do discurso, muito mais desenvolvida do que a primeira, foi especialmente destinada a expor a teoria da Mulher, segundo o positivismo, terminando pela explicação da utopia da Virgem-Mãe, concepção que, combinando enfim as duas grandes qualidades do tipo feminino – pureza e ternura – oferece ao mesmo tempo um resumo sintético de nossa religião. [...] Terminado o discurso, a música dos aprendizes do arsenal de guerra, localizados em baixo, sob o pórtico, e dirigidos por seu hábil professor, Sr. Santos, executou a abertura "Semíramis", onde o nome, consagrado pelo nosso calendário, nos lembra, ainda que imperfeitamente, uma das fases do período teocrático de nossa espécie.

Uma de nossas irmãs cantou, em seguida, acompanhada pelo harmônio, a poesia de Clotilde de Vaux[...] adaptada pelo Sr. Flores em trechos de "Os Puritanos".

Outra de nossas irmãs, a última convertida ao positivismo, dirigiu-se então ao Sr. Lemos e lhe entregou um grande e belo buquê de flores artificiais para ser colocado ao pé do quadro da Humanidade.

Folheto n.164 da Coleção Conferências Positivistas/ A Influência Espiritual da França e Particularmente de Paris, no Ocidente e no Mundo/ por Jefferson de Lemos/ Edição da Sociedade Brasileira de Cultura Positivista/ Rio de Janeiro/ 157 – 1945 (capa). Publicada no *Jornal do Commercio* de 3 de dezembro de 1945. (contracapa)

[Página 1] Conferência realizada pelo Dr. Jefferson de Lemos no clube de Engenharia no dia 20 de setembro, promovida pela Sociedade Brasileira de Cultura Positivista.

> Paris é a França, o Ocidente, a Terra... Paris é a única sede dos impulsos verdadeiramente eficazes... Comparadas a Paris, Roma e Londres são cidades de província, sem influência direta sobre a regeneração ocidental. (Auguste Comte)

[P.2] Sobre as leis da evolução histórica de Comte, Jefferson de Lemos afirma:

> Não se poderia, no entanto, descortinar em toda a realidade o papel que coube à França no passado, no presente e ainda lhe caberá no futuro, sem conhecer-se o conjunto da evolução humana relativa à formação da *civilização ocidental*, o que, aliás, só poude ser esclarecido depois da descoberta das leis da evolução histórica da Humanidade realizada por Augusto Comte. Eis por que, si a influência da França no Mundo é por todos sentida, só tem sido bem compreendida pelos que conhecem a grande construção social e moral do século dezenove, construção que, aliás, é para todos os séculos, por basear-se no conjunto das ciências coordenadas por sua filosofia, que, por isso mesmo, é também científica ou positiva. Esta doutrina, que fala ao mesmo tempo à razão e ao sentimento, ninguém mais o ignora em nossa Pátria, é a religião da Humanidade.

J. de Lemos continua explanando sobre o desenvolvimento de outras civilizações, todas nascidas "de um núcleo onde se centralizaram os impulsos sociais do conjunto dos elementos que os constituíram". Várias circunstâncias concorreram para a formação dessas civilizações e desses núcleos: condições sociais, materiais, geográficas, sociais, "mas, acima de tudo, *idênticas disposições mentais e morais* das populações que se agregaram. Não devemos afastar a questão biológica das *raças*, cuja influência não pode ser posta em dúvida".

Segundo J. de Lemos, a ascensão das civilizações não se realizou por acaso, mas pelo impulso de leis naturais a que se acham vinculados os homens, individual ou coletivamente. A sociabilidade e a moralidade resultam dos fenômenos afetivos, intelectuais e ativos sediados em nosso cérebro. Todo o impulso dado à nossa inteligência e aos nossos atos vem dos sentimentos, mas é a inteligência que os esclarece. Por isso, se o altruísmo é o princípio essencial da estabilidade ou da ordem, só a inteligência dá direção ao progresso. Da inteligência depende o desenvolvimento social.

[P.4] J. de Lemos fala da lei dos três estados: o espírito humano, em sua progressão, passa pelo estado teológico ou fictício, o metafísico ou abstrato e o positivo ou real.

O primeiro grau de afetividade constitui a família, elevando-se depois ao sentimento coletivo mais geral da Pátria e por fim o mais geral ainda, da Humanidade, "segundo os três aspectos da afetividade, o apego, a veneração e a bondade". Tudo isso tem a ver com o sentimento.

Com relação à atividade, existem três modos: militar conquistador, militar defensivo e pacífico industrial. "Os três graus de cada uma destas leis são correspondentes entre si, respectivamente, embora, devido mesmo à complexidade dos fenômenos sociais, não se possa encontrar entre eles e sua progressão uma separação bem marcada, o que tem dado lugar à contestação das proprias leis."

[P.5] Ao estado teológico corresponde o apego, a veneração e a atividade militar, correspondendo a esse estágio a instituição da família e da Pátria.

Apenas no estágio positivo final, que corresponde ao da ciência integral, acontece a bondade que coincide com o estado pacífico industrial e o predomínio da Humanidade sobre as pátrias, "como estas já se sobrepõem hoje às famílias". Isso não quer dizer que o homem no estágio teológico não tenha bondade, ou que não haja apego e veneração no estágio positivista: "A questão é só do decisivo prevalecimento de cada um de nossos motores afetivos, do menos eminente ao mais eminente, prevalecimento necessário em cada uma das fases da evolução humana, para que pudesse ser mantida a sociabilidade, de modo a abrandar o nosso primitivo egoismo por demais forte".

Todas as fases anteriores ao estado positivo são preparatórias e nelas desenvolveram-se as forças todas de nossa natureza. Só resta coordená-las, "sob o ascendente de um organismo mais vasto, o verdadeiro Grande-Ser que nos domina, a *Humanidade*".

Para J. de Lemos ainda prevalecia (1945) a transição entre o estágio teológico militar e o pacífico industrial, "situação em que domina ainda o espírito dissolvente da metafísica" [dissolvente porque é abstrato]. Segundo ele, as leis naturais de todos os fenômenos reais já foram descobertas, faltando apenas uma aplicação consciente.

Esse estado de transição entre o teológico militar e o pacífico industrial pode explicar as condições peculiares do positivismo no Brasil: militares propagando o positivismo como algo que ocorrerá no futuro.

[P.6] J. de Lemos afirma que do 14º ao 19º século completou-se a ciência do mundo, "cujo surto decisivo devemos ao gênio grego", as ciências do homem (a sociologia e a moral tendo por base a biologia) foram construídas nesse espaço de tempo. O resultado final dessa construção científica é a religião da Humanidade.

[P.7-8] Para J. de Lemos, Roma contribuiu mais ainda do que a Grécia, para o estabelecimento das bases da civilização ocidental: "Podemos até aí encontrar a origem da disposição artística das populações da Península Italiana ainda em nossos dias".

[P.12] Um texto de Comte é citado para explicar como na França concentrou-se primeiro do que em outros países europeus o monoteísmo defensivo, país onde a ditadura do incomparável Carlos Magno atendeu sistematicamente a todas as necessidades ocidentais, espirituais e temporais. Carlos Magno sempre preferiu a atividade pacífica, apesar de seus processos militares, espontaneamente sendo o melhor representante das tendências sociocráticas e fundador da República Ocidental.

[P.15] Seguindo os séculos adiante, J. de Lemos enumera os grandes acontecimentos sempre partindo da França, afirmando que a influência espiritual francesa já se fizera sentir desde o 5º século;

da França vieram os grandes filósofos, os fundadores da química, da verdadeira biologia e que por fim fosse ali instituída a filosofia positiva, da qual resultou, sob a inspiração de Clotilde, a fundação da Religião da Humanidade. "Mas não foi só. Do mesmo modo que a construção das ciências que deveriam terminar a série enciclopédica coube à França, também foi aí que a situação revolucionária [...] se fizera mais sentir."

[P.16] Foi na França que revolucionários puderam aspirar a organizar uma sociedade sem deus e sem rei, pelo ascendente apenas da fraternidade.

[P.18] A Revolução Francesa foi o marco da regeneração humana "e a *Marselheza* foi o clarim que anunciou e continua a anunciar uma nova era para a Humanidade". Os desgraçados acontecimentos que depois disso avassalaram a França e todo o Ocidente se deveram a duas origens: à falta de uma doutrina social orgânica ou positiva (sinônimo de científica), doutrina só construída em 1854 pela fundação da Religião da Humanidade; e o funesto exemplo de retrogradação militarista do 1º Bonaparte. "A falta dessa doutrina científica integral deixou os espíritos entregues a duas tendências opostas: a da retrogradação teológica e a do revolucionarismo metafísico, entre as quais tem oscilado continuamente todo o Ocidente."

J. de Lemos critica o especialismo científico no Ocidente; onde se confunde ciência com técnica e quando se imagina estar aperfeiçoando a ciência, o que ocorre é o aperfeiçoamento da maquinaria e da mão de obra.

[P.19] J. de Lemos revolta-se contra sociólogos materialistas de sua época que nivelam os homens aos animais, utilizando princípios que só cabem à biologia, fazendo uma mixórdia teologico-metafísica. E pior, comparam Comte a qualquer paranoico como Nietzsche que só pregou ao mundo ruína e desolação.

[P.20] "A verdadeira França não é a França dos campos de batalha. Deixemos esta triste glória aos prussianos. A verdadeira França é a França de Carlos Magno, de Luís XI, de Richelieu; de S. Bernardo e do culto da Virgem; de S. Genoveva, Joana D'Arc, de Heloísa e de Clotilde [...] é enfim a França que construiu a Religião da Humanidade."

F/IP 35 REFERÊNCIA AO HINO DE MIGUÉZ, com outra letra, que homenageia Benjamin Constant (versão cantada pela 1ª vez no Templo da Humanidade em 15 de novembro de 1925).

F/IP 37 FLORIANO PEIXOTO CITADO EM UM FOLHETO DA IGREJA POSITIVISTA (1889)

[Página 4] o General Floriano Peixoto [...] segue os impulsos do patriotismo, e traz o seu inestimável concurso aos camaradas em cujo valor cívico [...] confiava [...] Entre a *verdadeira lealdade* no serviço da Pátria estremecida, e a cética *fidelidade* à sustentação do imperialismo dinástico, seu sincero patriotismo não hesita.

RELAÇÕES entre o GOVERNO PROVISÓRIO e os APÓSTOLOS POSITIVISTAS

[P.6] "Resolveramos no dia 11 de Frederico (15 de novembro) dirigir uma mensagem ao governo revolucionário e assentamos em transmiti-la ao chefe do mesmo governo por intermédio de Benjamin Constant, a fim de patentear que todas as nossas divergências desapareciam diante dos interesses da Pátria e da Humanidade" (R. Teixeira Mendes, p.370-2 do "Esboço biográfico", 2.ed.)

A PREOCUPAÇÃO em ADAPTAR as IDEIAS ESTRANGEIRAS ao BRASIL

[P.11] "Terminávamos estas indicações por este conselho, que infelizmente não tem sido assaz seguido: 'Não nos deixemos levar pela cega imitação das instituições vigentes neste ou naquele país; lembremo-nos de que cada nacionalidade tem sua própria feição que resulta do conjunto de seus antecedentes históricos'." (Miguel Lemos, 9ª Circular Anual, ano de 1889. p.31-2.)

Folheto 162. "Carta filosófica" de A. Comte para Clotilde (1845); Comemoração social (1845); traduzida por Miguel Lemos e publicada no Rio de Janeiro, na Sede Central da Igreja Positivista do Brasil; dezembro de 1896, ano CVIII da Revolução Francesa e VIII da República Brasileira.[2]

[Página 16] Comte relaciona o pensar à filosofia, o amar à poesia e o agir à política.

Comte diz que a filosofia estabelece entre todos os nossos pensamentos uma conexidade fundamental, primeira base da ordem social; "o gênio estético embeleza e nobilita toda a nossa existência, idealizando dignamente os nossos diversos sentimentos".

Comte continua: "A arte social, cujo ramo principal é constituído pela moral, rege imediatamente todos os nossos atos, públicos ou privados. Tal é a íntima solidariedade que o positivismo estabelece entre os três grandes aspectos, especulativo, sentimental e ativo, peculiares à vida humana".

[P.12] "Só esta nova filosofia representa realmente a vida coletiva de nossa espécie." Para ele, as religiões propunham um fim pessoal a cada um; a nova filosofia pode glorificar todos os tempos, lugares, condições sociais, gêneros de cooperação conjuntamente; a nova religião consolida o sentimento de continuidade humana, através do conhecimento da lei geral do progresso social.

[P.15] [...] pela ordem evolutiva: família, cidade, província, nação e raça inteira, toda a humanidade.

[P.18] "Segundo a marcha invariável do progresso humano, as influências morais tendem cada vez mais a prevalecer sobre os poderes materiais."

[P.20] Comte diz que a lembrança da doce padroeira de Clotilde de Vaux (Sta. Clotilde) se torna mais cara a ele por fornecer-lhe uma preciosa ocasião de fazer Clotilde de Vaux sentir a aptidão moral do positivismo. A religião da Humanidade "apropria-se naturalmente

---

2 Em muitos folhetos aparece esse enunciado, que remete à ligação dos positivistas com os ideais da Revolução Francesa.

de tudo o que os outros estados da Humanidade já ofereceram de nobre ou de salutar".

Folheto n.168. "O advento da República e seus primeiros passos", por Miguel Lemos (1889, publicado em um folheto de 1939).

Este texto, contemporâneo da proclamação da República, demonstra como Benjamin Constant havia se afastado dos ortodoxos positivistas. M. Lemos diz que B. Constant estava despreparado para a situação política que se impunha. Nas páginas 8 e 9 fala das "marcas" positivistas na República: inscrição da divisa "Ordem e progresso" na bandeira nacional; separação da Igreja e do Estado; decreto instituindo as festas nacionais. O culto aos mortos e a veneração dos mesmos é muito importante para os positivistas. Na página 13, M. Lemos fala que foi por mérito dos positivistas o advento republicano não ter derramado sangue, nem mesmo o de nenhum membro da Família Real. Na página 14, fica esclarecido que essa publicação de 1939 foi feita para comemorar o cinquentenário da República e homenagear Benjamin Constant (fundador da República), marechal Deodoro da Fonseca (cujo apoio tornou a revolução pacífica) e marechal Floriano Peixoto (que a defendeu). Os outros homenageados são os civis Julio de Castilhos, Demétrio Ribeiro (RS) e João Pinheiro da Silva (MG).

Folheto n.171, publicado em 1933, p.8.

[P.8] "Instituamos a religião do Civismo!"

SOBRE O LIVRO

Formato: 14 x 21 cm
Mancha: 23,7 x 42,5 paicas
Tipologia: Horley Old Style 10,5/14
Papel: Pólen Print 80 g/m² (miolo)
Cartão Supremo 250 g/m² (capa)
1ª edição: 2013

EQUIPE DE REALIZAÇÃO

Edição de texto
Fábio Bonillo (Preparação de texto)
Tomoe Moroizumi (Revisão)

Capa
Marcelo Girard

Imagem da quarta capa
Acervo da Biblioteca Alberto Nepomuceno
da Escola de Música da UFRJ

Editoração eletrônica
Sergio Gzeschnik

Assistência editorial
Jennifer Rangel de França

GRÁFICA PAYM
Tel. (11) 4392-3344
paym@terra.com.br